ACCESO GRATIS a la Lectura en la Nube

Para visualizar el libro electrónico en la nube de lectura envíe junto a su nombre y apellidos una fotografía del código de barras situado en la contraportada del libro y otra del ticket de compra a la dirección:

ebooktirant@tirant.com

En un máximo de 72 horas laborales le enviaremos el código de acceso con sus instrucciones.

LA CONSTRUCCIÓN DE ENTORNOS SEGUROS PARA NIÑOS, NIÑAS Y ADOLESCENTES.

APUNTES Y RETOS DESDE UNA MIRADA COMPARADA

LA CONSTRUCCIÓN DE ENTORNOS SEGUROS PARA NIÑOS, NIÑAS Y ADOLESCENTES.

APUNTES Y RETOS DESDE UNA MIRADA COMPARADA

Coordinadores

Isaac Ravetllat Balleste

Vicente Cabedo Mallol

tirant lo blanch

Valencia, 2025

Obra financiada por la Generalitat Valenciana (Subvenciones para la organización y difusión de congresos, jornadas y reuniones científicas, tecnológicas, humanística y artísticas de carácter internacional -CIAORG/2023/76-

© TIRANT LO BLANCH
EDITA: TIRANT LO BLANCH
C/ Artes Gráficas, 14 - 46010 - Valencia
TELFS.: 96/361 00 48 - 50
FAX: 96/369 41 51
Email: tlb@tirant.com
www.tirant.com
Librería virtual: www.tirant.es
DEPÓSITO LEGAL: V-412-2025
ISBN: 978-84-1095-026-9

Índice

Conceptualización de la violencia y el buen trato desde una perspectiva socioeducativa[1]

CARME PANCHÓN IGLESIAS
Profesora Facultat d'Educació. Universitat de Barcelona
cpanchon@ub.edu

I. INTRODUCCIÓN

La violencia no es un fenómeno nuevo, pero en los últimos tiempos se va intensificando y tomando formas plurales y sofisticadas que es difícil atender en todas sus dimensiones.

A pesar de los esfuerzos que se llevan a cabo desde diferentes ámbitos de nuestra sociedad, la violencia sigue presente en nuestra vida.

La violencia es una respuesta egoísta, que se sustenta en una gran carencia de habilidades sociales por parte de quien la ejerce y de una falta de reconocimiento de la otra persona como sujeto de derechos en general pero muy particularmente del "derecho a ser respetada como individuo". En la violencia confluyen desigualdad, desequilibrio de poder, dominación y abuso sobre la víctima.

Las personas que utilizan la violencia son personas que no disponen de "mecanismos sanos" de acercamiento y relaciones para con sus iguales. Sujetos que en la mayoría de los casos no han desarrollado el nivel básico de habilidades sociales ni un

---

1 En este texto se utiliza el masculino como valor genérico.

nivel suficiente de empatía ni de comprensión de la dimensión social del ser humano. En sus limitaciones se creen con el derecho para proceder de esta forma y aunque no siempre necesiten una justificación, no les cuesta nada encontrarla basándose en cualquier argumentación superficial y poco coherente.

Si hablamos de violencia en singular nos lleva a la definición y si hablamos de violencias, en plural, a las tipologías.

Así, podemos definir violencia: cuando se producen situaciones de dominio o sumisión, por activa o por pasiva, con voluntad de dañar reiteradamente por parte de una persona o varias de ellas respecto a otras.

Especialmente dramática es esta situación cuando quienes la protagonizan son una de las partes más frágiles de nuestra sociedad: niñas niños y adolescentes (en adelante, NNA).

Cuando hablamos de violencia, conflicto, acoso, maltrato en NNA, podemos encontrar a éstos tanto en el papel de agresores como de víctimas. Es decir, NNA que se convierten en agresores o en víctimas.

En este capítulo abordaremos, en una primera parte, aquella violencia en la que NNA son víctimas de violencia o maltrato ejercido por parte de sus progenitores y, en una segunda parte, la que ejercen personas menores de edad hacia otros menores de edad.

II. LA INTERVENCIÓN SOCIOEDUCATIVA Y SU MARCO LEGAL

Cualquier intervención socioeducativa, especialmente con infancia y adolescencia, está vinculada a un marco legal, a un marco conceptual y a un marco administrativo.

El marco legal recoge el conjunto de derechos que tienen NNA. El marco legal es muy amplio y reúne normativas internacionales, estatales y autonómicas que aseguran la posibilidad de prevención e intervención socioeducativa en situaciones de vulnerabilidad.

La intervención socioeducativa se efectúa sobre situaciones de las personas y de los grupos sociales, no desde una óptica centrada exclusivamente en los problemas y factores de riesgo sino desde una perspectiva de educación transformadora[2], potenciando los factores de protección y reconociendo las necesidades de desarrollo.

La educación que promueve el cambio personal y social forma parte de lo que se conoce como "educación transformadora" y se caracteriza porque incluye y combina tanto aspectos individuales como sociales: participación, implicación, emoción, compromiso y cambio. Este tipo de educación, más allá de enseñar, capacitar o habilitar, plantea ir adquiriendo herramientas para hacer frente a los obstáculos de la comprensión. Uno de sus objetivos es el avance en el conocimiento y en la práctica de los derechos humanos, de la democracia, de la ciudadanía y la cohesión social.

2.1. Normativa legal internacional

En cuanto a la normativa legal internacional destacamos especialmente los siguientes textos, comunes para todos:

- Declaración Universal de Derechos Humanos, de 10 de diciembre de 1948, Naciones Unidas. Artículo 3: Todo individuo tiene derecho a la vida, a la libertad y a la seguridad de su persona. Seguridad de las personas, en

---

[2] Intervención socioeducativa para la inclusión social: la educación como base para el cambio personal y social.

este caso personas menores de edad en todos los contextos de desarrollo personal[3].

- Convención sobre los Derechos del Niño, de 20 de noviembre de 1989, Naciones Unidas. Este texto internacional, supuso un cambio de paradigma al pasar de "proteger a las personas menores de edad", a proteger "los derechos de las personas menores de edad"[4].
- Recomendación Rec (2006)19 del Comité de Ministros a todos los Estados Miembros del Consejo de Europa sobre políticas de soporte al ejercicio positivo de la parentalidad. Esta recomendación ha permitido introducir el principio de promoción de la crianza positiva dentro de los principios generales que han de regir la actividad administrativa[5].

2.2. Normativa estatal

En cuanto a la normativa estatal vigente hay que valorar muy positivamente algunas de las aportaciones de la Ley Orgánica 8/2021, de 4 de junio, de protección integral a la infancia

---

3 Sin la seguridad, evidentemente queda dañada o imposibilitada la vida de la persona en cualquier contexto de la vida cotidiana.

4 Impulsó el cambio de "un modelo benéfico-asistencialista" a "un modelo de protección y defensa de derechos" de niños, niñas y adolescentes (NNA)

5 Por ejemplo, en Cataluña: Decreto 63/2022, de 5 de abril, de los derechos y deberes de NNA en el sistema de protección y del procedimiento y las medidas de protección a la infancia y adolescencia. Este Decreto despliega y complementa la ley 14/2020, de 27 de mayo, de los derechos y las oportunidades en la infancia y la adolescencia.

y a la adolescencia frente a la violencia, como la incorporación del concepto de buen trato[6].

En este sentido, la mentada norma sitúa en un primer plano los derechos de NNA, la consideración de su interés superior y el buen trato hacia ellos.

Asi mismo, deja muy claro que la violencia contra NNA no es aceptable en ninguna de sus formas e incorpora el deber de toda la ciudadanía a denunciar cualquier indicio de violencia hacia las personas menores de edad.

III. MODELOS DE ATENCIÓN E INTERVENCIÓN

El marco conceptual define los principios y las directrices para la acción educativa, así como los modelos de trabajo basados en los derechos de las personas y todas las acciones que, reunidas en programas y/o proyectos de intervención, se han de poder desarrollar para facilitar tanto el acceso como la permanencia de las personas en el ejercicio de sus derechos.

Estos modelos de atención e intervención promueven el derecho de las personas a crecer y a desarrollarse en contextos positivos (contextos de desarrollo positivo), estableciendo distintos niveles: promoción, prevención, atención y protección[7].

- Promoción, aunque nada vaya mal: difusión, sensibilización, información, etc.

---

6 La ley destaca, entre otros, que no basta con no tratar mal a los NNA sino que hay que desarrollar mecanismos y herramientas para "tratarlos bien, adecuadamente y dignamente".

7 Prevención o intervención socioeducativa preventiva. Restitución o intervención socioeducativa restitutiva. Ley 14/2010, de 27 de mayo, de los derechos y las oportunidades en la infancia y la adolescencia.

- Prevención, de las situaciones perjudiciales: conjunto de actuaciones sociales y educativas anticipatorias para evitar situaciones no deseadas.
- Atención, cuando las cosas empiezan a ir mal: situación de riesgo, desprotección.
- Protección, cuando las cosas ya van mal: situaciones de desamparo.

El marco administrativo, a partir de las políticas sociales y los principios de organización democrática, establece el circuito, los niveles de intervención, los recursos y los servicios disponibles para poder dar la mejor respuesta a las necesidades de la ciudadanía.

IV. VIOLENCIA, CONFLICTO Y MALTRATO

Violencia es impotencia o limitación para hacer frente o dar la respuesta adecuada a situaciones abusivas. Las personas utilizan la violencia por frustración, cuando no pueden desarrollar sus potencialidades de otro modo.

Tanto la violencia como los malos tratos están muy ligados a patrones educativos y sociales. Es decir, que tiene mucho que ver tanto con el modelo educativo familiar[8] como con el sistema de creencias socioculturales, que de alguna manera nos muestran que "tolerar, hacer ver, aceptar o normalizar lo inaceptable, no resulta tan difícil[9]".

---

8 Modelo educativo familiar: relacionado con el ejercicio de la parentalidad y con la capacidad educativa de los padres.

9 Según Galtung (2016) se refiere al conjunto de valores, ideas, y convicciones que se utilizan para justificar o legitimar la violencia estructural o directa, aquellas argumentaciones que nos hacen percibir como "normales" situaciones de violencia (p.152).

Las situaciones de violencia en la que NNA son víctimas pueden ser:

- Violencia directa: son los destinatarios de ésta tanto en el contexto familiar, educativo o social. Se puede identificar a la víctima y a los victimarios / violencia física, verbal o psicológica, las más visibles.
- Violencia indirecta: no son objeto directo de ella, pero reciben, sufren y padecen las consecuencias (hijos e hijas de hogares donde hay violencia/malos tratos; situaciones de separación/divorcio conflictivo; entornos educativos no inclusivos/no aceptación de las diferencias; sociedades/entornos desiguales carentes de condiciones mínimas para poder incorporarse al sistema social/para poder vivir dignamente)
- Violencia estructural: derivada del sistema socioeconómico y de la organización social. Forma parte de la estructura social, se pueden identificar las víctimas, pero no a los victimarios. Existen unas condiciones del sistema desequilibradas que benefician más a unas personas en detrimento de otras.

Es muy importante hacer énfasis en los efectos a corto y a largo plazo que derivan de las situaciones de maltrato. Aún no han sido suficientemente reportados pero está claro que suponen unas secuelas muy amplias que afectan a la salud física y a la salud mental y que requieren un abordaje multidisciplinar.

V. LAS FAMILIAS

Cuando hablamos de infancia y adolescencia no podemos dejar de hablar de la familia. Los NNA forman parte de un contexto familiar, una comunidad y una sociedad. Entendemos la familia como un sistema de relación y, en este sentido, destacamos su importancia.

Considerada como grupo social primario, la familia es una institución esencial para la sociedad y para las personas con un papel fundamental en la crianza de los hijos e hijas. Cada familia tiene su forma peculiar de construir la realidad, de enfatizar unos principios morales más que otros y con una serie de funciones difícilmente desplazables a otros contextos. No existe un modelo único y universal de familia, hay tantos como sociedades y culturas.

El artículo 18 de la Convención sobre los Derechos del Niño, trata de la responsabilidad de los padres. Define que la crianza es responsabilidad de ambos progenitores, pero el Estado es subsidiario. Es decir, que se han de poner en marcha los mecanismos necesarios para que las familias puedan desarrollar su correspondiente "capacidad educativa parental".

Como "mecanismos necesarios" se entienden sobre todo la puesta en marcha de programas socioeducativos de apoyo familiar para compensar las posibles dificultades con las que se encuentran las familias para poder desempeñar sus responsabilidades[10].

Queda claro que la crianza y la educación de hijos e hijas es responsabilidad de los padres y madres, pero la Administración ha de facilitar los apoyos necesarios para que éstas puedan cumplir con sus responsabilidades.

La gran mayoría de las familias de nuestra sociedad son "familias funcionales". Estas familias aportan identidad personal, sentido de pertenencia, afecto, protección, ayuda, valores, educación, socialización. Son familias que ejercen una parentali-

---

10 Llevar a cabo habilidades de relación y cuidado positivo. Desarrollo de modelos de educación y cuidado familiar basado en la promoción de pautas de crianza positiva, no violenta y participativa "familia democrática".

dad positiva y proporcionan un contexto seguro y positivo para las relaciones y el desarrollo de sus hijos e hijas[11].

Sin embargo, hay NNA que por determinadas circunstancias viven en familias que desarrollarán unas estructuras y dinámicas familiares que llevarán a situaciones de riesgo (desprotección de derechos), o a situación de desamparo (separación del entorno de origen). Son familias que se caracterizan por tener al frente personas adultas no estables, donde "no hay constancia de personas adultas de referencia" lo que conlleva privaciones relacionales o "personas adultas de referencia que establecen relaciones tóxicas". Relaciones dañinas y perversas con efectos adversos para la construcción de una vinculación afectiva positiva.

Algunas de estas estructuras y dinámicas familiares ejercen violencia y maltrato[12] hacia sus hijos e hijas: negligencia o abandono; maltrato psíquico o emocional; maltrato físico; abuso o sometimiento sexual; explotación laboral o mendicidad; explotación sexual; corrupción, entre otros.

Siempre será mejor prevenir que curar, por eso es muy importante la prevención de estas situaciones, a partir de programas de apoyo a la crianza, con el objetivo básico de acompañar a las familias en la crianza de NNA para conseguir las habilidades parentales y los recursos necesarios para evitar la disfuncionalidad.

---

11 El "sistema de relaciones familiares" tiene muchísima importancia en la socialización y normalización de los infantes y adolescentes. Una gran importancia en la construcción de relaciones afectivas tempranas y la vinculación afectiva.

12 Maltrato infantil (Definición de la Sociedad Catalana de Pediatría: Un/a menor es maltratado cuando es objeto de violencia física, psíquica y/o sexual. También si sufre falta de atenciones por parte de las personas o de las instituciones de las cuales depende su desarrollo.

Una intervención socioeducativa con familias disfuncionales, familias en situación de dificultad o conflicto social, se diseña como "una acción que transforma", que implica una finalidad y una intencionalidad. Una intervención sistémica que busca incidir en un espacio concreto para cambiar, transformar y mejorar las habilidades de comunicación y cuidado.

VI. ELEMENTOS PARA LA REFLEXIÓN

Para la comprensión del fenómeno de la violencia, no hay una línea recta y sencilla de causa-efecto. Estas conductas son el resultado de un conjunto de factores: factores personales y de interacción con el entorno. Están condicionadas también por aspectos relacionados con la dimensión espacial (lugar, sitio) y la dimensión temporal (momento actual).

Debemos prestar atención a múltiples aspectos que se desarrollan en líneas muy variadas y que atañen a diferentes ámbitos.

Entre otros destacamos como imprescindibles los siguientes aspectos:

- La personalidad de NNA: interacción, modelos referentes, acogida, respuestas. Hablamos de personalidad refiriéndonos a lo que "caracteriza a cada persona", aquello que la hace única y diferente. Los factores que definen la personalidad o factores evolutivos de la personalidad son el resultado de la interacción de la persona con sus entornos de relación[13].
- La importancia del trabajo en red para conseguir que los contextos de relación y desarrollo de NNA sean seguros y proactivos. Contextos que favorezcan su autono-

[13] Vygotsky (1979).

mía, su confianza y el ejercicio de la responsabilidad[14]. Esta metodología de trabajo compromete e implica a todos los profesionales de un determinado territorio[15].

- Especial atención a aquellos NNA que presenten problemas en el desarrollo de su personalidad y a aquellos que crecen en entornos que no disponen de las condiciones mínimas necesarias para conseguir un buen desarrollo y madurez personal[16].
- Compromiso social, a partir de gobiernos que diseñen y pongan en marcha políticas sociales y educativas que den apoyo a las familias, al sistema educativo y la comunidad para que puedan desarrollar sus funciones y responsabilidades pensando en el bienestar de la infancia y la adolescencia.

Y todo ello considerando las peculiaridades específicas que encontramos en las diferentes etapas de crecimiento en cada sujeto. Recordemos, el bienestar de las personas se construye, según la pedagoga María Montessori[17], durante 4 etapas, cada una con sus características específicas:

---

14 Ley 14/2010, de 27 de mayo, de los derechos y las oportunidades en la infancia y la adolescencia. Esta ley da respuesta al artículo 17 del Estatuto de Autonomía de Cataluña (2006): Reconocimiento del derecho de las personas menores de edad a recibir la atención integral necesaria para el desarrollo de su personalidad y su bienestar en el contexto familiar y social.

15 Prioridad del interés superior de NNA; garantía de supervivencia y pleno desarrollo; no discriminación; participación activa de NNA en todo aquello que les afecte.

16 Articulo 6.-de la Ley 14/2010, de 27 de mayo, de los derechos y las oportunidades en la infancia y adolescencia, relativo al Desarrollo de las potencialidades personales

17 Montessori (1984).

- 0-6 años /Primera infancia: formación de la persona (adquiriendo independencia funcional)
- 6-12 años / Infancia: desarrollo de la persona (adquiriendo independencia intelectual)
- 12-18 años / Adolescencia: formación del ser social (adquiriendo independencia social)
- 18-24 años /Juventud: desarrollo del ser social (adquiriendo independencia económica)

VII. ELEMENTOS PARA LA ACCIÓN

Algunas acciones positivas que consideramos importantes para la prevención y tratamiento de estos conflictos podrían ser, entre otras, las siguientes:

- Promover una "buena crianza" desde las primeras etapas del desarrollo de los individuos. Es muy importante cuidar especialmente los espacios de crianza de 0 a 3 años. Las circunstancias que pueden proporcionar un determinado bienestar familiar (situación económica suficiente, garantizar la atención debida de padres a hijos, permisos por paternidad, conciliación familiar, etc.)
- Servicios municipales para ayudar en la crianza 0-3 años: servicio gratuito de "canguro"; red de espacios familiares de crianza; ludotecas municipales; servicio de familias colaboradoras; programas "bebés en familia", entre otros.
- Espacios de soporte, acompañamiento a familias con hijos e hijas en educación primaria (acompañamiento crianza y educación). Hay que destacar programas de "soporte educativo" para incrementar el éxito educativo a través de la mejora de la comprensión lectora.

- Espacios de aprendizaje y acompañamiento a familias con hijos e hijas adolescentes. Soporte al aprendizaje en esta etapa: escuela de padres; refuerzo al estudio; espacios de encuentro infantiles y juveniles; centros abiertos/centros de día, accesibilidad a aprendizajes extraescolares, estancias de "colonias" normalizadas, financiación del comedor escolar, materiales necesarios, salidas lúdicas y formativas, etc.
- Servicios de orientación y mediación familiar (infancia y adolescencia). Acompañamiento, mediación y asesoramiento a las familias ante conflictos relacionales (facilitando, cuando sea necesario, el acceso a equipos de psicológicos, pedagogos, médicos etc.)
- Mediación y métodos adecuados de solución de conflictos / controversias. Los métodos adecuados de solución de controversias (MASC) hacen referencia a cualquier tipo de actividad negociadora a que las partes de un conflicto acuden de buena fe para encontrar una solución extrajudicial al mismo, ya sea por sí mismos o a través de la intervención de un tercero neutral.
- Servicios especializados para el estudio, la atención y la valoración de situaciones de violencia hacia niños, niñas y adolescentes: equipos de atención a la infancia i a la adolescencia en el territorio (EAIA); equipos técnicos en centros de acogimiento (ETCA); unidad integrada de atención a NNA víctimas de abusos sexuales-Barnahus; unidades de atención a las violencias hacia infancia y adolescencia en el ámbito hospitalario; entre otros.
- Servicio técnico de puntos de encuentro (STPT), como recurso para atender y prevenir, en un espacio neutral y en presencia de un profesional cualificado, el cumplimiento del régimen de visitas de hijos e hijas contemplado en procesos de reparaciones o divorcios o por el supuesto de ejercicio de la tutela por parte de la admi-

nistración pública, que requiera la protección del infante o adolescente.

VIII. VIOLENCIA ENTRE IGUALES, ACOSO ESCOLAR, BULLYING

Se habla de acoso escolar o *bullying* cuando la violencia ejercida por personas menores de edad hacia otras personas menores de edad se produce específicamente en la escuela, centro educativo o en otros espacios de relación de niños, niñas o adolescentes. Hace referencia a cualquier tipo de maltrato físico, psicológico, verbal o virtual.

El acoso escolar o *bullying*, es una conducta agresiva, voluntaria, intencionada y premeditada que se practica con la intención de hacer daño.

La persona agresora busca sentirse superior, popular, dominante e intenta justificar su conducta ante el grupo buscando su aprobación.

En cualquier situación de acoso escolar es imprescindible reconocer a todas las partes implicadas para poder incorporarlas a un proceso de intervención socioeducativa que pueda hacerles identificar y comprender tanto el dolor como los efectos negativos que han provocado[18].

Las consecuencias para las víctimas pueden llegar a ser muy graves y duraderas en el tiempo si estas situaciones no se detectan pronto y se actúa de inmediato.

---

18 Los efectos y las repercusiones en la víctima (miedo, sufrimiento, palizas, aislamiento, absentismo, dolor físico, trastornos psíquicos y emocionales, pérdida de autoestima...) aparecerán tanto a corto como a largo plazo.

Los espectadores, tienen un papel muy importante y se pueden clasificar en los que constituyen el "grupo activo" y el "grupo pasivo". El grupo activo es el más cercano al agresor, el que aprueba, consiente y hasta aplaude estas situaciones. El grupo pasivo o inactivo, es el que tolera y al no enfrentarse a la situación, también asiente.

El uso de las nuevas tecnologías, (*Smartphone*, redes sociales, etc.), ha introducido escenarios con más anonimato y repercusión que en muchas ocasiones refuerza aún más el perfil de la persona agresora.

El *ciberbullyng*, acompaña en muchas ocasiones al *bullying* y para poder etiquetarlo como tal hemos de asegurarnos de que la agresión sea repetida y no solo un hecho puntual. Puede ser que el *ciberbullyng* esté conectado con el acoso presencial, es decir que haya contacto previo entre víctima y agresor en espacios físicos. No obstante, también se producen conductas que pueden incitarse a través de las redes o bien, aleatoriamente, como por ejemplo el *happy slapping*, El *happy slapping* es cuando una persona al azar y, sin ningún motivo aparente es seleccionada por un grupo de adolescentes para agredirla y filmar esta agresión y difundirla por las redes. Otra de las variedades de este tipo de conductas es, seleccionar una persona, mandar su ubicación e incitar a través de las redes al público que participa de estas aplicaciones a ver quién llega primero para "anotarse el tanto".

El acoso escolar es una vulneración de los derechos y de desprotección de las víctimas. Se ha de tener en cuenta que cada vez que se insulta, amenaza o maltrata existe un marco legal que se está transgrediendo. Puede ser que estas personas menores de edad sean imputables, por lo que se les aplicará la legislación correspondiente de justicia juvenil o justicia de menores, o inimputables por lo que tendrán que pasar al servicio de protección de menores.

Preocupan especialmente aquellas personas menores inimputables pero responsables de sus actos. Como hemos comentado, éstos pasan a ser competencia de los servicios de protección a la infancia y a la adolescencia que además de hacer un estudio sobre las circunstancias personales, familiares y sociales del chico o chica, han de diseñar un programa específico, para su educación o reeducación en las consecuencias y en la responsabilidad individual.

En este sentido, en Cataluña, se creó en 2012 el Programa "Educando en la Responsabilidad" implementado por el Equipo de Menores Inimputables – EMI -, cuyo objetivo principal, a partir de la intervención educativa, es "evitar la reincidencia". En este programa se entrenan habilidades sociales, se incorpora la perspectiva de género en la visión del mundo, se fomenta la empatía con la víctima y, en los casos que es posible, se fomenta el reconocimiento y la reparación del daño causado.

Es importante la detección y la utilización de los protocolos establecidos para garantizar la seguridad y el bienestar de NNA en los centros educativos. El primer paso es garantizar la seguridad y posteriormente encontrar la solución adecuada para todos.

Llegados a este punto, queremos destacar algunas de las principales herramientas para la prevención e intervención frente a situaciones de violencia contra NNA en los centros educativos:

- Mecanismos para conseguir que el centro educativo sea un espacio de convivencia y relación constructiva (persona, aula, centro, familia, comunidad): impulsar modelos educativos respetuosos con las personas y con el entorno; cuidar el vínculo y la relación educativa; establecer estilos disciplinarios asertivos y democráticos; manejo justo de poder en el aula, equilibrio entre firmeza y benevolencia; plan de acción tutorial.

- Planes educativos de entorno (PEE). El centro educativo, la familia, forman parte de un territorio concreto, con unas características socioeconómicas y culturales específicas. Programas de intervención socioeducativa basados en unidades territoriales.
- Bienestar del alumnado y situaciones de violencia[19]: coordinación de bienestar y de protección; circuitos de detección e intervención; protocolos para la mejora de la convivencia; proyecto de convivencia. Figura de Coordinador de Bienestar y Protección (CBP) trabaja para asegurar un ambiente escolar seguro, inclusivo y respetuoso para todos los alumnos. Su labor no solo se centra en la prevención y atención de situaciones de riesgo, sino también en la promoción de valores como: el respeto, la empatía, la tolerancia entre los miembros de la comunidad educativa. Todo ello exige inevitablemente un equipo de profesionales bien cualificados, bien formados, bien reconocidos, bien remunerados y en una situación laboral suficientemente estable.
- Metodologías participativas, interdisciplinares, colaborativas, cultura de paz, redes de intercambio con otras escuelas cercanas-lejanas. Metodologías que incorporen habilidades de paz: aprendizaje socioafectivo, interacción social, comunicación no violenta -hablamos desde el yo- lo que observamos/vemos sin juzgar, pensamiento crítico.
- Programas de competencias sociales para adolescentes y jóvenes en la gestión de conflictos para que los chicos y chicas puedan adquirir aprendizajes que les ayuden a

---

19 Ley Orgánica 8/2021, de 4 de junio, de protección integral a la infancia y la adolescencia frente a la violencia.

asumir sus responsabilidades a partir de asumir un compromiso ético y social[20].

- Cultura de paz: relaciones respetuosas y cooperativas entre las personas y una organización social en estructuras justas y equitativas. Educar para la paz, es educar para la vida o viceversa.
- Desde la provención a la convivencia restaurativa. Provención (capacitación), todo aquello que podemos hacer las personas o grupos, para prepararnos antes de que se desencadene una crisis y nos desborde[21]

La provención es previa a los niveles de trabajo, centrada en la formación de las personas para que ellas mismas, individual o colectivamente, sepan identificar situaciones y desarrollar respuestas preventivas. Las prácticas restaurativas tienen un objetivo principal que es crear comunidad. Crear comunidad se basa en la "cultura restaurativa": hablar en igualdad de condiciones desde el respeto, la empatía y el reconocimiento del otro. Estos conceptos tienen sus orígenes en la justicia restaurativa, que ofrece una alternativa a la justicia retributiva o sistemas judiciales convencionales, y su finalidad es la reparación del daño causado a las personas dando visibilidad a las víctimas y protagonismo a la comunidad.

La pedagogía restaurativa pasa de un modelo "punitivo" a un modelo basado en "la responsabilidad" que incluye valores como: respeto mutuo, reconocimiento de las diferencias, inclusión y receptividad hacia "el otro". Incluye formación y entreno en habilidades como: la escucha activa, la gestión de las emociones, la empatía, la comunicación no violenta, la gestión de conflictos y la mediación.

---

20 Luna (2015).

21 Burton (1988).

Las prácticas restaurativas no se limitan a procesos formales, sino que ofrecen una amplia gama de posibilidades[22] para frenar comportamientos negativos e incorporar "otras miradas", otras narrativas para transformar los conflictos mediante ala implicación y la participación de todos.

IX. CONCLUSIONES

No podemos dejar de insistir en:

- La prevención y la intervención socioeducativa. La prevención es el elemento más efectivo y el que evita más sufrimiento a las víctimas. La formación continua al profesorado y a los profesionales de los centros educativos sobre estos temas tendría que ser obligatoria. Formación sobre: derechos de la infancia y la adolescencia; metodologías docentes colaborativas; relación educativa de ayuda; mediación; gestión y resolución de conflictos[23]; etc.
- La educación más allá de la escuela o el centro educativo. Entender la educación en un sentido amplio. Poner "realmente" al NNA en el centro de la acción educativa. Más flexibilidad y cambios organizacionales para poder llevar a cabo una educación para el cambio personal y social.
- Incorporación de otros profesionales en los centros educativos, como los educadores/educadoras sociales. Profesionales especializados en la relación y el vínculo

---

[22] Declaraciones afectivas; preguntas afectivas; pequeñas reuniones espontáneas; grupos o círculos de diálogo; círculos de soporte; reuniones restaurativas; conversaciones restaurativas; encuentros víctima-agresor, entre otros.

[23] Panchón (2007).

educativo. Nuevas miradas que ofrecen la incorporación de otros profesionales para el análisis y las respuestas en situaciones conflictivas.

- La implementación de la figura del coordinador de bienestar y de protección en todos los centros educativos y de la figura del delegado de protección en los servicios o centros donde se desarrollen actividades organizadas con infantes y adolescentes.
- Planes de prevención, protocolos y circuitos de atención y de intervención en todos los territorios acompañados de servicios y programas efectivos para las víctimas y programas de soporte y acompañamiento a las familias.

BIBLIOGRAFÍA CITADA

Burton, John, *La resolución de conflictos como sistema político,* Institute for Conflict Analysis and Resolution, 1988.

Galtung, Johan, "La violencia cultural, estructural y directa", *Cuadernos de Estrategia,* Nº 183, 2016, pp. 147-168

Luna González, Esther, *Diseño y evaluación de un programa de competencias sociales para jóvenes en la gestión positiva de conflictos,* Barcelona, Centro de Estudios Jurídicos y Formación Especializada, 2015.

Panchón Iglesias, Carme, "Modelos educativos alternativos que conllevan el reconocimiento y el respeto del otro", *Revista de Educación,* Nº 342, 2007, pp. 147-166.

Vygotsky, Lev, *El desarrollo de los procesos psicológicos superiores,* Barcelona, Ed. Crítica, 1979.

Montessori, María, *El niño el secreto de la infancia,* Montessori-Pierson Publishing Company, 1984.

La construcción de entornos seguros, de buen trato e inclusivos para la infancia y la adolescencia: una ardua tarea pendiente

VICENTE CABEDO MALLOL
Profesor Titular de Derecho constitucional
Director de la Catedra de Infancia y Adolescencia
Universitat Politècnica de València
vicamal@upv.es

I. INTRODUCCIÓN

La aprobación de la Ley Orgánica 8/2021, de 4 de junio, de protección integral a la infancia y la adolescencia frente a la violencia (en adelante, LOPIVI), supuso un punto de inflexión en el abordaje de la violencia que sufren los niños, niñas y adolescentes (en adelante, NNA). La Ley afronta esta lacra social que representa la violencia ejercida contra la infancia y la adolescencia de una forma integral, incidiendo tanto en la prevención, con medidas de detección precoz, como en la sensibilización y la concienciación social, sin olvidar tampoco, por supuesto, la asistencia y reintegración de derechos vulnerados. Es importante también remarcar que, con esta norma, se deja atrás, al menos en el plano normativo, la invisibilidad de la infancia y adolescencia que sufre violencia, poniendo el punto de atención en los NNA y sus derechos. En este sentido, es de destacar que, entre sus fines, se señale el de reforzar el ejercicio de su derecho a ser oídos, escuchados, y a que sus opiniones sean tenidas en cuenta en contextos de violencia contra ellos y ellas. De este modo, NNA dejan de ser considerados únicamente como víctimas en situaciones de violencia, a los que hay que proteger.

Con la LOPIVI, por tanto, el foco de atención no se concentra ya en dar una respuesta a la violencia consumada, sino en la prevención, en su evitación, y, especialmente y a nuestros efectos, en la creación de los denominados "entornos seguros" y en la promoción del "buen trato". La construcción de un entorno seguro viene a representar el estadio más avanzado en la erradicación de la violencia que sufren NNA. Es más, si se llegasen a materializar estos entornos, la violencia, en sus diversas manifestaciones, no existiría. Pero la creación de dichos entornos seguros y de buen trato es, sin duda alguna, una ardua tarea, que requiere previamente entender su significado y cómo podemos construir espacios que puedan ser calificados como tales entornos.

II. CONCEPTUALIZACIÓN DE UN ENTORNO SEGURO Y DE BUEN TRATO

De acuerdo con la doctrina[1] podríamos definir un entorno seguro y "protector"[2] como un espacio libre de violencia, en el

---

1 Horno (2018a); UNICEF (2020(); y Gómez (2022).

2 La doctrina, previamente a la aprobación de la LOPIVI, pero también posteriormente, ha venido etiquetando a los entornos seguros de la infancia y la adolescencia con el calificativo de "protectores". A nuestro entender, esta denominación desnaturaliza la misma concepción de un espacio en el que queremos que impere el buen trato, con un protagonismo real de los NNA que lo integran. No hay que proteger a la infancia y a la adolescencia, sino que hay que establecer las condiciones mínimas y necesarias que garanticen el ejercicio de todos sus derechos, permitiéndoles su pleno desarrollo. Acertadamente, la LOPIVI no utiliza dicho calificativo, tildando al entorno seguro como "de buen trato" e "inclusivo".

que impera el buen trato entre todas las personas que lo conforman, respetándose los derechos de NNA. Tres serían, por tanto, los elementos clave para entender qué es un entorno seguro: la violencia, el buen trato y los derechos de la infancia y la adolescencia. Estos tres elementos serían los términos de una ecuación de primer grado, cuya presencia o suma de dos de ellos (el buen trato y los derechos de la infancia) y la resta del tercero (la violencia) darían como resultado un entorno seguro. Por tanto, para poder comprender qué es un entorno seguro y de buen trato, debemos adentrarnos previamente en la conceptualización de estos tres términos.

La Convención sobre los Derechos del Niño, de 1989, sin citar expresamente el término "violencia", nos proporciona una primera aproximación a la misma, al prescribir, en su art. 19, que los Estados Parte deben adoptar todas las medidas necesarias para proteger al niño y la niña "contra toda forma de perjuicio o abuso físico o mental, descuido o trato negligente, malos tratos o explotación, incluido el abuso sexual". Pero, para conocer el verdadero alcance de dicho precepto y, por tanto, de la violencia, debemos acudir a la interpretación que sobre este artículo lleva a cabo el Comité de Derecho del Niño[3] en su Observación general N° 13 (2011), relativa al "Derecho del niño a no ser objeto de ninguna forma de violencia".

---

[3] Es el órgano, previsto en la Convención sobre los Derechos del Niño (art. 43), que supervisa la aplicación de la misma y de sus Protocolos Facultativos por parte de los Estados miembros. En este sentido, examina los progresos realizados en el cumplimiento de las obligaciones contraídas por dichos Estados Parte. Además, el Comité elabora periódicamente documentos sobre los derechos recogidos y reconocidos en la Convención, denominados Observaciones Generales. Estos documentos contribuyen, en buena medida, a la adecuada aplicación de los derechos de la infancia y la adolescencia. A estos efectos, a través de dichas Observaciones, el Comité lleva a cabo una *interpretación auténtica* de los derechos de la Convención.

El Comité, en la citada Observación, utiliza expresamente el término "violencia" para referirse a todas las formas de daño a los niños y las niñas enumeradas en el artículo 19. De la interpretación del mismo, extrae que la expresión "toda forma de perjuicio o abuso físico o mental" no deja espacio para ningún grado de violencia legalizada contra los niños y las niñas. Y por lo que respecta a una conceptualización misma de la violencia, la Observación señala que "hacen falta definiciones jurídicas operacionales claras de las distintas formas de violencia mencionadas en el artículo 19", que deberán tener en cuenta las orientaciones dadas por el propio Comité. A la par, alude a la necesidad de unificar definiciones a nivel internacional. A continuación, el Comité hace una enumeración, que puntualiza que no es exhaustiva, de formas de violencia a las que se enfrentan NNA. Las mismas serían: descuidos o trato negligente, violencia mental, violencia física, castigos corporales (estaría, en puridad, subsumidos en la anterior), abuso y explotación sexuales, tortura y tratos o penas inhumanos o degradantes, y prácticas perjudiciales. También alude a la violencia entre iguales y a las autolesiones, que serían formas de violencia no ejercidas por personas adultas. Y, por último, menciona formas de violencia que pueden darse en distintos contextos, ya sea en los medios de comunicación, o a través de las tecnologías de la información y las comunicaciones, o en las instituciones y en el sistema. De este modo enmarca el concepto de "violencia", enumerando distintas formas de la misma y explicándolas.

La Observación del Comité de Derechos del Niño, en cambio, no contiene una referencia expresa al "buen trato". Ello no obstante, al aludir a las medidas de prevención, en concreto las dirigidas a las familias y las comunidades, indica que se debe prestar apoyo a los padres (y las madres) y las personas encargadas del cuidado de NNA para que entiendan, adopten y pongan en práctica los principios de una *buena crianza*. Unos principios que, continúa diciéndonos, estarán basados en el conocimiento de los derechos del niño, el desarrollo infantil y las técnicas de disciplina positiva, con el fin de reforzar la capacidad de las familias de cuidar a NNA en un entorno seguro. Por tanto, se está aludiendo, aunque no se recoja de forma expresa o literal, al "buen trato" en el ámbito familiar, con mención de unos principios que perfectamente podríamos englobar en el concepto de "parentalidad positiva". Y, por último, como puede observarse, alude, aquí sí expresamente, a la expresión "entorno seguro". Un entorno seguro, sin violencia, en el ámbito familiar, en el que impere el buen trato, la buena crianza, basado en los principios de la parentalidad positiva.

La LOPIVI, por su parte, define los términos "violencia", "buen trato", y "entorno seguro", y con relación al ámbito familiar la aludida "parentalidad positiva". Conceptos clave para comprender el nuevo paradigma que la misma instaura.

La citada norma, en su art. 1.2, nos ofrece dos nociones de "violencia", una genérica, en su primer párrafo, y otra, más concreta, en el segundo, relacionando un amplio catálogo de formas de violencia subsumibles todas ellas, eso sí, en la primera conceptualización. Se estable, por tanto, una relación de género a especie.

Art. 1 Objeto

2. A los efectos de esta ley, se entiende por violencia toda acción, omisión o trato negligente que priva a las personas menores de edad de sus derechos y bienestar, que amenaza o interfiere su ordenado desarrollo físico, psíquico o social, con independencia de su forma y medio de comisión, incluida la realizada a través de las tecnologías de la información y la comunicación, especialmente la violencia digital.

En cualquier caso, se entenderá por violencia el maltrato físico, psicológico o emocional, los castigos físicos, humillantes o denigrantes, el descuido o trato negligente, las amenazas, injurias y calumnias, la explotación, incluyendo la violencia sexual, la corrupción, la pornografía infantil, la prostitución, el acoso escolar, el acoso sexual, el ciberacoso, la violencia de género, la mutilación genital, la trata de seres humanos con cualquier fin, el matrimonio forzado, el matrimonio infantil, el acceso no solicitado a pornografía, la extorsión sexual, la difusión pública de datos privados así como la presencia de cualquier comportamiento violento en su ámbito familiar.

A nuestros efectos, y sin perjuicio de su posterior desarrollo, nos interesa especialmente la definición genérica de violencia, que se vincula con la privación de derechos de NNA y de su bienestar, y que representa una amenaza o interferencia en su desarrollo físico, psíquico o social. Por tanto, la ausencia real de violencia se daría solo cuando esos derechos de la infancia y la adolescencia están plenamente garantizados, en especial el derecho reconocido en el art. 27 de la Convención sobre los Derechos del Niño: el derecho a un nivel de vida adecuado para su desarrollo físico, mental, espiritual, moral y social.

Y el mismo precepto citado, en su apartado 3, también define el "buen trato", entendiendo por el mismo "aquel que, respetando los derechos fundamentales de los niños, niñas y adolescentes, promueve activamente los principios de respeto mutuo, dignidad del ser humano, convivencia democrática, solución pacífica de conflictos, derecho a igual protección de la ley, igualdad de oportunidades y prohibición de discriminación de los niños, niñas y adolescentes".

Como podemos observar, tanto la definición genérica de violencia como la del buen trato ponen el acento en los derechos de la infancia y la adolescencia, bien sea en su privación o en su respeto, respectivamente. Y, recordemos, que los derechos de la infancia constituían el tercer término de la ecuación enunciada al principio de este apartado.

Por último, la LOPIVI también nos ofrece una definición de "entorno seguro", entendiendo por el mismo "aquel que respete los derechos de la infancia y promueva un ambiente protector físico, psicológico y social, incluido el entorno digital" (art. 3, m). Estaremos, por tanto, ante un entorno seguro cuando se respeten los derechos de NNA, lo que nos conduce al buen trato. Ambas definiciones aluden, por tanto, al respeto de los derechos de la infancia y la adolescencia. Y dado que hemos relacionado la violencia como aquella situación de privación de derechos de NNA, junto con la amenaza o interferencia en su desarrollo físico, psíquico o social, el entorno seguro y de buen trato sería su reverso: el espacio en que se garantizan esos derechos de la infancia y adolescencia, y en el que se dan las condiciones para su pleno desarrollo en todos los ámbitos.

Y con relación al ámbito familiar y la creación en el mismo de un espacio seguro basado en el buen trato, la susodicha Ley da una definición extensa de la llamada "parentalidad positiva" (art. 26.1), la buena crianza a la que aludía la citada Observación del Comité de Derechos del Niño.

> CAPÍTULO III Del ámbito familiar
>
> Artículo 26. Prevención en el ámbito familiar.
>
> 1.(...) por parentalidad positiva el comportamiento de los progenitores, o de quienes ejerzan funciones de tutela, guarda o acogimiento, fundamentado en el interés superior del niño, niña o adolescente y orientado a que la persona menor de edad crezca en un entorno afectivo y sin violencia que incluya el derecho a expresar su opinión, a participar y ser tomado en cuenta en todos los asuntos que le afecten, la educación en derechos y obligaciones, favorezca el desarrollo de sus capacidades, ofrezca reconocimiento y orientación, y permita su pleno desarrollo en todos los órdenes.

Llegados a este punto, se nos platea la tarea más complicada: la creación de un espacio que, de acuerdo con las concepciones y explicaciones dadas sobre la violencia, el buen trato y la misma definición legal de entorno seguro y de buen trato, sea reconocible como un verdadero entorno libre de violencia, seguro, en el que el buen trato en su seno sea una realidad. Debemos, por tanto, determinar qué elementos se precisan para la materialización de la construcción de un espacio que reúna esas características.

III. ELEMENTOS BÁSICOS CONFIGURADORES DE UN ENTORNO SEGURO Y DE BUEN TRATO

Los elementos básicos configuradores de un entorno seguro y de buen trato para la infancia y la adolescencia se suelen agrupar en cuatro dimensiones o niveles: el físico; el emocional; el relativo a las personas adultas: progenitores y profesionales; y el de la participación de los propios NNA en la construcción de dicho entorno seguro.

Los dos primeros niveles apuntados aludirían, por tanto, al entorno físico-emocional. En el mismo se incluirían, de acuerdo con el proyecto 'BBK Family'[4], los siguientes elementos: 1) La accesibilidad; 2) la prevención/acción en accidentes; 3) La ubicación de los locales; 4) Los baños; 5) Las nuevas tecnologías; 6) El mobiliario; 7) La limpieza e higiene; 8) La decoración cálida y personalizada; 9) La disponibilidad de espacios abiertos; 10) La conexión con la naturaleza; 11) El juego; y 12) Los espacios y alimentos adecuados para la salud.

Pasemos, a continuación, a explicar los referidos cuatro niveles.

---

4 'BBK Family' es un proyecto de la caja de ahorros Bilbao Bizkaia Kutxa BBK Family (2020), que cuenta con la colaboración de las entidades sociales EDE Fundazioa y BIDEGINTZA, y tiene como finalidad el acompañar a los progenitores en el proceso de crianza y educación de sus hijos e hijas

3.1. El nivel físico

Centrándonos en el entorno físico, es importante tener en cuenta la propia ubicación o localización del espacio, así como la accesibilidad y los elementos de prevención en accidentes.

La localización del espacio es un elemento que debería tenerse muy presente a la hora de determinar una u otra ubicación, tomando en consideración la cercanía de servicios o recursos (ocio, salud,...), que dicho espacio esté bien comunicado y que sea fácil acceder al mismo. Como señala la psicóloga Pepa Horno, un centro asilado representa una condición de riesgo para los niños y las niñas. El aislamiento conduciría, por tanto, al riesgo[5].

Por lo que atañe a la accesibilidad, en un entorno seguro no pueden existir barreras arquitectónicas para NNA con problemas de movilidad reducida. Es necesaria, por tanto, la instalación de rampas, barandillas o pasamanos, entre otros elementos, y contar, en su caso, con ayudas técnicas como los salvaescaleras. En cualquier caso, el espacio o local, como bien indica el documento elaborado por BBK Family, debe resultar también "cómodo", con unas dimensiones que faciliten el movimiento de NNA, con o sin movilidad reducida, y con una distribución adecuada de sus dependencias.

Con relación precisamente a las dependencias del local, se debe siempre prestar una especial atención a los baños. Por una parte, porque los mismos deben estar adaptados para los niños y las niñas, tomando en consideración su edad y, en su caso, su diversidad funcional; pero también, por otra, para prevenir riesgos de posibles agresiones sexuales. En este sentido, es común la convicción de que deben diferenciarse por eda-

---

5 Horno (2023).

des. En cambio, más controvertido es el planteamiento de la existencia o no de baños mixtos.

También se incluiría en este primer nivel físico el contenido del espacio o local, en espacial el mobiliario. El mismo debe estar indudablemente en buen estado y adaptado a las edades de los niños y las niñas.

Por último, debemos referirnos a los elementos de prevención de riesgos que deben estar presente en todo entono físico con presencia de NNA. Una relación no exhaustiva de estos elementos nos la ofrece el documento elaborado por BBK Family: Extintores, botiquín/es con acceso restringido, plan contra incendios, elementos de limpieza no accesibles a personas menores de edad, esquineros, protectores de enchufes, ventanas seguras, puertas con apertura hacia dentro, o sistema antipillaje de dedos, entre otros.

3.2. Nivel emocional

En el entorno emocional incluimos la decoración cálida y personalizada; la disponibilidad de espacios abiertos; la conexión con la naturaleza; el juego; y los espacios y alimentos adecuados para la salud.

Los profesionales de la psicología coinciden a la hora de remarcar la importancia de dotar al entorno físico de "calidez emocional". Se trata, nos comentan Rafael Roselló y Mayra Irene Manzano, de generar espacios donde NNA se sientan a gusto e identificados, que resulten atractivos, y en los que sea posible desenvolver actividades que fomenten la inclusión, la cohesión social y la igualdad de género[6]. Y es que, como afirma Horno, un entorno podría ser seguro físicamente, de acuerdo

6 Roselló y Manzano (2022), p. 11.

con los parámetros comentados anteriormente, pero dañino por no ser afectivo, por su “frialdad emocional”[7].

Y esta calidez, afectividad, que deben percibir NNA se transmite, sin duda alguna, a través de la decoración. Y sabemos que hay colores fríos, como el azul, el verde o el violeta, y colores cálidos, en especial el rojo, aunque también se consideran cálidos el amarillo y el naranja. Por tanto, la decoración se basará en estos colores de gama cálida. Eso sí, no debemos olvidar la importancia de la participación de los NNA a la hora de decorar el espacio físico, con dibujos o frases, pasando así a ser un entorno personalizado y, en definitiva, afectivo. La decoración puede, además, aportar accesibilidad al espacio y sus dependencias.

Por otra parte, a la afectividad de un entorno en concreto también contribuye la disponibilidad de espacios abiertos, la conexión con la naturaleza o que en el mismo se garantice realmente el derecho al juego. Deben ser, por tanto, espacios abiertos, suficientemente amplios para poder respetar las distancias de seguridad, moverse y realizar actividades que requieran esa amplitud como puede ser el baile (BBK Family). A su vez, es fundamental poder llevar a cabo actividades al aire libre, posibilitando el contacto de los NNA con la naturaleza. Y la amplitud del espacio y la disponibilidad de espacios abiertos favorece, sin duda alguna, el juego, un derecho importantísimo en el desarrollo de la infancia y la adolescencia. Por tanto, deben en cualquier entorno habilitarse zonas de ocio, con materiales diversos, en los que NNA jueguen.

Pensemos que si queremos construir un entorno seguro, esa seguridad debe ser sentida por los NNA que lo integran, percibiéndolo como un entorno acogedor.

---

[7] Horno (2021).

3.3. Nivel relativo a las personas adultas: progenitores y profesionales

Las personas adultas están presentes, junto a NNA, en los diferentes entornos en los que estos últimos se desenvuelven, como el familiar o el educativo. Ahora bien, no basta la mera presencia de estas personas adultas, ya se trate de progenitores u otros familiares o de profesionales, sino que las mismas deben ser capaces de garantizar los derechos de los NNA en el entorno en cuestión. En este sentido, la doctrina acuña la expresión de adultos "conscientes", que son capaces de desarrollar una "afectividad consciente". Debe darse una cercanía afectiva y, por tanto, de nuevo tenemos que aludir a la calidez emocional en este nivel.

La referida "afectividad consciente" podemos definirla, de acuerdo con la psicóloga Pepa Horno, como "la capacidad que una persona tiene de forma consciente, voluntaria y sistemática de generar un entorno protector, cálido emocionalmente y dentro de él establecer relaciones afectivas positivas"[8]. Por ello, en el caso de profesionales dedicados a la infancia, esta afectividad consciente se consideraría una competencia profesional imprescindible, que incluiría cinco habilidades básicas[9]:

- La afectividad expresa, entendida como capacidad para expresar el afecto al NNA, desde el ajuste emocional y sensorial.
- La capacidad para crear vínculos afectivos positivos y mantener la consciencia sobre los vínculos afectivos ya creados.
- El cuidado consciente de la planificación y desarrollo de todas las fases de cualquier proceso de intervención.

[8] Horno (2018b), p. 7.

[9] Horno (2018a), p. 17.

- La mirada consciente y respetuosa a NNA con la que se trabaja, con respeto a sus vínculos afectivos con sus familias.
- El abordaje de los conflictos desde la disciplina positiva sin recurrir a ninguna forma de violencia física o emocional.

Continuando con la misma psicóloga, debemos contemplar dos elementos clave, con relación a los adultos referentes en el entorno correspondiente[10]:

- Implementar una serie de habilidades en los adultos responsables de cualquier entorno donde vivan NNA. Unas habilidades que garanticen el trato afectivo, protector y consciente a NNA que tienen a su cargo.
- Garantizar el cuidado y acompañamiento emocional a los adultos responsables, incluyendo formación y supervisión técnica.

Veamos, pues, someramente, estos dos elementos clave en los ámbitos familiar, educativo, y deportivo y ocio.

Con relación al ámbito familiar, la LOPVI prescribe que las Administraciones Públicas proporcionarán apoyo a progenitores o, en su caso, tutores, guardadores o acogedores, tanto en la prevención de factores de riesgo y el fortalecimiento de los de protección, como en su labor educativa y protectora. Y todas estas medidas estarán enfocadas, nos puntualiza esta norma, a promover el buen trato, la corresponsabilidad y el ejercicio de la parentalidad positiva (art. 26). Ese ejercicio de la parentalidad positiva representa, en este ámbito familiar, la afectividad consciente anteriormente aludida, requiriéndose una serie de habilidades a los progenitores, tutores, guarda-

---

[10] Horno (2021).

dores o acogedores. Las llamadas escuelas de padres y madres deberían jugar un rol importante a dichos efectos.

La propia LOPIVI nos ofrece una definición precisa de parentalidad positiva.

> CAPÍTULO III Del ámbito familiar
>
> Artículo 26. Prevención en el ámbito familiar.
>
> 1.(...) por parentalidad positiva el comportamiento de los progenitores, o de quienes ejerzan funciones de tutela, guarda o acogimiento, fundamentado en el interés superior del niño, niña o adolescente y orientado a que la persona menor de edad crezca en un entorno afectivo y sin violencia que incluya el derecho a expresar su opinión, a participar y ser tomado en cuenta en todos los asuntos que le afecten, la educación en derechos y obligaciones, favorezca el desarrollo de sus capacidades, ofrezca reconocimiento y orientación, y permita su pleno desarrollo en todos los órdenes.

Por lo que respecta al ámbito escolar, la citada LOPIVI creó una figura clave en la construcción de un entorno seguro y de buen trato en dicho ámbito: el coordinador o coordinadora de bienestar o protección. La persona que debe desarrollar esta función se correspondería, lógicamente, con el adulto consciente al que venimos aludiendo. Por tanto, la afectividad consciente se sobreentiende que debería ser una competencia propia de este profesional. Desgraciadamente, la implementación de esta figura, en la mayor parte de los sistemas educativos de las distintas comunidades autónomas, como hemos aludido en otros trabajos, no ha respondido, hasta el momento, a las expectativas planteadas por la LOPIVI[11]. Con todo, aunque esta figura del coordinador o coordinara de bienestar cobre un protagonismo especial en la construcción de un entorno seguro

---

[11] Cabedo (2023).

en las escuelas, los maestros, maestras, profesores, profesoras y el personal administrativo de los centros educativos también deben ser adultos conscientes y responsables. En este sentido, la LOPIVI encomienda al indicado coordinador o coordinadora de bienestar, entre otras funciones, promover planes de formación sobre prevención, detección precoz y protección de los niños, niñas y adolescentes (art. 35.2 a). De ahí la necesidad de que el coordinador o coordinadora de bienestar y protección sea un profesional muy formado y con experiencia.

Por último, con relación al ámbito deportivo y de ocio, la LOPIVI, al igual que en el educativo, crea una figura clave, el Delegado o Delegada de protección, que se encargará de la difusión y el cumplimiento de protocolos de actuación para construir un entorno seguro en los mismos (art. 48.1). En suma, una figura también clave para implantar un entorno seguro y de buen trato en los centros deportivos y de ocio. Es, además, nos indica el precepto citado, la persona que debe iniciar las comunicaciones pertinentes en los casos en los que se haya detectado una situación de violencia sobre NNA.

Ahora bien, al igual que veíamos con la figura del coordinador o coordinadora de bienestar y protección del alumnado, el delegado o delgada de protección debe ser considerado también un "coordinador" o "coordinadora" en esta tarea de construcción de un entorno seguro, puesto que, como bien apunta Ravetllat, todos los agentes implicados de alguna u otra forma en las actividades deportivas o de ocio educativo son fundamentales en su consecución[12]. De nuevo vemos que la formación continua de los y las profesionales que trabajan y están en contacto con los NNA es fundamental.

La LOPIVI, con relación a estos futuros profesiones "en contacto habitual con personas menores de edad", conmina

---

12 Ravetllat (2023).

a los centros de educación superior a promover "la incorporación en sus planes de estudios de contenidos específicos dirigidos a la prevención, detección precoz e intervención de los casos de violencia sobre la infancia y la adolescencia teniendo en cuenta la perspectiva de género" (art. 36.2). Una formación necesaria para poder, entre todos, construir entornos seguros y de buen trato en los diferentes ámbitos, en los que impere la cultura del buen trato y en los que los NNA puedan ejercer y desarrollar todos sus derechos. Desgraciadamente, esa formación no se ha dado, al menos, en muchas de las titulaciones cuyos egresados están "en contacto habitual" con la infancia y la adolescencia. El precepto citado alude, sin ser *numerus clausus*, a las titulaciones vinculadas con las profesiones sanitarias, del ámbito social, del ámbito educativo, de Periodismo y Ciencias de la Información y del derecho. Desde la Red de Universidades por la Infancia y la Adolescencia (RUIA) se está llevando a cabo un estudio con el fin de comprobar si, en el ámbito universitario, los grados y posgrados y los programas de especialización relacionados con las profesiones indicadas incluyen los contenidos que requiere la LOPIVI.

En cualquier caso, aunque los estudios relacionados con profesiones del ámbito social o educativo contemplasen ya en sus planes, con anterioridad a la LOPIVI, contenidos relativos a la infancia y adolescencia y sus derechos, el cambio de paradigma que instaura esta LO comporta la necesidad de rehacer dichos contenidos.

Resulta, por tanto, fundamental, si queremos contar con estas personas adultas "conscientes", responsables y formadas, la implicación de los centros de educación superior. La propia LOPIVI conmina a los mismos a que promuevan "en todos los ámbitos académicos la formación, docencia e investigación en derechos de la infancia y adolescencia en general y en la lucha contra la violencia ejercida sobre los mismos en particular" (art. 36.1). En este sentido, los nuevos Estatutos de la Universitat Politècnica de València recogen literalmente esta disposición de la LOPIVI. Desde la RUIA se está fomentando dicha incorporación en los estatutos de las distintas universidades que conforman la citada Red. La cuestión, nada baladí, es si, una vez introducida dicha mención en los respectivos estatutos, las universidades cumplirán la encomienda de la LOPIVI.

Más allá de esta formación académica para los futuros profesionales "en contacto habitual con personas menores de edad", estas personas adultas deben contar, dependiendo del entorno en concreto, con una formación complementaria y con una serie de conocimientos, competencias y habilidades diversas. El estudio de BBK family, entre otras, señala los siguientes cocimientos y formación complementaria:

- Formación en manipulación de alimentos, en el caso de tener que manipular alimentos.
- Conocimientos básicos de cómo actuar y derivar en caso de algún accidente o lesión que pueda sufrir un NNA. Competencia en primeros auxilios.
- Conocimientos de los protocolos contra los diferentes tipos de abuso y maltrato, y opciones de derivación de NNA.

En cualquier caso, como en todas las profesiones, la formación y el aprendizaje continuo deviene imprescindible para todas las personas adultas en contacto con la infancia y adolescencia. Y en este sentido se pronuncia la propia LOPIVI al señala que "las administraciones públicas, en el ámbito de sus respectivas competencias, promoverán y garantizarán una formación especializada, inicial y continua en materia de derechos fundamentales de la infancia y la adolescencia a los y las profesionales que tengan un contacto habitual con las personas menores de edad" (art. 5.1).

Por último, las personas en contacto habitual con la infancia y adolescencia deben carecer de antecedentes penales por delitos sexuales. En este sentido, se precisa para trabajar con

NNA acreditar dicha carencia mediante un certificado negativo del Registro Central de Delincuentes Sexuales y Trata de Seres Humanos, cuya gestión corresponde a la Secretaria de Estado de Justicia a través de la Secretaría General de la Administración de Justicia.

3.4. Nivel relativo a los niños, niñas y adolescentes y su participación y protagonismo

En este nivel se debe destacar la importancia de asegurar la participación de los NNA en la construcción de los entornos que queremos que sean seguros, precisamente, para ellos y ellas.

La participación de la infancia y la adolescencia es, como sabemos, uno de los cuatro pilares de la Convención sobre los Derechos del Niño, de 1989, junto al principio de no discriminación, la primacía del interés superior del niño y la niña, y el derecho a la vida, la supervivencia y el pleno desarrollo. En concreto, la Convención, en su art. 12, reconoce el derecho del niño y la niña a expresar su opinión libremente en todos los asuntos que les afecten, teniéndose debidamente en cuenta sus opiniones, en función de la edad y madurez del niño.

La propia LOPIVI, entre sus fines, señala el de el reforzar el ejercicio de su derecho a ser oídos, escuchados, y a que sus opiniones sean tenidas en cuenta en contextos de violencia contra ellos y ellas (art. 3. e). De este modo. NNA dejan de ser considerados únicamente como víctimas en situaciones de violencia, a los que hay que proteger.

Como hemos señalado junto con Ravetllat, el referido precepto de la Convención de Derechos del Niño hace referencia a la participación no como una finalidad en sí misma, sino como un procedimiento que debe garantizar la capacidad de los NNA de tomar decisiones y de ser tomados en consideración en aquellos temas que les afecten[13]. Por tanto, para garantizar la participación efectiva de los NNA en la construcción del entorno en que se desenvuelven, deben crearse espacios y cauces adecuados ad hoc. Y, por último y no menos importante, debe existir, como puntualiza Romea, un feedback "real" a sus propuestas[14]. Desafortunadamente, ese feedback real o retroalimentación no se da en muchas ocasiones en los procesos participativos de la infancia, como dan testimonio Gallego et al., miembros y antiguos miembros del Consell Nacional d'Infants i Adolescents de Catalunya (CNIAC). Estos y estas adolescentes y jóvenes nos cometan que generalmente no reciben ningún feedback respecto a sus aportaciones, ni tan siquiera por parte de las personas adultas que les preguntan en primera instancia qué opinan con respecto a una temática concreta[15].

Pero no basta con reconocer que los NNA tienen derecho a expresarse, a que sus opiniones sean tomadas en consideración, a participar en la toma de decisiones que les afecten. Para poder ejercer sus derechos, deben, en primer lugar, conocerlos, ser conscientes de la importancia de los mismos y que, efectivamente, les corresponden y pueden y deben ejercitarlos. Por tanto, la información y formación a la infancia y adolescencia con relación a sus derechos, como el de participación, y, en particular, a la dicotomía violencia/ buen trato y a la conceptualización de un espacio como entrono seguro y de buen trato, deviene, desde cualquier punto de vista, insoslayable. En esta línea, entre las finalidades que relaciona la LOPIVI, encontramos la de reforzar los conocimientos y habilidades de los NNA para que sean parte activa en la promoción del buen trato y puedan reconocer la violencia y reaccionar frente a la misma (art. 3.d). Y junto a esa información y formación,

---

13 Cabedo y Ravetllat (2021).

14 Romea (2019).

15 Gallego et al., (2023), p. 167.

como se ha indicado, deben habilitarse cauces o procedimientos apropiados, accesibles, para canalizar su participación en la toma de decisiones.

Estas cuatro dimensiones o niveles expuestos anteriormente deben adaptarse o ajustarse a los diferentes tipos de entornos (espacios o ambientes) en los que la infancia y la adolescencia se desarrolla y puede ejercer sus derechos, ya sea el familiar, el escolar, el deportivo y de ocio, o el digital, entre otros. Cada espacio o ambiente es diferente y tiene sus propias particularidades. Así, por ejemplo, como señala la UNESCO en un informe sobre el acoso escolar[16], el ambiente escolar comprende tanto el entorno físico, incluida la seguridad y la protección, como el entorno psicológico, incluido el clima escolar, la gestión y la disciplina del aula, y la relación entre profesorado y estudiantes, y entre estudiantes. Y, en todo caso, la construcción de un entorno seguro en un centro escolar en concreto tendrá unas particularidades propias que lo diferenciarán de otros centros escolares.

IV. A MODO DE CONCLUSIÓN

Sin duda alguna, la clave en la lucha contra la violencia a la que se enfrentan diariamente los NNA, su quimérica erradicación, radica en generar la condiciones para que la misma no nazca, en prevenir su aparición, y, en todo caso, en su detección precoz. Esta es la acertada filosofía que vertebra la LOPIVI y tiene su corolario en la creación de los denominados entornos seguros, de buen trato e inclusivos. Estos serían espacios en los que, en principio, no podría existir la violencia, entendida en un sentido amplio como opuesta frontalmente al buen trato.

---

16 UNESCO (2021).

Sin embargo, no debemos considerar estos espacios, en cuanto entornos seguros, como un conjunto de islas rodeadas de un mar en el que impera la violencia. Este sería, sin duda, un gran error de partida. Por tanto, si bien es cierto que en nuestra sociedad la cultura dominante, a día de hoy, es la de la violencia, los esfuerzos deber ir encaminados a propiciar un cambio cultural. Y en ese tránsito de cambio cultural, de una cultura de la violencia a una cultura de la paz y del buen trato, cobra sentido la construcción de entornos seguros, de buen trato y, por tanto, libres de violencia. La sensibilización y concienciación social resultará vital para tender al utópico cambio cultural.

Ahora bien, sentadas las bases estratégicas para erradicar la violencia que sufren los NNA[17], se nos plantea una duda: ¿son realmente efectivas las políticas públicas emprendidas a estos efectos? Para resolver esta cuestión no debemos situar la mirada en las cifras (o únicamente en ellas), sino en comprobar si se han llevado a cabo acciones encaminadas al aludido cambio cultural y en su efectividad. Y en el ámbito de los entornos seguros, debemos ser rigurosos en la construcción de los mismos, atendiendo a los cuatro niveles expuestos en el presente trabajo. Falta, sin duda, información y formación dirigida tanto a los propios NNA como a los y las profesionales en contacto habitual con ellos y ellas. Y con relación a los entornos escolares y de tiempo libre y de ocio, las figuras del coordinador o coordinadora de bienestar y protección, y del delegado o delegada de protección, respectivamente, deberían desempeñar un papel fundamental en la construcción de espacios seguros y de buen trato en dichos entornos.

---

[17] Para el periodo 2023-2030, el Ministerio de Derechos Sociales y Agenda 2030 aprobó, en 2022, la Estrategia de Erradicación de la Violencia contra la infancia y adolescencia.

Desgraciadamente, como expusimos en un anterior estudio sobre el coordinador o coordinadora de bienestar y protección (2022), estas dos figuras, más allá de su existencia (o no), no se han desarrollado e implementado eficazmente, en perjuicio de la construcción de los entornos seguros de sus respectivos ámbitos. Y tampoco podemos descuidar el nivel físico y el emocional en los diferentes entornos.

La conclusión a la que podemos llegar es que la materialización de la construcción de entornos seguros y de buen trato es una ardua tarea que requiere grandes esfuerces por parte de todos y todas, y también financiación, mucha financiación.

BIBLIOGRAFÍA CITADA

BBK Family, *Elementos básicos para un entorno seguro para niños y niñas*, BBK Family, 2020. Disponible en: https://bbkfamily.bbk.eus/wp-content/uploads/2020/06/ELEMENTOS-BASICOS-ENTORNO-SEGURO.pdf (Consulta realizada: 20/08/2024)

Cabedo Mallol, Vicente y Ravetllat Ballesté, Isaac, *Los Derechos de la Infancia y Adolescencia en las Constituciones Europeas*, Valencia, Tirant lo Blanch, 2020.

Cabedo Mallol, Vicente, "El coordinador o coordinadora de bienestar y protección del alumnado", en: Cabedo Mallol, Vicente y Ravetllat Ballesté, Isaac (Eds.), *Estudios sobre la Ley Orgánica de protección integral a la infancia y la adolescencia frente a la violencia*, Valencia, UPV, 2022, pp. 143-190. Disponible en: https://monografias.editorial.upv.es/index.php/iya/article/view/437 (Consulta realizada: 09/07/2024)

Cabedo Mallol, Vicente, "De la violencia contra la infancia y la adolescencia a la construcción de entornos seguros y de buen trato: a propósito de la normativa española", en: Ravetllat Ballesté, Isaac y Mondaca Miranda, Alexis (Coords.), *Protección integral de los derechos de la infancia y la adolescencia frente a la violencia*, Valencia, Tirant lo Blanch, 2024, pp. 13-36.

Gallego Guerrero, Carlos et al., "Crèixer participant. Nou anys de experiències del CNIAC", en: Ravetllat Ballesté, Isaac y Cabedo Mallol, Vicente (Eds.), *Participación social de los niños, niñas y adolescentes. Guía de buenas prácticas para su desarrollo,* Valencia, Tirant lo Blanch, 2023, pp. 153-176.

Horno Goicochea, Pepa, *La promoción de entornos seguros y protectores en Aldeas Infantiles SOS América Latina y el Caribe,* San José de Costa Rica, Aldeas Infantiles SOS, 2018a. Disponible en: https://www.espiralesci.es/guia-la-promocion-de-entornos-seguros-y-protectores-en-aldeas-infantiles-sos-en-america-latina-y-el-caribe-de-pepa-horno/ (Consulta realizada: 09/07/2024)

Horno Goicochea, Pepa, *La afectividad consciente como competencia organizacional en Aldeas Infantiles Sos América Latina y El Caribe,* Aldeas Infantiles, 2018b. Disponible en: https://www.aldeasinfantiles.org/getmedia/b1c557dc-cdd2-4cc3-aab6-7f2c08719d16/Afectividad-consciente.pdf (Consulta realizada: 09/07/2024)

Horno Goicochea, Pepa, *Taller: claves para la configuración de entornos seguros y protectores,* UNICEF, 2023. Disponible en: https://youtu.be/n-J0M_OeHmU?t=116 (Consulta realizada: 20/08/2024)

Ministerio de Derechos Sociales y Agenda 2030, *Estrategia de erradicación de la violencia sobre la infancia y la adolescencia,* Madrid, Ministerio de Derechos Sociales y Agenda 2030, 2022b. Disponible en: https://www.mdsocialesa2030.gob.es/derechos-sociales/docs/EstrategiaErradicacionViolenciaContraInfancia.pdf (Consulta realizada: 20/08/2024)

Ravetllat Ballesté, Isaac, "El delegado o la delegada de protección en el ámbito del tiempo libre educativo: algunas notas sobre su puesta en acción", en: Ravetllat Ballesté, Isaac y Cabedo Mallol, Vicente (Eds.), *Estudios sobre la Ley Orgánica de protección integral a la infancia y la adolescencia frente a la violencia,* Valencia, UPV, 2022, pp. 281-314. Disponible en: https://monografias.editorial.upv.es/index.php/iya/article/view/441 (Consulta realizada: 20/08/2024)

Ravetllat Ballesté, Isaac y Cabedo Mallol, Vicente, "La participación social de niños, niñas y adolescentes", en: Ravetllat Ballesté, Isaac y Cabedo Mallol, Vicente (Eds.), *Participación social de los niños, niñas y adolescentes. Guía de buenas prácticas para su desarrollo,* Valencia, Tirant lo Blanch, 2023, pp- 57-82.

Rodríguez González, Alberto y Múgica Flores, Javier (Coord.), *Renovando desde dentro. Siete retos y propuestas de mejora del sistema de protección de la infancia en España. Renovando desde dentro,* 2021. Disponible en: https://renovandodentro.wordpress.com/ (Consulta realizada: 20/08/2024)

Romea Viedma, Javier, *Primera jornada Ciudades Amigas de la Infancia de Castilla la Mancha,* UNICEF, 2019. Disponible en: https://ciudadesamigas.org/entornos-seguros-protectores-infancia-municipios/ (Consulta realizada: 20/08/2024)

Roselló Manzano, Rafael y Manzano Mier, María, *Guía de asistencia técnica para la creación y fortalecimiento de entornos protectores de la infancia y la adolescencia en Cuba,* UNICEF, 2022. Disponible en: https://www.unicef.org/cuba/media/5696/file/Gu%C3%ADa%20de%20asistencia%20t%C3%A9cnica%20para%20la%20creaci%C3%B3n%20y%20fortalecimiento%20de%20entornos%20protectores%20de%20la%20infancia%20y%20la%20adolescencia.pdf (Consulta realizada: 20/08/2024)

UNESCO, *Más allá de los números: Poner fin a la violencia y el acoso en el ámbito escolar,* UNESCO, 2021. Disponible en: https://www.observatoriodelainfancia.es/ficherosoia/documentos/7655_d_MasAllaDeLosNumeros.pdf (Consulta realizada: 20/08/2024)

UNICEF, *Cuadernos para la acción local Medidas para la creación de entornos protectores de cuidado y recreación para la infancia y adolescencia en el postconfinamiento,* UNICEF, 2020. Disponible en: https://ciudadesamigas.org/wp-content/uploads/2020/05/UNICEF-Entornos_protectores_verano_Ciudades-Amigas.pdf (Consulta realizada: 20/08/2024)

Legislación citada

Convención sobre los Derechos del Niño. Asamblea de las Naciones Unidas, de 29 de noviembre de 1989.

Ley Orgánica 8/2021, de 4 de junio, de protección integral a la infancia y la adolescencia frente a la violencia de España. Boletín Oficial del Estado, 5 de junio 2021.

Observación General Nº 13, Derecho del niño a no ser objeto de ninguna forma de violencia. ONU, CRC/C/GC/13.

Generación de entornos protectores en el ámbito del ocio, el tiempo libre educativo y el deporte. Una mirada antropológica para la implementación de los derechos de la infancia y la adolescencia

ALICE BINAZZI[1]
Plan RTR de España, NextGenerationEU
UPO, UAB, UNIPR[2]
alicebinazzidaniel@yahoo.com

---

1 Doctora con mención internacional en Ciencias Sociales, línea de investigación Género e Igualdad, por la Universidad Pablo de Olavide (UPO), Sevilla, España. Antropóloga investigadora en proyectos internacionales y especialista en Derechos Humanos de la Infancia y la Adolescencia, con enfoque en los derechos de las niñas y las adolescentes. Correo electrónico: alicebinazzidaniel@yahoo.com .

2 Nuestro trabajo de investigación para la presente publicación ha sido financiado por la Unión Europea "NextGenerationEU", por el *Plan de Recuperación, Transformación y Resiliencia* y por el Ministerio de Universidades, en el marco de las Ayudas Margarita Salas, para la *Recualificación del sistema universitario español* 2021-2023, convocadas por la Universidad Pablo de Olavide (UPO), Sevilla. En este marco, nuestro Proyecto *GENDERIN (Género, Derechos e Interseccionalidad)* se desarrolla en colaboración con la Universidad Autónoma de Barcelona (UAB) y la Università degli Studi di Parma (UNIPR), Italia (2022-2024).

I. INTRODUCCIÓN

Los Derechos de la Infancia y la Adolescencia han tenido un camino largo para su reconocimiento, hasta la adopción de la *Convención de Naciones Unidas sobre los Derechos del Niño/a* (CDN/UNCRC, 1989), hito e instrumento principal de los estándares jurídicos internacionales de referencia. Actualmente, el desafío que se evidencia es de avanzar en la era de la implementación, para llenar lagunas – en los contextos nacionales, regionales y locales - entre lo *de iure* y lo *de facto*.

El presente estudio aborda fenómenos y situaciones que obstaculizan y/o impiden el goce, por parte de la infancia y la adolescencia, de su derecho al ocio y participación, con particular referencia a violencia, condición de pobreza y exclusión social. Nuestra contribución pretende analizar las precondiciones que pueden favorecer, de manera sostenible, la generación de entornos protectores y bien tratantes, en el ámbito del ocio, tiempo libre educativo y deporte. Con enfoque en la implementación de los derechos de niñas, niños y adolescentes (NNA) y abordaje de tipo cualitativo antropológico, desde la perspectiva de género y con mirada transdisciplinaria, se pretende delinear modelos y buenas prácticas, moviendo de nuestra experiencia de campo etnográfico, entre Italia y España, en las regiones de Emilia-Romagna y Cataluña.

Nuestra contribución se estructura en tres partes principales. *En su primera parte*, este trabajo quiere evidenciar el marco internacional sobre la *Protección del Niño/a*, consensuado por la comunidad internacional, al igual que, destacar instrumentos jurídicos, recomendaciones y políticas públicas, impulsadas, en esta época de *policrisis* post pandémica, por parte de la Comisión Europea con sus Estados Miembros, para la salvaguarda de los derechos de NNA, al igual que el rol del Comité UE de las Regiones y sus instancias locales. *En la parte central* del trabajo que presentamos, pretendemos analizar distintos ámbitos abarcados por el derecho al ocio, visibilizando implicaciones y criticidades, que cruzan el ocio *online* y *offline*, tiempo libre educativo, deporte, participación y género.

En su parte final, nuestro estudio analiza y reflexiona sobre el modelo español y el italiano, aportando con ejemplos de proyectos y buenas prácticas locales y concluyendo con una reflexión sobre los elementos esenciales para la generación de entornos protectores y de buen trato para todas las niñas, niños y adolescentes y para que nadie se quede atrás.

1.1. Notas metodológicas

El estudio que aquí presentamos se fundamenta en nuestros trabajos de investigaciones anteriores, de campos etnográficos en Europa y en América Latina y el Caribe, al igual que de nuestra experiencia en la investigación de las organizaciones internacionales gubernamentales, y de participación en equipos de investigación académica internacional de proyectos europeos sobre derechos humanos, igualdad de género y el desarrollo sostenible[3].

Nuestro estudio pretende aportar, aquí, a la temática del debate, a través de parte de los resultados de nuestro Proyecto de investigación *GENDERIN*[4], actualmente en curso, en el marco del *Plan de Recuperación, Transformación y Resiliencia* del Reino de España, *NextGenerationEU*, financiado por la Comisión Europea, y por el Ministerio de Universidades de España para el *Plan de Recualificación del Sistema Universitario Español* y que be-

---

3 Entre otros, cabe evidenciar: el Proyecto IRSES Marie Curie, Europa-América Latina *GENDERCIT* (*Gender and Citizenship*, 2013-2017) y el Proyecto *GOV.DIV.* (*Multilevel Governance of Cultural Diversity*, 2014-2018).

4 Proyecto *GENDERIN* (*Género, Derechos e Interseccionalidad/Gender, Rights and Intersectionality*, 2022-2024), *Ayudas M. Salas*, convocadas por la Universidad Pablo de Olavide, Sevilla.

neficia de nuestra colaboración con el Grupo de Investigación ATLAS[5], de la Universidad Autónoma de Barcelona.

Metodológicamente, nuestra postura se sitúa en la antropología reflexivo-interpretativa contemporánea[6], cuya perspectiva teórica aborda las culturas como redes de significados, que tienen que interpretarse a partir del pensamiento de las personas que forman parte de dichas culturas, de sus ideas y de lo que resulta importante para ellos/as[7]. La antropología y sus estudios sobre la "alteridad"[8] tratan en profundidad, datos cualitativos y la especificidad de la antropología es su trabajo de campo[9]. Sin embargo, la antropología no se agota con su investigación en el terreno: hay un trabajo teórico y preparatorio, antes, y una reflexión interpretativa posterior a ello[10]. Este proceso sienta las bases para construir categorías y significados de referencia, que pueden contribuir para análisis antropológicos y/o transdisciplinarios más amplios, incluso, independientemente del trabajo en el terreno.

Cabe destacar que la antropología reflexivo-interpretativa se entrelaza con el Derecho Humanitario y los Estudios de Género. El Derecho Humanitario, anclado al principio jurídico de *no discriminación*[11], pretende reequilibrar antiguas y nuevas asimetrías de poder que producen desigualdades[12], incluso en

---

5 Grupo de Investigación *ATLAS, Intersecciones Criticas en Educación*, UAB. Disponible en: https://webs.uab.cat/atlas/es/equipo-de-investigacion/ (Consulta realizada: 20/07/2024)

6 Olivier de sardan (2008); Miller (2014); y Herzfeld (2001).

7 Hannerz (1998).

8 Kilani (2018; 1998); y Augé (2019, 1975).

9 Olivier de sardan, cit. (n. 6); Clifford y Marcus (2005); y Rosaldo (2000).

10 Binazzi (2019).

11 Declaración Universal de los Derechos del Hombre (1948).

12 Binazzi, cit. (n. 10).

el grupo social de niñas, niños y adolescentes (en adelante, NNA)[13]. Por otro lado, la Antropología se enfoca históricamente en el análisis en profundidad de las desigualdades, con inclinación a rescatar las voces de las personas marginadas[14]. El tema de la igualdad es, consecuentemente, intrínseco a la Antropología y al Derecho Humanitario. El género es un concepto clave integrado por la antropología contemporánea, que ha redefinido la disciplina misma, a partir de los años setenta, en adelante. Los Estudios Feministas[15] se conjugan con la postura antropológica, en la superación del paradigma positivista y para la igualdad de género, con enfoque, hoy en día, intergeneracional sobre los derechos de las mujeres y de las niñas y las adolescentes.

El concepto de *antropología de la implementación de los estándares jurídicos internacionales de los derechos humanos*[16], con enfoque de género[17], desarrollado por esta autora, se fundamenta en la idea de que es posible contribuir a la implementación de los derechos humanos de la infancia y la adolescencia, y para el logro de la igualdad de género, por medio de la antropología contemporánea, cultural y social, del trabajo de campo etnográfico y adoptando la perspectiva de género[18]. Es ésta una antropología que pretende reflexionar sobre lo que se interpone en el discurso institucional para los derechos y la implementación local, al igual que, de analizar y volver visibles estos flujos de significados, que no se expresan de manera manifiesta y que, sin embargo, influyen en las prioridades de la agenda política y en la vida cotidiana de la sociedad civil.

---

13 Pinheiro y Naciones Unidas (2006).

14 Kilani (2018); y Herzfeld (2001)

15 Cariño (2013).

16 Binazzi, (2023a).

17 Cariño, cit. (n. 15).

18 Breda (2019).

Por lo que atañe al lenguaje utilizado, cabe destacar que se ha cuidado la redacción de un lenguaje no sexista, optando por el masculino genérico sólo en aquellos casos en los que no ha sido posible sustituirlo por una alternativa inclusiva de ambos géneros.

Para concluir, el dialogo con nuestras redes, en Europa y en América Latina y el Caribe, y el intercambio sólido con nuestras/os colegas comprometidas/os por los derechos humanos de la infancia y la adolescencia, es fuente de una reflexión continua, muy enriquecedora para la investigación y el avance conceptual en el tema que aquí tratamos, por lo que nos complace, igualmente, destacar que nuestra participación en la realización del presente libro se enmarca en dicha provechosa colaboración.

II. EL ABORDAJE DE LA PROTECCIÓN DEL NIÑO/A

2.1. Marco internacional

En su parte final, nuestro estudio analiza y reflexiona sobre el modelo español y el italiano, aportando con ejemplos de proyectos y buenas prácticas locales y concluyendo con una reflexión sobre los elementos esenciales para la generación de entornos protectores y de buen trato para todas las niñas, niños y adolescentes y para que nadie se quede atrás.

El *Estudio Global de Naciones Unidas sobre la Violencia contra NNA*[19] es una piedra angular del abordaje de *Protección del Niño/a* (del inglés, *Child Protection*), por haber abierto pistas, con respecto al tema de las violaciones de los derechos huma-

---

[19] Pinheiro y Naciones Unidas, cit. (n. 13).

nos de la infancia y la adolescencia, en el mundo, desvelando, en aquella época, lo que se percibía ser solo la punta del iceberg, con respecto a los fenómenos de violencia contra NNA, todavía desconocidos y/o escasamente visibilizados. Un resultado particularmente alarmante de dicho Estudio Global evidenció que, a menudo, las violaciones de los derechos de NNA ocurren en los mismos entornos que se supone tendrían que protegerlos, tales como familia, escuela, entornos educativos, de ocio, y comunidad.

Consecuentemente, abordar el tema de la protección de la infancia y la adolescencia significa, en primer lugar, afrontar el tema de la erradicación de la violencia contra de las/os menores de edad, a partir de los ámbitos que forman parte de su cotidianidad.

Remitiendo a uno de los cuatro principios rectores[20] de la Convención sobre los Derechos del Niño/a (CDN, 1989), podemos afirmar que prevenir y responder a la violencia, explotación y abuso es fundamental para poder garantizar su *derecho a la supervivencia y desarrollo integral* (Art.6, CDN)[21]. La relevancia de la erradicación de la violencia contra niñas/os y adolescentes está igualmente reflejada en el Objetivo 16.2 de la *Agenda 2030 para el Desarrollo Sostenible*[22].

A nivel global, no cabe duda que ser niña, niño o adolescente, en el Sur de un mundo globalizado, implica relacionarse con y padecer por asimetrías de poder manifiestas e impactantes, si, al mismo tiempo, miramos a la situación de la infancia y

---

20 Los cuatro principios rectores de la Convención sobre los Derechos del Niño son: el derecho a la *no discriminación* (Art.2), derecho a la *supervivencia y desarrollo integral* (Art.6), el *interés superior del niño/a* (Art. 3) y el derecho a que *las propias opiniones estén tenida en la debida cuenta y a la participación* (Art. 12).

21 united nations economic and social council (2008), p.1, párr.1.2.

22 Agenda 2030 para el desarrollo sostenible (2015).

la adolescencia, en el Norte del mundo y al nivel de goce de sus derechos. Sin embargo, ello no tiene que desviar nuestra atención de los fenómenos de graves violaciones de los derechos que también existen, aunque con otras peculiaridades, en los países industrializados, a menudo, escasamente visibilizados, y gravemente agudizados, en esta época post pandémica, en los países europeos, también[23].

Con base en lo anterior y con respecto a prevención, protección y creación de *entornos protectores* para la infancia y la adolescencia, cabe destacar tres aspectos sumamente importantes, que frecuentemente se entrelazan[24].

El primero, es que la importancia de la prevención radica en abordar todos aquellos factores destacados por la investigación internacional, nacional y local, que contribuyen a poner a NNA en situaciones de riesgo de violación de sus derechos. A menudo se trata de un conjunto de circunstancias y elementos complejos e interconectados, que pueden analizarse mejor, a partir de la perspectiva interseccional, para adquirir un cuadro holístico sobre fenómenos y situaciones que pueden afectar a la infancia y la adolescencia. Entre dichos factores, ha sido, sin duda, identificada la condición de pobreza, que se está produciendo, de manera creciente, en los países europeos – y no solo - como consecuencia de la que se ha definido la *policrisis* de la post pandemia[25]. Por medio de este término, se ha indicado el conjunto de crisis que se han ido sumando, tras la pandémica por el Covid-19 con pérdida de empleos, incluyendo a la por la guerra en Ucrania, la energética y la por el alza de precios de productos de consumo, que han impactado seriamente, en

23 Comisión UE, UNICEF Internacional, entre otras organizaciones internacionales.

24 Binazzi (2023b).

25 Binazzi, cit. (n. 16).

particular, sobre las familias con hijos/as. La condición de pobreza resulta entre las causas principales de exclusión social.

El segundo aspecto fundamental para la prevención y protección, atañe a la pobreza educativa, a menudo, debida a la falta de acceso a una educación inclusiva y de calidad, que también produce pobreza económica.

Como tercer aspecto, queremos destacar la discriminación y exclusión social, que impiden la plena participación de NNA, a raíz de estereotipos hacia la diversidad de distinta índole: de género, edad, origen y etnia, discapacidad, religión, condición, como la por ser migrante o hijo/a de migrantes, entre otras. Cabe destacar, aquí, que la discriminación puede afectar a niñas, niños y adolescentes, también, cuando ésta no esté dirigida directamente a ellas/os, sino cuando afecte a sus progenitores o miembros de su familia. En este sentido, el principio rector de *no discriminación,* establecido por la CDN (1989, Art. 2) y, aún antes, por la Declaración Universal de los Derechos Humanos (1948), se vuelve aún más crucial, en el caso de la infancia y la adolescencia.

Desde nuestra perspectiva antropológica y con la finalidad de volver visibles fenómenos de violencia, abuso y explotación contra NNA, consideramos primordial la identificación y el análisis de los estereotipos sobre la infancia y la adolescencia, por su diversidad de edad y a cuya diversidad puede sumarse otro/s tipo/s de diversidad/es, tal como anteriormente explicitado. De hecho, la relevancia del papel desarrollado por los estereotipos en la sociedad y, en parte, en las instituciones reside non solo en su capacidad por influenciar la forma de pensar, produciendo simplificación y sesgos, por la manera de opinar sobre fenómenos y situaciones que involucran NNA, sino también por orientar comportamientos del mundo adulto, que, luego, se traducen en acciones concretas.

Con base en los elementos hasta aquí analizados, resulta patente que la creación y fortalecimiento de entornos protectores de la infancia y la adolescencia implica, por consecuencia, respuestas holísticas y sostenibles, por parte de los países, fundamentadas en la colaboración local, eficaz, entre componentes debidamente coordinados, que trabajen para asegurar prevención, protección y bienestar en torno al niño/a y a su familia, al igual que, desestructurándose de estereotipos dañinos hacia la diversidad de todo tipo. Para este fin, la prevención de la violencia, erradicación de la pobreza, la mejora de los servicios educativos y la lucha contra la exclusión social resultan clave para que cualquier acción, incluso en el ámbito de ocio, tiempo libre educativo y deporte, pueda tener sostenibilidad.

Igualmente, la investigación, con su recolección de datos, constituye un instrumento poderoso para informar las políticas, para una correcta implementación, que logre colmar las lagunas que aún existen e impiden el goce sustancial de los derechos, por parte de NNA. Cabe evidenciar que, a nivel internacional, la investigación avanza, de acuerdo con estándares y buenas prácticas compartidas por la comunidad internacional, consecuentemente, dando cuenta del estado general de implementación de los derechos de NNA. Por otro lado, este círculo virtuoso, a menudo, se interrumpe, a nivel nacional y local, produciendo fragmentación en la investigación, con carencia de datos. Resulta primordial, por consecuencia, fortalecer este aspecto, para que el monitoreo sobre la condición de la infancia no vaya desdibujándose a más pequeña escala.

Asimismo, la investigación liderada por las organizaciones internacionales hace hincapié también en la rendición de cuentas de los gobiernos (o *accountability*), y en su capacidad por implementar políticas públicas, mayormente centradas en las niñas, niños y adolescentes y para su participación, en tanto que protagonistas de sus procesos y agentes de cambio para la creación y el fortalecimiento de entornos protectores y bien tratantes.

2.2. Medidas europeas para la infancia y la adolescencia en la época post pandémica

Para poder afrontar la pobreza infantil y la exclusión social, de manera holística y no sectorial, resulta imprescindible garantizar que un número más amplio de NNA vulnerables puedan acceder, entre otros, a servicios básicos de educación y salud, tal como lo ha establecido la Comisión UE, por medio de la aprobación de la *Garantía Infantil UE* (2021), en la post pandemia. Dicho instrumento novedoso, enmarcado en el pilar europeo de los derechos sociales y de implementarse a través de los *Fondos UE Social Plus*, se ha dirigido a los Estados Miembros, que, sucesivamente, han presentado *Planes Nacionales* para implementar dicha *Garantía*, según las peculiaridades y necesidades de sus contextos nacionales y locales. Esta medida de contraste a pobreza infantil y exclusión social pone el énfasis en la urgencia por adoptar una sinergia multinivel en los Países Miembros, con el fin de remover obstáculos al acceso a servicios básicos y plena participación de NNA.

Tal como lo ha subrayado el Comité UE de las Regiones (CoR)[26] - organismo representativo, a nivel europeo, de los territorios regionales de los países UE, de sus instancias y peculiaridades locales - dichos *Planes Nacionales* varían mucho, en los distintos países. Sin embargo, este Comité destaca un denominador común, entre ellos, de identificarse en el papel de liderazgo de los organismos locales, para el proceso de implementación, actualmente, en su fase inicial. Además de desenvolver un rol crucial en la gestión de servicios clave, como los de educación y salud, entre otros, las instituciones locales resultan fundamentales para garantizar que NNA, en tanto que ciudadanas/os, tengan su voz en los procesos de planificación de políticas públicas que las/os involucran.

---

[26] EU Committee of the Regions, CoR (22 de febrero de 2024).

Con respecto a las actividades de ocio y deporte, el Comité, además, destaca que dichas actividades tienen que incorporarse en los programas para suportar la salud mental y física de NNA, más allá de lo que ya se prevé en el área de salud, y con la necesidad de incrementar inversiones.

Otros instrumentos, además de la *Garantía Infantil UE* y de la *Estrategia EU sobre los Derechos de NNA,* de 2021, han sido impulsados por la Comisión UE, en esta época post pandémica, para empoderar a la infancia y la adolescencia de un rol protagónico, en la definición de políticas públicas, y para revitalizar el papel de los Estados Miembros, por medio de un compromiso más activo para la implementación de los derechos de NNA.

Para este fin, nos importa destacar a la nueva *Plataforma UE para la participación de NNA*[27]*:* un espacio seguro, de acceso "amigable", que se dirige directamente a NNA y en que NNA pueden participar, expresar e intercambiar opiniones, sobre temas importantes para ellas/os. Dicha Plataforma constituirá un instrumento significativo de orientación para acciones institucionales y políticas públicas futuras, a distintos niveles, en tema de infancia y adolescencia.

Asimismo, la Comisión, entre las iniciativas prioritarias de su *Programa de Trabajo 2024*, pretende movilizar a sus Estados Miembros, por medio de su *Recomendación UE sobre sistemas integrados de protección del niño/a*[28], para que se realicen más esfuerzos en esta área. Por su parte, el Comité UE de las Regiones (CoR) acaba de aprobar su *Own Initiative Opinion Draft*[29], en tema de sistemas integrados de protección de la infancia, con

---

[27] EU Children's Participation Platform. Disponible en: https://eu-for-children.europa.eu/ (Consulta realizada: 20/07/2024)

[28] *European Commission Recommendation on integrated child protection systems*, actualmente, en curso de elaboración.

[29] EU Committee of the Regions, CoR (17-18 de abril de 2024).

la finalidad de complementar y fortalecer el proceso de finalización de la *Recomendación* de la Comisión UE anteriormente mencionada, por medio de la presentación de instancias locales relacionadas.

Para finalizar nuestra reflexión sobre las medidas adoptadas a nivel europeo, para contrastar y erradicar pobreza infantil, exclusión social, violencia contra la infancia y la adolescencia y fomentar su participación, nos importa resaltar la continuidad e interseccionalidad con las que, actualmente, se está abordando estas distintas áreas, por parte de las instituciones EU con sus Estados Miembros. El objetivo es de intervenir, con mirada holística, sobre todos esos factores que han agudizado, en la post pandemia, las antiguas y nuevas desigualdades y los fenómenos de violaciones que afectan gravemente a los derechos de NNA.

Para aterrizar estas reflexiones, a nivel local, todas/os las/os NNA deben tener la oportunidad de participar de manera segura, significativa e inclusiva[30]. Con respecto a ello, el COR indica que campañas públicas de concienciación e iniciativas educativas sobre los derechos de la infancia y la adolescencia pueden contribuir a una estrategia adecuada y eficaz.

Es dentro de esta perspectiva que se enmarca, por consecuencia, la capacidad institucional por crear, a toda escala, las precondiciones para que se generen entornos protectores y de buen trato para todas las niñas, niños y adolescentes. Basándonos en ello, consideramos primordial que la cultura de la colaboración se vuelva concreta y efectiva para desarrollar las sinergias necesarias, entre actores institucionales y de la sociedad civil, para cumplir con los desafíos complejos que hay que relevar, actualmente, para garantizar entornos protectores para la infancia y la adolescencia. De otra manera, en nuestra

30 Fuente: Comisión UE, Programa EC-CERV- Child.

opinión, estos objetivos se verían perjudicados por acciones que resultarían como descoordinadas, puntuales y/o no sostenibles, y que no cambiarían significativamente al cuadro actual de la situación de la infancia y la adolescencia.

III. DERECHO AL OCIO, TIEMPO LIBRE EDUCATIVO Y DEPORTE. GENERACIÓN DE ENTORNOS PROTECTORES Y BIEN TRATANTES

3.1. El derecho al ocio

A continuación, para dirigir nuestra reflexión hacia la generación de entornos protectores con respecto al ámbito de *ocio*, cabe recalcar su importancia para la infancia y la adolescencia, ya que éste favorece el desarrollo integral de niñas, niños y adolescentes, enriquece su vida y su participación. El término de ocio abarca a un amplio abanico de diferentes actividades como el descanso, juego, deporte, recreo y actividades educativas y creativas para la infancia y la adolescencia. Se trata de un tiempo libre que no prevé obligaciones o actividades formales, por consecuencia, que todas/os las/os niñas/os y adolescentes tienen derecho de utilizar a su gusto[31].

Por haber sido reconocida su importancia, el *derecho al ocio* se ha establecido, al Art. 31 de la CDN. Este derecho, además de aportar beneficios directos para el desarrollo integral de NNA, también contribuye a la realización de otros de sus derechos y al fortalecimiento mutuo entre ellos (Art. 6 y 12 de la CDN, entre otros). Ello se debe a las características de *interdependencia* e *interrelación* de los derechos humanos de la infancia y la adolescencia.

---

31 Binazzi, cit. (n. 16).

Sin embargo, durante largo tiempo, no se ha observado igual importancia reservada a este derecho en su implementación, por su escasa mención en los informes de los estados y las consecuentes limitadas inversiones para las estructuras de ocio, recreo, deporte de NNA. Estudios internacionales recientes han reiterado la importancia del ocio, juego y deporte, desvelando el desfase de implementación del derecho al ocio, que ha resultado ser un "derecho olvidado"[32]. Asimismo, esta crítica se dirige a la realización de espacios públicos para el juego y entornos seguros. Si, por un lado, el concepto de "Protección del Niño/a" resulta patente, con respecto a situaciones o fenómenos de alto riesgo y/o de contextos degradados, por otro lado, la protección de la infancia en entornos comunes, del día a día, podría aparecer como una versión extrema de la idea de protección de los derechos humanos de NNA. Sin embargo y tal como lo ha evidenciado Pinheiro y Naciones Unidas[33] , es de suma importancia volver a recalcar que las violaciones de los derechos de la infancia y la adolescencia ocurren, prevalentemente, en los entornos que tendrían que protegerlos. En el ámbito del ocio, el concepto de prevención y protección no se encuentra todavía incorporado, suficientemente, al igual que, en otros ámbitos de la vida de NNA (como, a modo de ejemplo, en las situaciones de separación o divorcio de los progenitores o de seguridad que los/as involucran directamente). Además, no todas las entidades que desarrollan actividades directas con NNA, resultan equipadas por una "política de protección del niño/a" (del inglés, *Child Protection Policy*), tal como, lo insta la Comisión UE, como prerrequisito, a las entidades que trabajan con NNA, en sus Programas de financiación de proyectos de intervención con la infancia y la adolescencia.

---

32 Lansdown (2022), p.282.

33 Pinheiro y Naciones Unidas (2006).

3.2. Derecho al ocio, participación de NNA y género

Es importante resaltar que el *derecho al ocio* se vincula fuertemente a los *principios rectores* de la CDN (1989), de *participación* (Art.12) y de *no discriminación* (Art.2).

Actualmente, el ejercicio de los derechos a la participación y al ocio, en sus múltiples formas de juego y recreo, tiempo libre educativo y deporte, por parte de la infancia y la adolescencia, resulta aún más perjudicado que anteriormente. Ello se debe al hecho de que la *policrisis* actual ha exacerbado las desigualdades preexistentes y el incremento de la tasa de pobreza infantil y exclusión social, urgiendo, aún más, la implementación de los instrumentos, *ad hoc*, impulsados por la Comisión UE para sistemas de protección y entornos seguros a medida de la infancia[34].

Nos importa aquí resaltar, tal como lo ha evidenciado la Comisión UE, que pobreza y exclusión social limitan fuertemente la participación y, por consecuencia, podemos inferir, también el derecho al ocio. Visiones discriminantes sobre la diversidad, junto con la limitación de recursos económicos, constituyen un serio obstáculo a los procesos de inclusión. Es patente que ello no crea precondiciones de igualdad y para que todas las niñas y niños puedan acceder a espacios y servicios de tiempo libre, participando en las actividades que les convengan. Consecuentemente, para remover obstáculos como la exclusión social y discriminación hacia la diversidad de todo tipo y/o para contrastar la *aporofobia*[35], es primordial impulsar modelos culturales distintos.

Igualmente, es de suma importancia adoptar la perspectiva de género, en tema de participación y ocio, ya que cabe des-

---

[34] Binazzi, cit. (n. 16).

[35] La RAE define la *aporofobia* como: *"Fobia a las personas pobres o desfavorecidas"*.

tacar que aún existen desigualdades entre niñas y niños, por seguir limitada la participación de las niñas y las adolescentes, tanto en contextos del Sur como del Norte del mundo. La pervivencia de esquemas de género desfavorece el empoderamiento y la libre expresión de las aspiraciones de las niñas y las adolescentes, incluso, en su tiempo extraescolar, de las actividades del tiempo libre educativo, ocio y deporte[36]. Además, con respecto a la lucha para la erradicación de las desigualdades y violencia de género que afectan a las niñas y las adolescentes, y a las mujeres adultas también, el ODS 5 sobre Género de la Agenda 2030 destaca, entre los puntos prioritarios de su hoja de ruta, el empoderamiento y la participación de niñas y mujeres.

Por su parte, la Comisión UE[37] reitera la necesidad de poner, metodológicamente, a la prueba las medidas que se elaboran sobre el tema de género, para comprobar si ellas responden de manera conforme a criterios de incorporación del enfoque de género.

A continuación, vamos analizar distintos ámbitos del ocio, con la finalidad de reflexionar sobre aspectos que siguen bastante invisibilizados, y que, sin embargo, consideramos relevantes, a la hora de definir políticas y estrategias a "medida de niño/a", en el área de prevención y protección de la infancia y la adolescencia, en el ámbito de su tiempo extracurricular, para su bienestar y el disfrute de entornos bien tratantes.

3.3. Ocio online y offline

Cabe recalcar que también el *online* representa, hoy en día, una forma de ocio y de recreo, prevalentemente, individual,

---

36 Binazzi, cit. (n. 24).

37 Fuente: Comisión Europea, Programa CERV-DAPHNE.

aunque puede ser también compartido entre pares. Consecuentemente, prevención y protección tienen que implementarse, tanto en las actividades recreativas y en el ocio *offline,* como en aquellas *online.* A veces, la accesibilidad no fácil a los lugares de ocio y tiempo libre educativo y problemáticas de escaso tiempo disponible para trasladarse, en el contexto urbano, pueden obstaculizar el disfrute de estas actividades. Podemos observar, aquí, la importancia de la urbanización que planifique para facilitar dicha accesibilidad, en seguridad y proximidad de la casa o de la escuela, ofreciendo la oportunidad concreta de participar.

Cuando el ocio en presencial no resulta viable, el ocio en red adquiere más espacio, en la jornada de la infancia y la adolescencia. Por otro lado, el mundo de los negocios relacionados al *online,* se ha dirigido hacia el/la niño/a-target, como sujeto consumidor/a de tecnología y de dispositivos tecnológicos, aún más, durante la pandemia y post pandemia por el Covid-19. Juegos, nuevas modalidades de jugar y estudiar online e interconexiones a la distancia, incluso con otros/as compañeros/as a la distancia, se han incrementado rápidamente, de manera exponencial, a menudo, canibalizando[38] al tiempo libre en presencial de niñas, niños y adolescentes, por sustraer tiempo al desarrollo de competencias interrelaciónales con/en el mundo real.

A pesar de que los gobiernos y las industrias privadas, en los países industrializados, han hecho grandes esfuerzos para garantizar la seguridad en línea, el progreso de la tecnología y su difusión cada vez más rápida y amplia han aumentado seriamente la vulnerabilidad de NNA, planteando un conjunto de riesgos para ellos/as. Dichos riesgos abarcan tanto el *bullying,* como el acoso y la violencia sexual, de que las adolescentes y

---

38 Kilani, cit. (n. 8).

las jóvenes resultan ser el blanco aún más creciente, incluso, como consecuencia del *teen dating violence*, es decir, la violencia de género entre parejas adolescentes, que puede reflejarse en formas de chantajes, por la amenaza de publicación de imágenes intimas de las jóvenes, en las redes sociales.

Además, las nuevas tecnologías pueden facilitar un acceso fácil a la información, para potenciales perpetradores, para conseguir fotos y datos de sus víctimas, como ocurre en el fenómeno del *grooming*, es decir, el acoso sexual de NNA por medio del internet o del uso de teléfonos móviles.

En este contexto, que atañe a distintos países, tal como lo alertan las instituciones europeas[39], estudios nacionales, en Italia, han demostrado que, en cierta medida, la vulnerabilidad de NNA se incrementa, en relación a su percepción por haber descubierto un espacio "a prueba de adultos", es decir, una especie de "zona franca o libre", que resulta bastante difícil de acceder por parte de los progenitores, ya que se observa que, todavía, la mayoría de los progenitores no está tan familiarizada con el uso del Internet[40]. El dominio de la tecnología, nunca estática y siempre cambiante, por parte de las/os "nativas/os digitales" es expresión de una diversidad de competencias generacionales que deja, por otro lado, desprotegidas/os a NNA. De acuerdo con lo que la investigación nos señala, ello ocurre, también, porque el control parental se ejerce más, sobre la cantidad de tiempo que las/os hijas/os pasan en la red, y no mucho sobre el tipo y la calidad de los sitios web que ellas/os visitan y/o de sus intercambios en línea.

Por consecuencia, al escaparse del control parental no calificado y por desconocer los verdaderos riesgos de la navegación, NNA tienen una mayor exposición a los fenómenos de

---

39 Comisión Europea y Council of Europe.

40 Eurispes, telefono azzurro (2009).

abuso, bullying y violencia en línea. Es de suma importancia subrayar que, para contrastar a este fenómeno, las sinergias de las policías internacionales y de grupos de trabajo de investigación están cooperando activamente para reducir este delito[41]. Sin embargo, las formas de violencia que se pueden producir en el ocio en red varían mucho y son también frecuentes los casos en que ésta no se produce por mano de desconocidos, sino de pares del entorno escolar o de la comunidad.

En nuestra opinión, cierta visión de "segmentación" entre los ámbitos del ocio de NNA ha de superarse, para buscar formas de comprensión y de dialogo, entre el espacio offline y aquello online.

Consideramos que generar entornos protectores tiene a que ver con aceptar el desafío, por parte de quienes trabajan con NNA, por encontrar una forma de educación digital eficaz, como prevención, para conductas adecuadas de NNA, en este ámbito del ocio, al igual que, para sostener los/as agentes de cuidado y llenar lagunas técnicas digitales eventualmente existentes, en las familias.

En este sentido, nos parece que el espacio extraescolar del tiempo libre educativo, en particular, tiene un gran potencial para realizar iniciativas educativas de debates informados con NNA, para concienciar sobre los riesgos relacionados con la utilización de las nuevas tecnologías y para no hacer daños, para que esta forma de ocio en línea, frecuentemente individual, con finalidad de recreo y de estudio también, pueda aprovecharse de manera segura con todos sus beneficios de juego, conocimiento e intercambios entre pares.

Para finalizar, es nuestro convencimiento de que, hoy en día, no resulta eficaz de abordar el tema de ocio de NNA de manera segmentada o conflictual, en otras palabras, ocio offli-

---

41 Binazzi (2012).

ne *versus* ocio online, ya que estas dos modalidades ya se entrelazan habitualmente, durante las jornadas de NNA.

Consideramos urgente e imprescindible que la educación formal, no formal e informal junten sus fuerzas para una mayor concienciación sobre riesgos y oportunidades, fomentando, al mismo tiempo, el respeto de los derechos, incluso entre pares, para que estas "zonas francas digitales" puedan ofrecer recreo, beneficios y conocimiento, sin afectar al bienestar de NNA.

3.4. Educación y tiempo libre educativo

Los resultados de investigación sobre la implementación de los derechos de la infancia y la adolescencia constituyen una herramienta indispensable para arrojar luz sobre el papel relevante que algunos factores pueden desempeñar en el área de la prevención y protección contra las violaciones de sus derechos. Entre ellos, podemos destacar el papel de la educación.

La educación es de suma importancia para fortalecer principios fundamentales, como los de ciudadanía, no discriminación e igualdad - incluso la de género - y de participación en los procesos democráticos. Repensar las relaciones asimétricas que perviven en este mundo adulto-céntrico para poder incluir NNA en los debates y, al mismo tiempo, incrementar su concienciación sobre sus derechos, y en la sociedad en su conjunto, puede favorecer mayor y mejor escucha de las opiniones de NNA, para que éstas estén incorporadas en los procesos decisionales. Se trata de un cambio cultural impostergable, si queremos realizar entornos seguros y bien tratantes para la infancia y la adolescencia.

De acuerdo con nuestro análisis antropológico, consideramos de suma importancia resaltar que la participación protagónica de niñas, niños y adolescentes estimula la expresión y la producción de significados culturales, propios de la infancia y la adolescencia, que contribuyen, por medio de sus trayectorias y opiniones, en moldear la sociedad con ideas y visiones originales, innovadoras y creativas y permite desplazar el enfoque, desde visiones adulto-céntricas, hacia el protagonismo de la infancia y la adolescencia[42].

Cabe poner de relieve que la investigación internacional sigue destacando la educación como instrumento poderoso de progreso, integración y cohesión social. Por otro lado, frecuentemente, su potencial para la prevención de violaciones de los derechos del niño/a queda subestimado.

Con respecto a los derechos humanos, éstos se enseñan de manera limitada, en la educación formal, eligiendo algunos y descartando a otros o en ocasión de iniciativas puntuales, en lugar de incorporar los derechos en los procesos educativos cotidianos ordinarios, es decir, proporcionando una educación fundamentada en derechos de NNA. En otras palabras, la educación debe arraigarse en los derechos humanos y los derechos humanos deben incorporarse en sus procesos[43]. A este respecto, cabe recordar la característica fundamental de los derechos humanos, por estar todos interrelacionados, y que sólo si aplicados por igual, pueden ser aceptados universalmente. Desde largo tiempo, el *Comité de los Derechos del Niño/a de las Naciones Unidas* reitera que la educación debe armonizarse con los principios de la *Convención de las Naciones Unidas sobre los Derechos de la Infancia y la Adolescencia* (CDN, 1989), enfocarse en sus principios rectores y en acciones educativas centradas en el/la niño/a[44].

De acuerdo con Pinheiro y Naciones Unidas[45], en este mundo que cambia muy rápidamente y frente a fenómenos comple-

---

[42] Binazzi, cit. (n. 16).

[43] Unesco-Unicef (2007).

[44] Comité de los Derechos del Niño (2001).

[45] Pinheiro y Naciones Unidas, cit. (n. 13).

jos, es primordial que la infancia y la adolescencia aprendan un comportamiento humano constructivo, para que puedan protegerse de potenciales daños o violaciones de sus derechos y, al mismo tiempo, tomar decisiones y adoptar medidas para evitar daños a los demás. Para este fin, el proceso educativo tiene que potenciar el aprendizaje de habilidades, como la consulta, la resolución de problemas y la toma de decisiones[46].

Concretamente, entre las finalidades de la educación, se considera de gran importancia la adquisición de *life-skills,* por parte de niñas, niños y adolescentes, es decir, de una preparación para la vida activa. En este sentido, podemos observar que las competencias básicas incluyen no sólo la alfabetización y la aritmética, sino también las "aptitudes para la vida" (*life-skills*). Por medio de esta definición, se quiere indicar la capacidad de tomar decisiones equilibradas, resolver conflictos de manera no violenta, aprender un estilo de vida saludable, buenas relaciones sociales y responsabilidad, pensamiento crítico, talentos creativos, entre otras. La adquisición de dichas habilidades provee a la infancia y la adolescencia de las herramientas necesarias para perseguir sus elecciones en la vida, ejercer sus propios derechos y, al mismo tiempo, respetando a los de las otras personas[47].

Desde nuestra mirada antropológica, es en el espacio extracurricular que NNA, a menudo, se perciben más libres - en comparación al contexto de la educación formal de la escuela - para poderse expresar, participar, crear. Por consecuencia, el espacio del tiempo libre educativo representa un potencial poderoso, de aprovecharse más, para la co-construcción, junto con NNA, de entornos protectores, con fuerte atención a la prevención y protección de la violencia y donde, al mismo tiempo, se den las condiciones previas adecuadas, tanto mate-

---

46 Pinheiro y Naciones Unidas, cit. (n. 13), p.150.

47 Comité de los Derechos del Niño (2001), párr. 9.

riales como inmateriales, para la realización de entornos de buen trato y bienestar para todas/os las/os niñas, niños y adolescentes. Es, en fin, de relevancia destacar que, para este objetivo, todo tipo de actividad en el ámbito del ocio, a partir de las del tiempo libre educativo, pueden contribuir para fomentar modelos positivos y constructivos, cada área con sus peculiaridades, en el arte, música, deporte, entre otras.

3.5. El rol de las bibliotecas se renueva para el ocio y el tiempo libre educativo de NNA

Otro aspecto del ocio, que consideramos aun escasamente visibilizado y subestimado, atañe al *derecho a la lectura*, que hoy se ve bastante amenazado por estereotipos que, a modo de ejemplo - en el contexto italiano, pero no solo – exaltan a las nuevas tecnologías, como elemento de ocio y diversión altamente deseable, de moda y "modernidad", sintético y rápido, no más como medio meramente para comunicar.

Ello se pone, de cierta manera, en antítesis al disfrute del tiempo libre educativo clásico, pausado y reflexivo, como el de la lectura individual. Por medio de nuestro trabajo en el terreno en Italia y en contextos de la Región de Emilia-Romagna, hemos podido recolectar las voces de docentes y representantes de administraciones locales, con respecto al derecho de NNA a la lectura que, a menudo, se ve estigmatizado, por parte de los/las mismos/as pares y puede resultar motivo de exclusión. El niño/a o adolescente que descubre el mundo de la lectura puede decidir aislarse, voluntariamente, prefiriendo, aunque si no exclusivamente, relacionarse con un libro y con la inmersión en la narrativa, con su fantasía, creatividad, historias, en vez de compartir su tiempo libre con las/os demás.

En este sentido, cabe destacar el que ha sido definido "el derecho a la desconexión" en adolescencia, para indicar que la temporada de la adolescencia, en particular, necesita, desde la perspectiva de la psicología del desarrollo, de momentos de soledad e introspección, para que se cumplan procesos individuales de conquista de autonomía y autodeterminación[48]. Los estudios que se ocupan del derecho a la desconexión en la adolescencia, con sus fases alternas y no secuenciales, alertan que el fomento espasmódico de participación, por parte de actores del ocio y tiempo libre educativo, también puede producir sesgos de evaluación sobre las/os adolescentes, por confundir momentos necesarios de soledad, típicos de la edad adolescente, con fases problemáticas que, sin embargo, no lo son[49].

Ello, sin dudas, representa una manera más tradicional de disfrute del ocio y tiempo libre que, sin embargo, se pone en alternativa al uso de la tecnología y/o a la participación activa, pero que, sigue mereciendo todo su espacio, respeto y buen trato, en tanto que momento de crecimiento, conocimiento y cultivo de intereses, aunque si practicado de forma individual. Además, en un mundo tendiente a la simplificación, brevedad y a la disminución de lectura de textos extensos y complejos, el tiempo para la lectura de libros se va perdiendo. Datos recientes destacan que la cuota de lectores adultos, en Italia, sigue bajando, mientras que la de niñas, niños y adolescentes entre 6 y 14 años está aumentando, y la de adolescentes de 15-17 años sigue estable[50]. De aquí, la importancia de salvaguardar esta forma de ocio.

El análisis hasta aquí desarrollado nos conduce, en nuestra opinión, a enfatizar el rol de las bibliotecas, en un momento en que, éstas redescubren el gran potencial de sus funciones. Hoy en día, actualizadas y renovadas para responder al mundo

---

48 Corsano (2023).

49 Corsano, cit. (n. 48).

50 Fondazione OPENPOLIS, Roma. Disponible en: https://www.openpolis.it/come-le-biblioteche-possono-avvicinare-i-bambini-alla-lettura/ (Consulta realizada: 20/07/2024)

cambiante contemporáneo y a nuevas necesidades sociales, las nuevas bibliotecas conyugan, junto con sus servicios tradicionales, funciones nuevas de agregación y socialización para niñas, niños, adolescentes y jóvenes. De nuestro trabajo etnográfico, en Italia y en España, hemos podido observar que las bibliotecas que se renuevan logran responder a la necesidad por parte de NNA de encontrar espacios seguros y bien tratantes, donde encontrarse, socializar, reunirse, desarrollar actividades. En las alianzas educativas entre distintas entidades y actores, las nuevas bibliotecas desenvuelven un papel laico y democrático para contrastar la pobreza educativa que, a menudo, produce pobreza económica y vulnerabilidad. Espacios de nueva concepción pueden atraer NNA con ofertas interesantes de ocio, estudio, tiempo libre educativo, al igual que, de encuentro y socialización, para cada segmento de edad. En este tipo de entorno bien tratante, es posible acercar la infancia y la adolescencia a la lectura, tanto individual, como en actividades colectivas, y volver posible esa desconexión que, a veces, se necesita en la adolescencia, manteniendo una interacción constructiva con educadores/as y pares, en un entorno seguro y con supervisión competente. Durante nuestro trabajo etnográfico en Cataluña y en Emilia-Romagna, ha sido posible observar ejemplos de este nuevo concepto de biblioteca, que consideramos pueda vehiculizar propuestas interesantes e innovadoras para la infancia y la adolescencia.

Es en este sentido que consideramos las bibliotecas de nueva concepción, con sus multíplices funciones, como un ejemplo muy interesante de entornos protectores y de buen trato para NNA, que habría que promocionar más, estimulando a las administraciones locales para la remodelación adecuadas de estructuras públicas ya existentes y a la realización de nuevas, en sinergia con equipos transdisciplinarios, capacitados para este trabajo y para desarrollar proyectos en este ámbito.

3.6. Deporte

Con respecto al mundo muy variado del deporte, podemos observar que éste sigue representando una herramienta transversal para la realización de los derechos de NNA, sobre todo, en contextos fuertemente desventajados, donde el deporte puede representar una tabla de salvación para la infancia y la adolescencia. De hecho, hay un uso mundial del deporte, en el trabajo de desarrollo y en los contextos de alto riesgo, para ofrecer a la juventud valores positivos y solidarios y como alternativa constructiva frente a los riesgos de desviaciones que pueden ocurrir en ciertas fases del crecimiento y/o en contextos con carencia de servicios para la infancia y la adolescencia.

No cabe duda de que el derecho al ocio en el ámbito del deporte se entrelaza fuertemente con el derecho a la salud de la infancia y la adolescencia, en su sentido holístico, tanto físico, como emocional y psicológico. Cuando el deporte esté verdaderamente fundamentado en sus principios más genuinos, es posible también considerarlo como un tiempo libre educativo, ya que se aprende valores fundamentales para la persona, incluso la lealtad, amistad, el espíritu colaborativo de equipo, al igual que, las "habilidades de vida", anteriormente analizadas por este trabajo. A menudo, monitores y atletas pueden convertirse en modelos de vida, por inspirar en la infancia y la adolescencia el valor del compromiso para superar sus propios límites, consecuentemente, apoyando el desarrollo de su propia autoestima.

Basándose en estos conceptos, las familias animan a sus hijos/as a practicar un deporte, con la finalidad de que ellos/as empleen su tiempo libre en un entorno seguro, formativo y exente de riesgos. Por otro lado, no siempre los entornos deportivos se han revelado protectores, por haberse también desvelado violaciones de los derechos de NNA que han afectado a su desarrollo integral.

Pese a los esfuerzos por combinar deporte y derechos humanos[51], el activismo por los derechos de NNA en el deporte y en torno a él ha sido históricamente marginado. Estudios internacionales[52] han destacado que ello se debe, en su buena medida, a los significados compartidos sobre el deporte y a su representación consolidada y ampliamente compartida, como espacio seguro de diversión, actividad física saludable y placer. Por otro lado, destacamos que, en muchos contextos occidentales, el deporte se ha bastante alejado de su misión genuina original. Con respecto al tiempo libre de la infancia y la adolescencia, el deporte se está convirtiendo en un lugar donde la presión por la prestación se está volviendo más fuerte, a pesar de estar aprendiendo una disciplina deportiva y/o de formar parte de un equipo sin particulares ambiciones agonísticas. Es en este pasaje que los principios éticos del deporte pueden desdibujarse, decepcionando o afectando a un niño/a o adolescente.

Es primordial, por consecuencia, que los entornos deportivos cuiden, en particular, al buen trato y la inclusión, sin buscar, espasmódicamente, la prestación exasperada por parte de los/as NNA deportistas, para que dicha presión no les afecte, bajo el aspecto psicológico. Por otro lado, en sistemas educativos formales, que ya ponen presión sobre el alumnado, por medio del paradigma de la evaluación continua y por exigir resultados más y más performativos, el compromiso por el deporte durante el tiempo libre puede también entrar en conflicto con la educación formal. A este respecto, estudios internacionales han alertado acerca del tiempo para el estudio que, frecuentemente, termina por absorber toda la jornada de NNA, determinando una falta de tiempo libre para practicar actividades

[51] Brackenridge (2014).

[52] Brackenridge, cit. (n. 51).

deportivas fundamentales para el desarrollo integral y la salud de las/os estudiantes[53].

Consecuentemente, podemos observar que se trata de un caso bastante frecuente, en distintos países europeos también, de negación o descuido del derecho al ocio. Ello implica reconsiderar las modalidades de los sistemas educativos formales para que logren dialogar con la educación no formal, adoptando una mirada holística para el desarrollo y el bienestar de la infancia y la adolescencia, que, a menudo, tienen que lidiar con agendas sobrecargadas, ya desde temprana edad.

Hay otro aspecto que involucra deporte e infancia y adolescencia y que sigue escasamente visibilizado, por no dirigirse directamente a los/as atletas. De acuerdo con estudios internacionales[54], es posible afirmar que avances importantes se han logrado en la protección de los derechos de NNA deportistas. Sin embargo, el debate se concentra sobre riesgos para NNA *en* el deporte, y casi nunca sobre los para NNA *en torno* al deporte, es decir, *alrededor* de los mega eventos deportivos (*Mega Sport Events, MSE,* tales como las Olimpiadas, Mundiales de futbol, entre otros).

Cuando se ha decidido realizar un MSE, no se ha tenido en la debida cuenta el impacto que millones de personas que trabajan y/o participan en estos eventos puede tener en la vida de la infancia y adolescencia que se vive o se encuentra en las áreas relacionadas, descuidando a planificación de protocolos de tutela de sus derechos. Los MSE pueden resultar un catalizador para perpetradores de crímenes, incluso de tráfico de menores de edad y/o explotación en las peores formas de trabajo infantil, sobre todo, cuando estos eventos se realizan en contextos desventajados, que hasta padecen desplazamientos

---

53 Lansdown (2022).

54 Brackenridge, cit. (n. 51).

forzados. Con base en los estudios internacionales, el legado social positivo de los eventos deportivos suele enmascarar cuestiones más problemáticas, como la violencia de género, las trampas, la corrupción y la explotación infantil[55].

Para ir finalizando y con respecto tanto a NNA en el deporte, como a NNA en torno a él y a los MSE, podemos auspiciar que se concretice mayor sinergia del Estado y sus instituciones, con asunción de responsabilidades para la tutela de los derechos de NNA y las organizaciones deportivas, de todo nivel, para que éstas adopten una perspectiva ética y códigos de conductas fundamentados en la política de protección del niño/a, asumiendo sus responsabilidades sociales y morales, cuando en el deporte estén involucrados/as, de distinta manera, menores de edad, sus derechos y su buen trato.

Para concluir esta parte de análisis de los distintos ámbitos del ocio, tiempo libre educativo y deporte, cabe poner de relieve al tema sumamente importante de la formación de las personas que trabajan con la infancia y la adolescencia y en las entidades e instituciones relacionadas, para que interactúen, desestructurándose de estereotipos y/o visiones adultocéntricas, según los principios de protección de niño/a, de acción sin daño y de buen trato. Mitigar el riesgo del impacto por acciones escasamente competentes que afecten a NNA tiene que ser el principio primordial que siempre guíen las entidades que trabajan en el ámbito del ocio, al igual que, en otros ámbitos de la vida de NNA.

---

55 Lemke (2011); y Brackenridge (2014).

IV. LA CREACIÓN DE ENTORNOS PROTECTORES Y PARA LA PARTICIPACIÓN DE NNA. REFLEXIONES SOBRE MODELOS Y BUENAS PRÁCTICAS EN ESPAÑA

4.1. La implementación de la Garantía Infantil UE y la Ley LOPIVI (España)

España está actualmente en curso de implementación de su *Plan Nacional de la Garantía Infantil UE,* al igual que, otros países europeos, donde se ha relevado una tasa de pobreza infantil y exclusión social, superior a la media europea. Las instituciones españolas refieren sobre los primeros resultados[56], evidenciando que, si no se hubiese actuado, durante el último año y medio, para mitigar pobreza, respondiendo al llamado europeo para *la Garantía Infantil UE,* los datos por pobreza infantil habrían crecido, casi del doble. Asimismo, la directora de Derechos de la Infancia y la Adolescencia del Ministerio de la Juventud y la Infancia[57] ha resaltado la necesidad de proponer un Pacto de Estado a todas las fuerzas políticas para el objetivo común de trabajar junto para erradicar la pobreza infantil y su impacto sobre la vida de NNA, incluso la carencia nutricional, de salud, al igual que, la falta de acceso a bienes culturales, al mínimo de recreo de una semana de vacaciones, particularmente, en verano, cuando hay el olvido de la infancia pobre. La directora de Derechos de la Infancia y la Adolescencia ha reiterado la importancia que exista la voluntad política de promover el bienestar de todas/os las/os NNA. Podemos observar que todo ello resulta crucial para el fortalecimiento de entor-

---

56 Fuente: V Jornadas RUIA, Congreso *La pobreza infantil en España, a debate,* 19 y 20 de abril de 2024, Organización Catedra de la Infancia y la Adolescencia de la UPV, Torrevieja.

57 Fuente: V Jornadas RUIA, cit. (n. 56).

nos protectores, incluso, en el ámbito del ocio y tiempo libre educativo, para abordar las vulnerabilidades de NNA y de sus familias y actuando para la prevención y protección.

Sin embargo, cabe recalcar que no hay que enfocarse solamente en el tema de prevención y protección, sino también en el fomento del buen trato[58], para que NNA puedan sentirse a gusto y desarrollar sus potencialidades, disfrutando de su tiempo libre, ocio y recreo.

Es también en este sentido que la Ley LOPIVI, de España, se ha distinguido, en el ámbito europeo e internacional, como un instrumento de vanguardia, al fundamentarse en los tres pilares de prevención, protección y buen trato. Consecuentemente, la LOPIVI es un ejemplo muy significativo, por inspirar buenas prácticas en la salvaguarda de los derechos de NNA, en primer lugar, en la justicia y en las crisis familiares con indicios de violencia[59], al igual que, en todo ámbito de la vida de la infancia y la adolescencia A este propósito, cabe poner de relieve que España participa en proyectos pilotos del Consejo de Europa para la implementación del modelo *Barnahus*[60], como ha emergido de nuestros intercambios con el Ayuntamiento de Vila Real, en la Comunidad Valenciana[61]. De la misma manera, la LOPIVI aborda el tema de prevención, protección y buen

---

58 Ravetllat y Cabedo (2023).

59 Calzadilla (2023).

60 El modelo *Barnahus* promueve una justicia amiga de la infancia víctima de violencia, incluso la sexual. Reúne a todas las figuras profesionales (juez, policía, trabajadoras/es sociales, médicos, psicólogas/os, entre otras) bajo un mismo techo, en un entorno protector para el/la niño/a, para proporcionar servicios coordenados y prevenir la revictimización del niño/a, durante las investigaciones y los procedimientos judiciales.

61 Congreso Internacional "*Construyendo entornos protectores para niñas, niños y adolescentes*" de la Catedra Infancia de la Universidad Politécnica de Valencia (UPV), Vila Real, 3 y 4 de octubre de 2023.

trato de la infancia y la adolescencia, por medio de la figura de delegados independientes, que vigilen para el logro de estos objetivos, tanto en el entorno de la educación formal[62], como en el tiempo extracurricular, y en sus actividades de ocio, tiempo libre educativo y deporte[63].

Queda por ver los que serán los resultados de la implementación, puesto que, para una actuación correcta, será primordial salvaguardar la autonomía de dichas figuras, evitando que estos instrumentos de garantía no se vacíen de su significado, por el mantenimiento del *status quo*. El riesgo existe por haberse ya disminuido la autonomía de figuras como garantes de la infancia y similares, en varios contextos. Una parte importante de la implementación consistirá, pues, en seguir vigilando sobre la correcta concretización del rol de las/os delegadas/os independientes.

4.2 El modelo español

En el que podemos definir el modelo de España, los proyectos cooperativos entre asociaciones cívicas y gobiernos radican en iniciativas transformativas bien fundamentadas en las experiencias del barrio, cuyo núcleo esencial consiste en el apoyo mutuo entre vecindados. Tal como lo han destacado estudios recientes[64], este tipo de proyectos han implementado, en las últimas décadas, una gran parte del trabajo social desarrollado en los contextos urbanos de las grandes ciudades, donde es posible observar fuertes desigualdades.

En dichos contextos, se ha destacado la importancia de la "identidad del barrio", como elemento fundacional de cohesión

---

62 Cabedo (2023).

63 Ravetllat (2023).

64 Morata et al., (2023), pp.1-17.

social. Dicho apego se manifiesta por medio del "orgullo de barrio" y de responsabilidad y concienciación sobre bienes y necesidades comunes, de su proprio contexto local[65]. La identidad del barrio resulta fortalecida por medio de actividades comunes, que fomentan el encuentro con el/la *Otro/a,* su frecuentación y la participación activa de todas/os, tales como lo son las festividades locales y fiestas patronales. Durante estos eventos, ha sido observado que la interacción que crea socialización, también genera el compromiso para proyectos comunes[66].

En las actividades de ocio, el uso del espacio público (parques, plazas, bancos para sentarse, espacios para jugar, bibliotecas, entre otros) resulta crucial, ya que el espacio compartido favorece también las intervenciones educativas y sociales. En este sentido, consideramos primordial el rol de la urbanística, por planificar o remodelar espacios con la finalidad de evitar o remover eventuales barreras, para que el disfrute de estas actividades, pueda resultar accesible a todo el mundo.

Del análisis de este modelo, se evidencia también la importancia de la gestión y resolución positiva de los conflictos, ya que ello implica el nivel de seguridad percibido, por parte de las personas que viven en el barrio, lo que, por consecuencia, concurre al bienestar social. Para que la gestión de los conflictos, efectuada por las personas del barrio, resulte positiva, tiene que realizarse una convivencia ciudadana capaz de reconocer las diversidades, para la inclusión, al igual que, de superar los obstáculos que podrían surgir, eventualmente, por falta de aceptación, por parte de algunos/as. Aquí, cabe remitir a las dinámicas de inclusión (o falta de) que se producen, en particular, en las interacciones con las personas procedentes de procesos migratorios, sin descuidar, en todo caso, a todo tipo de diversidad, cuyo concepto fundamental hemos evidenciado

---

65 Morata et al., cit. (n. 64), pp.1-17.

66 Morata et al., cit. (n. 64), pp.1-17.

anteriormente, en el presente trabajo. La comunidad inclusiva, para las personas adultas y menores de edad relacionadas con procesos migratorios, resulta fundamental para lograr conocer a la realidad local de los países de destino, encontrar la manera de armonizar su vida e integrarse en el contexto local.

La participación en actividades comunitarias de ocio y de acción sociocultural desarrolla el interés para el bien común y la mejora de la comunidad, que, en su vez, favorecen el compromiso social, el activismo, al igual que, el aprendizaje y la práctica de valores cívicos y sociales[67]. Este modelo fomenta la cohesión social y la participación, que trascienden la diversidad, para la inclusión que se reconoce en la identidad de barrio. Dicho proceso se encuentra también fortalecido por los centros presentes en los barrios y que desenvuelven un papel relevante de trabajo comunitario.

Las intervenciones de las/os trabajadoras/es sociales se construyen a partir de dichos significados culturales y "formas significantes" que se externalizan[68] en el contexto local, tanto con las familias, como con la infancia y la adolescencia, con la finalidad de realizar entornos más protectores y solidarios. Estudios han destacado que la participación de la infancia y la adolescencia en actividades comunitarias de ocio, tiempo libre educativo y sociocultural, favorece la generación del sostenimiento social, funcional para el desarrollo, tanto individual, como colectivo[69].

De hecho, ha sido observado que la participación de NNA en este tipo de actividad se traduce en experiencias significati-

---

67 Morata et al., cit. (n. 64), pp.1-17

68 Hannerz, cit. (n. 7).

69 Morata et al., cit. (n. 64), pp.1-17.

vas de trabajo para el bien común y de aprendizaje de ciudadanía para su vida de adultos/as[70].

Remitimos, aquí, al modelo de las *Ciudades Amigas de la Infancia (Child-Friendly Cities Initiative, CFCI)*[71] de los primeros años 2000, impulsado, globalmente, por la Naciones Unidas y UNICEF y articulado localmente, según las peculiaridades y necesidades de los contextos. Dicho modelo se ha fundamentado en la alianza global de las municipalidades, centradas en la participación y el bienestar de la infancia. Nuestra experiencia de trabajo dentro del Secretariado Internacional CFCI, nos permite señalar uno de sus principales resultados, que sigue, hoy en día, de contundente actualidad, por haberse demostrado que una "ciudad amiga" de NNA resulta amigable también para otros colectivos vulnerables, como las personas mayores de edad y las personas migrantes, entre otras.

Hay también que subrayar que una ciudad que garantiza seguridad a NNA, también contribuye a la prevención de la violencia contra mujeres y niñas.

En Cataluña, se ha destacado que programas y servicios para la infancia, adolescencia y juventud, en el ámbito de ocio y tiempo libre educativo y sociocultural, benefician, educativa y socialmente, a todas/os los/as participantes. Entre otros, y a modo de ejemplo, es el caso de actividades que promueven la importante experimentación de vivencias intergeneracionales.

Cabe mencionar que este tipo de actividades también promueven la prevención de conductas de riesgo de NNA, por medio de la sinergia entre la educación formal y los centros

---

70 Morata Garcia et al., (2019).

71 Ciudades Amigas de la Infancia (*Child-Friendly Cities Initiative*, CFCI). Disponible en: https://www.childfriendlycities.org/ (Consulta realizada: 20/07/2024)

de ocio educativo, servicios sociales y de salud y sus programas formativos[72].

Por otro lado, hay que reflexionar sobre el riesgo de que esta identidad de barrio no se produzca en su versión extrema, es decir, llegar a identificarse en una cultura "clánica". En otras palabras, nos referimos a cuando los significados culturales internos al barrio se conviertan en esquemas rígidos que no toleren posturas distintas y/o pluralistas, y/o cuando la eventual exploración, por parte de algunos/as, hacia lo que está "afuera" de dicho contexto, podría estar penalizada socialmente, por medio de la no aceptación o marginación por parte de la comunidad, desalentando este tipo de aspiración. Es importante destacar, antropológicamente, esta otra cara de la moneda, ya que, a modo de ejemplo, durante nuestras entrevistas e intercambios en el terreno, con colegas investigadoras y docentes catalanas, nos ha sido comentado sobre experiencias de intervenciones educativas en barrios de Barcelona, en que se ha detectado que algunos/as adolescentes nunca habían salido de su barrio, para conocer al resto de la ciudad. Puede tratarse de casos limitados y, desde nuestra perspectiva antropológica, no se pretende generalizar, ni demonizar a la identidad de barrio. Sin embargo, la duda surge sobre hasta qué punto estas dinámicas de autorregulación, internas a un sistema cultural delimitado, logran demostrarse flexibles, frente a hipótesis de desvinculación de los significados compartidos, sin convertirse en un sistema de tipo cerrado o clánico.

Las y los adolescentes, en particular, podrían y tendrían que animarse por explorar "el mundo de afuera", para expandir sus conocimientos, simpatizar o fraternizar con otras/os pares de áreas "otras", en un contexto urbano de grandes dimensiones. En este espacio de transición entre la "zona de confort"

---

[72] Morata, et al., cit. (n. 70).

y el mundo de afuera, las intervenciones de trabajo social del tiempo libre educativo o deporte podrían detectar “oposiciones” con respecto al deseo de adolescentes y jóvenes, de cierta forma, a “evadir” del barrio. Por consecuencia, la “identidad del barrio” que produce cohesión, participación y proactividad positivas para la mejora del bienestar de todas/os, puede generar un entorno protector, con control comunitario, aunque, por otro lado, tiene que cuidar de no frustrar las aspiraciones de expansión, típicas de la adolescencia, ya que un entorno bien tratante para NNA, en nuestra opinión, tiene que ser de estímulo, incluso, para “cruzar fronteras”, aunque adentro de su misma ciudad, para poder desarrollar su autoestima y mayor conocimiento.

Asimismo, otro riesgo, señalado por la investigación, atañe a los sesgos que pueden producirse en las políticas sociales, cuando éstas identifican a las personas como meras usuarias de servicios, debilitando a la función que el tejido social protector logra ejercer para la solidaridad y la cohesión social. Este *modus operandi* puede determinar aislamiento individual y fragilidad y, por consecuencia, frustrar la eficacia del trabajo social con las familias, NNA y la comunidad[73].

4.3. El modelo inclusivo pluricultural de Catalunya

Los procesos migratorios y la presencia creciente de identidades distintas y apegos transnacionales[74] impulsan cambios en la sociedad que, sin duda, cuestionan los significados culturales más arraigados de las/os ciudadanos/as, orientando hacia el multiculturalismo y la polietnicidad. Al mismo tiempo, aumenta la brecha de las desigualdades, en las sociedades.

---

73 Morata et al., cit. (64), pp.1-17.

74 Appadurai (2004).

Estudios recientes en Cataluña han investigado sobre el desafío por construir un modelo pluricultural colectivo, que incorpore significados heterogéneos, ideales y objetivos para todas/os las/os ciudadanas/os[75]. No cabe duda de que el logro de este objetivo tiene que pasar por el reconocimiento de la diversidad y de la pluralidad de voces. Sin embargo, resultados de investigación participativa, en Cataluña, junto con la actual generación de jóvenes y estudiantes, hoy en día, caracterizada por una diversidad de orígenes y experiencias nunca conocida anteriormente, ha destacado que todavía sabemos poco sobre de ella. Del punto de vista de adolescentes y jóvenes, perviven elementos de violencia estructural[76] que limitan la realización de dicho modelo catalán[77]. Desde el abordaje antropológico y por medio de *focus groups,* ha emergido que discriminación, racismo, desigualdades socioeconómicas y violaciones de los derechos amenazan el logro de un sentimiento de pertinencia y una cultura publica compartida, en el contexto estudiado[78].

Distintas áreas de populación, y, particularmente, adultos y NNA procedentes de procesos migratorios, frente a experiencias de violencia estructural, podrían construir identidades reactivas, incrementando el riesgo de exclusión social[79]. Un claro ejemplo de ello está representado, actualmente, por la juventud radicalizada en las *banlieues* parisinas, atrapada en el círculo negativo del fracaso de la inclusión y el consecuente fortalecimiento de identidades reactivas.

Puesto que ninguna cultura es monolítica y que la cultura se renueva, tal como lo ilustra la metáfora del antropólogo U. Hannerz, de la cultura como un río, cuya agua fluye y se re-

---

75 Sánchez -Martí et al., (2022), pp.132-142.

76 Farmer (2003).

77 Sánchez -Martí et al., cit. (n.75), pp.132-142.

78 Sánchez -Martí et al., cit. (n.75), pp.132-142.

79 Sánchez –Martí, et al., cit. (n.75), pp.132-142.

nueva, nunca siendo la misma agua[80], es primordial que las dinámicas de discriminación y exclusión social, fundamentadas en relaciones asimétricas con la alteridad, puedan estar redirigidas[81] hacia paradigmas de inclusión. Para este fin, la igualdad de los derechos, tanto formal, como sustancial, es un principio fundamental que tiene que unir a todas/os. Por otro lado, cabe también observar que, cuando las/os ciudadanas/os pierden su bienestar, en particular, como ha ocurrido, a raíz de las múltiples crisis socioeconómicas de las últimas dos décadas, el proceso para incluir a nuevos beneficiarios/as se complica fuertemente[82].

Tal como UNICEF IRC lo ha destacado, distintos países europeos, antes de la pandemia por el Covid-19, no se habían todavía recuperado del fuerte impacto por la crisis económica de 2008, que había determinado pérdidas de empleos, cortes en los servicios públicos, incremento de estrés,·reducción de acceso a productos alimenticios, en otras palabras, un declive del bienestar social[83].

Dicha recesión ya había aumentado la tasa de pobreza infantil que ha traído aparejado el debilitamiento del derecho a la salud, educación y nutrición. UNICEF IRC había ya puesto de relieve que las familias con hijos/as, sobre todo, las de redito medio-bajo, habían ya perdido años de progresos[84]. En 2019, dicha recesión no se había todavía recuperado, ya que el 22,2% de niñas/os europeas/os se encontraban en riesgo de pobreza y exclusión social, mientras que, la pobreza energética estaba presente, ya antes de la *policrisis* que se ha desencadenado, durante y después de la pandemia por el Covid-19.

---

80 Hannerz, cit. (n. 7).

81 Sánchez -Martí, et al., cit. (n.75), pp.132-142.

82 Zincone (1992).

83 UNICEF IRC (2014).

84 UNICEF IRC (2018).

Consideramos importante de no olvidar esta cronología de las crisis económicas que han impactado sobre el bienestar social de las familias y de sus hijos/as, y que aun más justifica la recién adopción de nuevos instrumentos, por parte de la Comisión UE con sus Estados Miembros - tal como lo hemos analizado en el presente trabajo - con respecto a la situación de la infancia y la adolescencia, en condición de pobreza creciente, exclusión social, por su escasa participación y por la urgencia de políticas de protección más eficaces sobre la violencia contra NNA.

Esta violencia estructural del contexto estudiado, tal como la investigación la destaca[85] y de acuerdo con las opiniones de las/os estudiantes participantes en los *focus groups*, impide la concreta realización del modelo pluricultural catalán, que, al estado actual, parece bloqueado, más como en un modelo "desde lo alto" (*top-down*), impulsado por parte de las instituciones, y no tan "desde abajo" (*bottom-up*), es decir, promovido por las/os ciudadanas/os.

Cabe observar que los elementos ilustrados relanzan la urgencia por remover los obstáculos de la pobreza infantil, exclusión social y falta de participación, para que este modelo virtuoso pueda sentar las bases y favorecer la generación de entornos protectores y de buen trato para toda la infancia y la adolescencia, sin dejar atrás a nadie, y en todo ámbito, incluso, en el del ocio, recreo, tiempo libre educativo y deporte.

4.4. La nueva Biblioteca del Barrio de San Martí, Barcelona

Nuestro trabajo de investigación antropológica y etnográfica, ha podido realizar una observación participante en el Ba-

---

85 Sánchez -Martí, et al., cit. (n.75), pp.132-142.

rrio de San Martí, en Barcelona, donde se ha construido la galardonada *Biblioteca Gabriel Garcia Márquez (GGM).*

De acuerdo con la nueva conceptualización de estas estructuras educativas, la Biblioteca GGM se destaca por sus grandes espacios luminosos, materiales ecológicos y un ambiente muy acogedor, que recibe a una población intergeneracional de usuarias/os, proponiéndose como lugar de encuentro, participación y socialización para toda la ciudadanía.

De lo observado y de nuestra entrevista con funcionarios de la Biblioteca, hemos podido constatar la amplia frecuentación, por parte de NNA, con espacios reservados para ellos/as y bajo la supervisión de funcionarias/os competentes. Por lo que atañe a las/os más pequeñas/os, hay un espacio específico, donde pueden disfrutar, junto a sus progenitores o agentes de cuidado, de un tiempo libre con actividades de recreo y educativas, de una colección rica de cómic y de libros para la infancia. Hay un nivel superior reservado, para adolescentes a partir de los 14 años, para estudiar, hacer tareas e intercambiar, junto con sus pares.

Con respecto a la seguridad, al tratarse de un sitio público frecuentado por personas de toda edad, hemos observado que, tanto en el espacio para niñas/os, como en el reservado para adolescentes, hay medidas de protección, como la presencia de un/a empleado/a que recibe y vigila a la entrada del espacio para las/os pequeñas/os, y, de tarjeta electrónica para acceder al espacio para adolescentes.

No cabe duda de que este espacio puede fuertemente atraer a las/os más jóvenes, por sus multíplices funciones, en particular, por su gran espacio en la planta que acoge a la emisora radio, propia de la Biblioteca GGM, un auditórium para eventos, cocina y espacio al aire libre para comer y reunirse. Consideramos a este entorno cultural, de ocio y tiempo libre educativo como un ejemplo virtuoso del concepto de entorno protector y bien tratante, donde NNA y jóvenes pueden disfrutar, en toda seguridad, de su tiempo libre, combinando distintas actividades, incluso el acceso a la tecnología con postaciones de Internet, o solamente encontrarse y socializar entre pares, de forma gratuita, laica, con acceso fácil y amigable para todas/os, sin obligación de consumir, como ocurre en los espacios de ocio comercial.

Tal como nos ha sido comentado y siendo esta estructura de recién apertura, es de observar con gran interés lo que serán sus evoluciones, por ser la Biblioteca GGM pionera de un nuevo concepto de biblioteca, que empieza tímidamente a difundirse en distintos países, proponiéndose como modelo alternativo de ocio y como ejemplo de entornos protectores y bien tratantes, de tiempo libre educativo y socialización para NNA y jóvenes. Además, el Proyecto de la Biblioteca GGM se enmarca en un concepto interesante más amplio, de trabajo comunitario y de acción transformativa para el bienestar social, tal como nuestras entrevistas con negociantes de este barrio popular lo han podido registrar, por su alta satisfacción por la presencia de la nueva Biblioteca con sus visitantes, que ya la incorpora en el orgullo y en la identidad del barrio de San Martí.

V. LA CREACIÓN DE ENTORNOS PROTECTORES Y PARA LA PARTICIPACIÓN DE NNA. REFLEXIONES SOBRE MODELOS Y BUENAS PRÁCTICAS EN ITALIA

5.1. Implementación de la Garantía Infantil UE y el PANGI en Italia

Para abordar nuestro análisis sobre la generación de entornos protectores, en el contexto italiano, queremos retomar el tema de la medida, de la Comisión UE, de la *EU Child Guarantee*, para cuya implementación se ha elaborado el *Plan de Acción Nacional para la Garantía Infancia (PANGI)*. El PANGI, hasta 2030, tiene el objetivo general de garantizar el acceso a servicios fundamentales para la infancia y adolescencia y de contrastar las desigualdades y exclusión social de NNA vulnerables[86].

Pretendiendo romper con el ciclo de pobreza y desigualdades, causas principales de la condición de vulnerabilidad de un numero alarmante de NNA, el PANGI quiere aumentar las prestaciones gratuitas para la infancia 0-3 años, para que se reciba una atención educativa desde la primera infancia, con gradual extensión y universalización de servicios sociales a todas/os NNA.

Un segmento importante del ocio y tiempo libre educativo, en Italia, está representado por las ludotecas, que constituyen una realidad importante de los servicios de tiempo libre educativo para la infancia y la preadolescencia, sobre todo en los contextos urbanos de las grandes ciudades. Por otro lado, su potencialidad resulta bastante desaprovechada, por la escasa sostenibilidad económica de proyectos que podrían ampliarse, sobre todo en la temporada de verano, cuando las familias con hijos/as necesitan más apoyo para la conciliación vida y trabajo, a raíz del cierre de las escuelas. Por otro lado, la mayoría de servicios de tiempo libre educativo y ocio se dirigen a niñas y niños de hasta 12 años, mientras que la planificación de actividades gratuitas o a precios asequibles para el colectivo adolescente resulta escasa y fragmentada por tipo de deporte o actividad y, generalmente, con tarifas poco populares.

El *Plan Nacional* italiano pone énfasis en la participación y la creación de nuevos espacios de ocio, escucha y tiempo libre educativo para adolescentes *(Centros de Agregación para Adolescentes/Centri di Aggregazione per Adolescenti, CAG)*. Se trata de una intervención sumamente importante, puesto que el colectivo adolescente recibe escasa atención, en los contextos de distin-

---

86 Binazzi, cit. (n. 24).

tos países, pese al observarse de fenómenos crecientes de violencia, incluso la de género y problemas de salud mental, aún más, como consecuencia de la temporada pandémica.

Durante la fase de la planificación del PANGI, la acción institucional, en Italia, ha actuado desde la perspectiva de la coconstrucción para crear entornos protectores para adolescentes, llevando a cabo consultaciones con las y los adolescentes, por medio del organismo *Youth Advisory Board (YAB)*, que reúne representantes de este colectivo. El PANGI, efectivamente, pretende responder a las necesidades expresadas por las/os adolescentes que han participado en el proceso de definición del Plan Nacional, poniendo de relieve aspectos que consideran prioritarios, desde sus perspectivas, para cumplir con sus derechos y necesidades.

Más concretamente, la fase actual prevé la realización de espacios multifuncionales, en todo el territorio nacional, con actividades extracurriculares de ocio y tiempo libre educativo, para promover la autonomía y las *habilidades de vida* (analizadas, anteriormente, en el presente trabajo), fomentar la participación, socialización y la inclusión social. Por medio de estos Centros CAG y en colaboración con el sistema educativo formal, se pretende trabajar con mayor eficacia el tema de la salud mental adolescente, incluso del fenómeno de *Hikikomori*, es decir, de las/os jóvenes que se retiran de la vida social y escolar, con graves daños psicofísicos. Igualmente, el Plan prevé luchar contra el abandono escolar y el fenómeno de NINIs, incluso, por medio de intervenciones educativas en la calle, donde educadoras/es podrán encontrar a adolescentes que, de otra manera, no acudirían a espacios estructurados, dialogar con ellos/as y escuchar sus instancias. De suma importancia resultará identificar situaciones de riesgo y de violencia, actuando para la prevención y protección. En este sentido, cabe recalcar la importancia de la perspectiva de género para abordar eficazmente al tema de la desigualdad y violencia de género contra las adolescentes y para erradicar fenómenos como el *teen dating violence*, la violencia en parejas adolescentes y de la difusión de imágenes íntimas por medio de las nuevas tecnologías.

Para finalizar, es imprescindible avanzar, actuando también en las vertientes de la calidad y eficacia de la sinergia, transdisciplinariedad y visión holística, superando la separación entre disciplinas y áreas de competencias que producen respuestas limitadas y sectoriales, que no logran concretizar entornos protectores para todas las niñas, niños y adolescentes.

5.2. El modelo de la Región de Emilia-Romagna, Italia

La Región de Emilia-Romagna[87], a primeros años 2000, se ha distinguido, en Italia, por ser un territorio virtuoso para la realización de políticas públicas y buenas prácticas centradas en la infancia, y, particularmente, en la iniciativa de *Las Ciudades Amigas de la Infancia,* anteriormente analizada.

En la ciudad de Parma[88], hemos podido observar el fomento de un sistema cultural integrado y multinivel, con el objetivo del incremento de bienestar de la población local. El que podemos definir como "modelo ciudad de Parma" se articula sobre los temas del desarrollo humano local, derechos y la sostenibilidad en sus tres dimensiones: económica, social y ambiental, con fuerte vinculación a los *Objetivos de la Agenda 2030 para el Desarrollo Sostenible (2015-2030).* El trabajo comunitario desarrollado localmente se fundamenta en la *cultura difundida,* para crear agregación, participación y concienciación en la sociedad. Se dirige a la comunidad en su conjunto y ha logrado

---

87 Esta Región ha constituido nuestro contexto de investigación, en Italia, por haberse desarrollado, aquí, la primera fase de nuestro *Proyecto GENDERIN*, en colaboración con la Universidad de Parma.

88 Esta ciudad, donde nació el famoso compositor Giuseppe Verdi, cuenta con alrededor de 194.400 habitantes.

crear un fermento y un dinamismo, en el ámbito del ocio y tiempo libre educativo, con gran beneficio para la infancia, la adolescencia y las/os jóvenes.

Cabe destacar que el sistema cultural es parte esencial del contraste a la pobreza educativa, que determina pobreza económica. Pobreza educativa y pobreza económica constituyen el terreno fértil para que se produzcan situaciones de vulnerabilidad per NNA.

Esta ciudad ofrece numerosas actividades, festivales y escuelas de músicas, un parque donde se realiza una variedad de actividades al aire libre. Las autoridades locales están comprometidas por la recuperación de edificios públicos, incluso las *bibliotecas*, para la fruición cultural y educativa por parte de la comunidad local, en su conjunto. Igualmente, numerosos teatros, incluso de pequeñas dimensiones y en distintos barrios, con precios populares y, a veces, de forma gratuita, estimulan la participación ciudadana, como lo hemos podido relevar, durante nuestro trabajo en el contexto local. En la temporada veraniega, las representaciones teatrales y los debates y charlas se trasladan a las plazas y calles, libres y accesibles a todo el mundo. El tema de género, de diversidad e inclusión es ampliamente tratado, en estos eventos locales.

Localmente, la urbanística desenvuelve un papel fundamental, ya que Parma ha logrado promover, en su territorio, el uso generalizado de la bicicleta, convirtiendo este tipo de movilidad en un significado cultural compartido, para el respeto del medio ambiente y la autonomía de gran parte de las/os ciudadanas/os. De estos esfuerzos por parte de la administración local para una ciudad sostenible, disfrutan NNA, que, por trayectos breves y seguros, logran trasladarse en autonomía. Esta "urbanística amigable" favorece la participación y el desarrollo de su autoestima, por el acceso fácil y en seguridad a los sitios de sus actividades de ocio y tiempo libre educativo.

El "modelo ciudad de Parma" puede definirse como un sistema cooperativo multinivel, en que la Universidad, con sus distintos Departamentos y Organismo académicos, colabora activamente con las autoridades locales, en primer lugar, con el Ayuntamiento, de acuerdo con su "tercera misión", es decir, la transferencia de conocimiento y su diálogo abierto con la sociedad local, el fomento de la participación ciudadana, que logra involucra al tejido empresarial también.

Nos importa resaltar, una vez más, el fuerte vínculo entre participación y urbanística amigable, ya que la Universidad de Parma dispone de un punto focal para la ciudadanía, el *University City Point*, en el mero centro de la ciudad, con acceso libre y abierto a todo el mundo, que vuelve fácil el sumarse y participar a este tipo de actividades. Entre otras iniciativas, cabe mencionar la reseña anual de conferencias *Aperitivi della Conoscenza*[89], para conocimiento y concienciación de la ciudadanía sobre de la *Agenda 2030 para el Desarrollo Sostenible* y sus *ODS*, incluso el *ODS 5 sobre Género.*

Entre las buenas prácticas de la gobernanza local, nos importa destacar el compromiso del Ayuntamiento de Parma para la erradicación de las desigualdades de género y su iniciativa, en colaboración con las escuelas, para actividades educativas non formales sobre género, con infancia del grado preescolar de las guarderías. Esta acción de concienciación y prevención empezó hace tres años, con la finalidad de trabajar, por medio de un lenguaje y contenidos adecuados a dicha edad, con las/os más pequeñas/os para educar al respeto hacia la diversidad,

---

[89] Aperitivi della Conoscenza, Università degli Studi di Parma. Disponible en: https://www.facciamoconoscenza.unipr.it/il-progetto/ottobre-2022/genere-e-diritti-umani-di-bambine-e-donne/284/ (Consulta realizada: 20/07/2024).

a partir de la de género, siendo los esquemas de género entre los primeros que se aprenden en edad muy temprana[90].

Con base en nuestra observación participante, consideramos que el modelo de la ciudad de Parma puede incluirse en los ejemplos virtuosos de buenas prácticas de su Región, con respecto a ocio y tiempo libre educativo. Del modelo de Parma, nos importa recalcar el aspecto sinérgico institucional, entre Municipalidad, universidad, tercer sector y tejido empresarial, con actores locales, para impulsar una cultura difundida y el acceso a bienes culturales. Este trabajo comunitario constituye un entramado en que cultura, música, teatro y conocimiento contribuyen al fortalecimiento de la participación, produciendo cohesión social y empoderamiento.

Es nuestro convencimiento que todo ello contribuye a la generación de entornos protectores, también en el ámbito de ocio, recreo, tiempo libre educativo y deporte, para la infancia y la adolescencia para NNA, ya que, por medio de cultura, conocimiento y concienciación comunitaria, se pretende ir más allá de iniciativas puntuales, apuntando a la sostenibilidad, para crear una sociedad capacitada y de bien tratante.

A continuación, vamos a ilustrar otro ejemplo de buenas prácticas de gobernanza local para la creación de *entornos protectores* y de *buen trato* de NNA, del modelo de la Región de Emilia-Romagna, y, más precisamente, en un contexto local, donde las municipalidades crean alianzas y se unen en la acción multinivel, para el bienestar social, los derechos y el buen trato de NNA.

---

90 Monreal y Martínez (2010).

5.3. El Ayuntamiento de Castelnuovo Rangone para los derechos de las nuevas generaciones

Castelnuovo Rangone[91], en la provincia de Módena (cerca de la ciudad de Bolonia) y en la Región de Emilia-Romagna, es uno de los municipios más jóvenes de la *Unión Terre di Castelli*, que reúne a ocho Municipios del área[92], que persiguen objetivos comunes. En un país como Italia, donde los nacimientos disminuyen cada año más, Castelnuovo Rangone representa un caso en contra tendencia. Aquí, el rápido desarrollo urbano y la buena calidad de vida han visto aumentar la población de manera relevante, en las últimas dos décadas. La atención de la gobernanza local hacia la calidad de los servicios escolares y del tiempo libre educativo para NNA - incluso el concepto actualizado de bibliotecas, como centros de socialización - el transporte, las zonas verdes y las oportunidades laborales han favorecido la instalación y el crecimiento de muchas familias.

Consecuentemente, la municipalidad, junto con asociaciones y empresas locales, actúan por el bienestar de las nuevas generaciones. En particular, el Ayuntamiento de Castelnuovo Rangone se ha comprometido por convertir su territorio local en un entorno protector de los derechos de NNA y de buen trato. Se ha instalado áreas de recreos con juegos infantiles, abierto nuevas secciones de la guardería. Está también en marcha la constitución de un consejo municipal de NNA y para el trabajo sobre nuevas ciudadanías. Recientemente, se ha remodelado un edificio de propiedad de la municipalidad para la creación de un espacio cultural multifuncional, donde se ha inaugurado la nueva *Biblioteca Luis Sepúlveda* con, al interior, un área de

---

91 Castelnuovo Rangone es un Ayuntamiento de 15.022 habitantes.

92 La *Unión Terre di Castelli*, con sus ocho Municipios, cuenta con una población total de alrededor 82.000 habitantes.

juegos y una sección de la biblioteca para NNA, espacios para la socialización y actividades de tiempo libre educativo.

En la *Biblioteca Luis Sepúlveda,* hemos podido observar espacios reservados para los distintos segmentos de edad de la infancia y la adolescencia. Niñas y niños más pequeñas/os disfrutan de un espacio seguro, amigable, de colores alegres, alfombras y muebles apropiados, para sus actividades con materiales, para descansar, leer y compartir tiempo libre entre pares. Preadolescentes y adolescentes más grandes, además que, por sus actividades de estudio, pueden también encontrarse e intercambiar, en otros espacios planificados para ellas/os, con butacas, alfombras, libros, mesitas, además de disponer de un salón para eventos y conferencias, y otro para exposiciones. Sobre todo, nos han puesto de relieve, en la Biblioteca, que hay una población estudiantil, sobre todo adolescente y universitaria, que, a diario, tiene que trasladarse a ciudades más grandes, para asistir a clases. Antes de la apertura de la nueva Biblioteca, no tenían sitio, en su misma área, donde encontrarse entre pares, intercambiar y estudiar y tenían que demorarse afuera, en las ciudades donde estudian.

La concepción de esta estructura plantea una perspectiva alternativa, con gran potencial, similarmente a la Biblioteca GGM de Barcelona, aunque de menores dimensiones. El objetivo, aquí también, es de ofrecer un punto de encuentro, seguro y de buen trato, alternativo a los espacios de ocio de tipo comercial, vinculados al consumo. De nuestra visita e intercambios con el Ayuntamiento y la dirección de la *Biblioteca Luis Sepúlveda,* ha emergido una retroalimentación muy positiva, por habernos referido que, frente a un reto inicial por la decisión de invertir, con respecto a la remodelación del edificio, en este tipo de función, en lugar que en otra/s, los datos por la creciente utilización y satisfacción, por parte de la ciudadanía más joven, son fuertemente positivos, lo que demuestra de haber logrado responder a una necesidad esencial de las/os más jóvenes y del territorio.

5.3.1. El Proyecto local sobre los derechos de la infancia

Durante nuestra observación participante en el contexto local y de los intercambios y entrevistas con actores locales, hemos podido analizar la acción de la gobernanza local, que se desarrolla de concierto con las recomendaciones de las instituciones europeas, además que de las nacionales y regionales, para impulsar una visión nueva y protagónica de la infancia y la adolescencia en la sociedad.

El Proyecto que ilustramos, a continuación, como ejemplo de buenas prácticas locales, ha movido de la constatación, por parte del partenariado[93] que lo ha realizado, de que, en el entorno educativo, a menudo, se presentan principios y derechos fundamentales, a NNA, sin detenerse realmente en ellos y en su significado. A este respecto, cabe reiterar que es un error elegir a algunos derechos humanos, descartando a otros[94], ya que, solo si aplicado de igual manera, pueden ser universalmente aceptados[95]. Consecuentemente, las/os ciudadanas/os europeas/os crecen con poco conocimiento y concienciación sobre los derechos y deberes, de que son titulares desde su nacimiento.

El Proyecto *"L'Europa dei Diritti: Castelnuovo Rangone per i diritti dell'infanzia e dell'adolescenza e per l'inclusione"*, promovido por el Ayuntamiento de Castelnuovo Rangone, en colaboración con la Región de Emilia-Romaña, fue creado para fomentar el diálogo sobre los derechos de NNA – tema que involucra a la comunidad en su conjunto - educar a NNA en su papel de ciudadanas/os europeas/os y cultivar una comunidad funda-

---

93 Partenariado del Proyecto "L'Europa dei Diritti": Ayuntamiento de Castelnuovo Rangone en colaboración con la Región de Emilia-Romagna, Associazione Pianeta, InEuropa y la artista Cecilia Roda.

94 Robinson (1999).

95 Annan (1999).

mentada en los principios rectores de la Carta de los Derechos Fundamentales de la Unión Europea, de dignidad, libertad, igualdad, solidaridad, ciudadanía y justicia, y de los derechos humanos de NNA.

Para este fin, el Ayuntamiento promueve la participación, de manera similar a Parma, no solo de NNA, sino también de las familias, escuelas, asociaciones, instituciones y empresas.

El desarrollo de una sinergia entre Administración Pública, tercer sector, escuela, ciudadanía y empresas locales también se armoniza y responde al ODS 17 *"Alianzas para lograr los Objetivos"* de la *Agenda 2030* de Naciones Unidas, que fomenta el fortalecimiento del dialogo entre gobiernos, sector privado y sociedad civil, para compartir principios y valores que favorezcan el logro de un desarrollo sostenible, que pone al centro el compromiso para los derechos.

Las actividades de proyecto han realizado iniciativas con escuelas primarias, para reflexionar y debatir sobre los derechos con niñas/os de una manera divertida y constructiva, a través de la metodología de juego, con los pequeños "ladrillos" de los famosos juguetes de construcción.

Por otro lado, se ha planificado, realizado e inaugurado el *Camino de los Derechos,* en la ciudad, que tiene como objetivo de concienciar a estudiantes, jóvenes, familias y a la comunidad local, en su conjunto, sobre la importancia de los derechos de la infancia y la adolescencia. Estos conceptos se encuentran ilustrados en el primer cartel que el Ayuntamiento ha instalado al inicio del *Camino de los Derechos,* para que se conozca la finalidad del Proyecto.

El alumnado de la escuela secundaria local, junto con una artista, ha sido protagonista de todo este proceso de creación de la señalización del *Camino.* Los carteles ilustran dibujos y contenidos, realizados por las/os estudiantes, sobre los derechos enunciados por la Convención de Naciones Unidas sobre los Derechos del Niño/a (CDN, 1989), e incluyen las reflexiones del grupo de trabajo. Cabe destacar que el *Camino de los Derechos* es de fácil acceso y visualización por parte de todas/os las/os usuarias/os del parque, por ubicarse en el área verte, cerca de las áreas de juego para las y los más pequeñas/os, de deporte y recreo de tiempo libre.

En una época en que los productos digitales - que también se utilizan en las actividades para concienciar a grupos-target o, más en general, a la ciudadanía - pierden de interés, en el tiempo rápido de una visualización de baja atención, es de evidenciar que este tipo de acciones virtuosas, también responden al requisito fundamental de sostenibilidad de la acción. El haber planificado de combinar el mensaje escrito por las/os estudiantes, junto con el visual de los dibujos, transfiriéndolos en carteles colocados dentro de un parque público, muy frecuentado, cuidado y seguro, permite de reiterar el mensaje para el cambio social, con respecto a la infancia y la adolescencia, que se pretende comunicar a la comunidad, en su conjunto. Los carteles quedarán en su lugar, podrán volver a leerse, observarse, comentarse, por parte de las/os usuarios y deportistas, todas las veces que los volverán a ver en su camino y mientras que disfrutan de su tiempo libre. Consecuentemente, el mensaje tendrá su impacto sobre jóvenes y menos jóvenes, de manera intergeneracional, sostenible, pública y gratuita, ya que la información visible en los carteles, está accesible a todos/as, de manera sencilla, sin necesidad de dispositivos digitales, en otras palabras, de manera democrática.

VI. CONCLUSIONES

A lo largo de nuestro recorrido sobre el marco internacional del abordaje de la Protección del Niño/a, los desafíos actuales para la implementación de los derechos de NNA, en esta época de *policrisis* post pandémica, los instrumentos, *ad hoc,* por la Comisión Europea y la implementación, a nivel local, de Planes Nacionales de lucha contra la exclusión social y la pobreza infantil, que limitan al desarrollo integral de niñas, niños y adolescentes y a su goce del derecho al ocio y a la participación, hemos destacado elementos esenciales para respuestas holísticas que tienen que asumirse en distintos ámbitos. De nuestro análisis, ha emergido que la realización de entornos protectores y de buen trato para la infancia y la adolescencia no es mera competencia de lo jurídico, sino atañe a lo político y a lo cultural también. La *antropología de la implementación de los derechos* que desarrollamos considera que una correcta implementación se dirige hacia estas tres vertientes, para poder resultar eficaz y sostenible. El aspecto cultural es central para el avance en el bienestar de niñas, niños y adolescentes, tanto para que el cambio cultural hacia el objetivo del buen trato, además que de la protección y prevención, pueda recibirse en la sociedad, por medio de significados comprendidos y compartidos por las personas, generando la imprescindible colaboración de familias, comunidades e instituciones, como para que los actores que trabajan con la infancia y la adolescencia logren desestructurarse de estereotipos y visiones estereotipadas hacia NNA y la diversidad de todo tipo. No cabe duda que el área de servicios sociales es un entorno heterogéneo que reúne a una gran variedad de entidades *no-profit,* voluntarias/os, trabajadoras/es precarias/os y transitorias/os y provisionales. En el ámbito de ocio, tiempo libre educativo y deporte, al igual que en otros tipos de servicios sociales, es primordial, por consecuencia, de sensibilizar y capacitar a dichos actores para prevenir abusos, daños y/o (re)victimización – tanto en el plano físico, como psicológico y emocional- e impulsar las mejores prácticas del buen trato, contribuyendo así a la generación de entornos protectores y de buen trato para todas/os las/os niñas/os y adolescentes. En la presente contribución, hemos visibilizados algunos ejemplos virtuosos de políticas públicas y buenas prácticas, identificados durante nuestro trabajo de investigación antropológica, en los contextos locales de Emilia-Romagna, Italia, y Catalunya, que destacan rasgos comunes, a raíz de su larga experiencia, en tema de participación ciudadana, rol activo de las instituciones locales y agenda social para la infancia y la adolescencia, la inclusión y el reconocimiento de la diversidad, con particular enfoque sobre los derechos de las niñas y las mujeres y para el logro de la igualdad de género. Nuestro auspicio es que pueda haber avances también en los intercambios transnacionales sobre buenas prácticas, entre regiones y comunidades, para establecer sinergias sobre experiencias de mutuo interés. Con base en lo hasta aquí reflexionado, consideramos que el papel de la política resulta crucial para el logro de entornos protectores y la cultura del buen trato de la infancia y la adolescencia. Observamos esfuerzos significativos en las implementaciones locales, apoyadas por las gobernanzas locales, también fortalecidas por alianzas virtuosas entre ayuntamientos y otras formas de representación local que se vinculan a iniciativas globales para el bienestar de la infancia y la adolescencia. Por otro lado, resulta primordial el respaldo concreto y el rol activo de gobiernos e instituciones centrales que aseguren la prioridad de estos objetivos en sus agendas políticas, junto con los recursos económicos necesarios, al igual que, el fortalecimiento de las sinergias entre instituciones centrales y locales. Una nueva visión no estereotipada sobre niñas, niños y adolescentes protagonistas de sus procesos es posible y es nuestro convencimiento que el ámbito del ocio, tiempo libre educativo, deporte, y más en general, de la educación no formal y extracurricular, constituye un poderoso potencial por abrir pistas para la realización de entornos protectores, siendo un área más flexible, cercana y a la escucha de las necesidades de la infancia y la adolescencia y de sus entornos familiares. Para concluir, consideramos que una mayor inversión de esfuerzos, recursos e investigación en dicho ámbito podrá contribuir a la generación de entornos protectores y, más en general, a la realización de una sociedad del buen trato en todo ámbito de la vida de niñas, niños y adolescentes.

BIBLIOGRAFÍA CITADA

Annan, Kofi Atta, "Foreword", en: Danieli, Y.; Stamatopoulou, E.; Dias, C. J. (Ed.), *The Universal Declaration of Human Rights. Fifty Years and Beyond,* New York, United Nations, 1999.

Appadurai, Arjun, *Modernità in polvere,* Roma, Meltemi, 2004.

Augé, Marc, *Chi è dunque l'Altro?,* Milano, Raffaello Cortina Editore, 2019.

Augé, Marc, *Théorie des pouvoirs et idéologie,* Paris, Harmattan, 1975.

Binazzi, Alice, "Ocio, derechos de la infancia y condición de pobreza. Perspectivas de implementación para el desarrollo integral de niñas, niños y adolescentes", en: Morata Garcia, Txus, Palasí Luna, Eva (Eds.), *Ocio educativo y acción sociocultural. Construyendo modelos para el desarrollo de personas y comunidades,* Barcelona, Editorial Graó, 2023a.

Binazzi, Alice, "Derecho al ocio y entornos protectores en la post pandemia. La implementación del PANGI en Italia", Charla, Congreso Internacional "*Construyendo entornos protectores para niñas, niños y adolescentes*", Vila Real, Catedra Infancia de la Universidad Politécnica de Valencia (UPV), 2023b.

Binazzi, Alice, *Género y derechos humanos de las niñas y las adolescentes. Antropología de la implementación de los estándares jurídicos internacionales en República Dominicana, México y Europa,* Tesis Doctoral, Doctorado Internacional en Ciencias Sociales, Línea de investigación en Género e Igualdad. Universidad Pablo de Olavide (UPO), Sevilla, 2019. Disponible en: https://investiga.upo.es/documentos/601df58fecc7360 7262a16e7 (Consulta realizada: 09/07/2024)

Binazzi Daniel, Alice, "Children's Rights e Child Protection. La ricerca internazionale per la difesa dei diritti di bambine, bambini e adolescenti", en: Guetta, Silvia (Ed.), *La Voce della Pace Viene dal Mare. Esperienze di cooperazione e ricerca internazionali per la convivenza tra le culture, i diritti e lo sviluppo umano,* Roma, Aracne Editore, 2012.

Brackenridge, Celia H., "Risks to children associated with major sport events", en: *Sexual Tourism Implicating Children: Prevention, Protection, Interdiction and Care for Victims,* Switzerland, International Institute for the Rights of the Child (IDE)/University Institute Kurt Bösch (IUKB), 2014.

Breda, Nadia, "Género, infancia y antropología frente al cambio climático", *Collectivus, Revista de Ciencias Sociales*, Vol. 6, N° 1, 2019, pp. 197-214. Disponible en: http://investigaciones.uniatlantico.edu.co/revistas/index.php/Collectivus/article/view/2189 (Consulta realizada: 09/07/2024)

Cabedo Mallol, Vicente, "El coordinador o coordinadora de bienestar y protección del alumnado", en: Ravetllat Ballesté, Isaac y Cabedo Mallol, Vicente (Eds.), *Estudios sobre la Ley Orgánica de Protección Integral a la Infancia y la Adolescencia frente a la violencia*, Valencia, EdUPV, 2023.

Calzadilla Medina, M⊠ Aránzazu, "Crisis familiar, personas menores de edad e indicios de violencia vicaria", en: Ravetllat Ballesté, Isaac y Cabedo Mallol, Vicente (Eds.), *Estudios sobre la Ley Orgánica de Protección Integral a la Infancia y la Adolescencia frente a la violencia*, Valencia, EdUPV, 2023.

Cariño Trujillo, Carmen, *Epistemologías otras en la investigación social, subjetividades en cuestión*, Buenos Aires, CLACSO E-Book, 2013.

Clifford, James y Marcus, George Emanuel, *Scrivere le culture. Poetiche e politiche dell'etnografo*, Milano, Meltemi, 2005.

Comité de los Derechos del Niño, *Observación General Nº 1. Los objetivos de la educación*. Dictamen CRC/GC/2001/1.

Corsano, Paola, Charla, "Il diritto alla disconnessione in adolescenza", en: Mesa EUROPA – ALC. Infancia, Adolescencia y Derechos, Escuela Internacional de Invierno *Género, derechos de la infancia y de las mujeres e interseccionalidad en el post pandemia. Fortaleciendo redes internacionales de investigación en el marco de la Agenda 2030 para el Desarrollo Sostenible y sus ODS*, Parma, Università degli Studi di Parma, 2023.

Eurispes, Telefono Azzurro, *9° Rapporto Nazionale sulla condizione dell'infanzia e dell'adolescenza*, Roma, Sintesi, 2009.

European Committee of the regions (CoR), *Empowering Local and Regional Authorities in Integrated Child Protection Systems*, Draft Opinion, 160th plenary session, SEDEC-VII/048, Rapporteur: Peter Kaiser, Governor of Carinthia, 17-18 April 2024.

European Committee of the regions (CoR), *Improving the social inclusion of children by implementing the European Child Guarantee at local and regional level*, Draft Own Initiative Opinion, Commission for Social Policy, Education, Employment Research and Culture, Rapporteur Enzo Lattuca, SEDEC-VII/045, Bruxelles, 22 February 2024.

Farmer, Paul, *Patologie del potere. Salute, diritti umani e la nuova guerra sui poveri/Pathologies of Power. Health, Human Rights, and the New War on the Poor*, Berkeley, University of California Press, 2003.

Kilani, Mondher, *Du gout de l'Autre*, Paris, Seuil, 2018.

Kilani, Mondher, *Antropologia. Un'introduzione*, Bari, Edizioni Dedalo, 1998.

Hannerz, Ulf, *La complessità culturale. L'organizzazione sociale del significato*, Il Mulino, Bologna, Italia, 1998.

Herzfeld, Michael, *Anthropology: Theoretical Practices in Culture and Society*, UNESCO, U.S.A-U.K., Blackwell Publishing, 2001.

Lansdown, Gerison, "Art.31.The rights to rest, to play, recreation, and cultural and artistic activities", en: Vaghri Z. et al. (Eds.), *Monitoring State Compliance with the UN Convention on the Rights of the Child. An analysis of attributes*, Switzerland, Springer, 2022.

Lemke, Wilfried, "UN Special Advisor on Sport for Development and Peace calls for cooperation for upcoming mega sport events in Brazil", 21 de Julio de 2011.

Miller, Bárbara, *Antropologia culturale*, Milano-Torino, Pearson, 2014.

Monreal Gimeno, Mª Carmen y Martínez Ferrer, Belén, "Esquemas de género y desigualdades sociales", en: Amador Muñoz, Luis Vicente y Monreal Gimeno, Mª Carmen (Eds.), *Intervención social y género*, Madrid, Narcea, 2010.

Morata García, Txus; López, Paco; Marzo, Maite; y Palasí Luna, Eva, *The influence of leisure-based community activities on neighbourhood support and the social cohesion of communities in Spain*, International Social Work, Sage Publications, 2023, pp.1-17.

Morata Garcia, Txus; Palasí Luna, Eva; Alonso Martínez, Héctor; y Fernández Moran, Francisco, "Ocio, acción sociocultural y cohesión social", en: Alonso Sáenz, Israel, y Artetxe Sánchez, Karmele (Eds.), *Educación en el tiempo libre: la inclusión en el centro*, Barcelona, Ediciones Octaedros, 2019.

Olivier de sardan, Jean Pierre, *La rigueur du qualitatif. Les contraintes empiriques de l'interprétation socio-anthropologique*, Bruselas, Academia-Bruylant, Louvain-La-Neuve, 2008.

Pinheiro, Sergio Paulo, *World report on violence against children: United Nations Secretary-General's Global Study on violence against children*, Geneva, United Nations, 2006.

Ravetllat Ballesté, Isaac, "El delegado o la delegada de protección en el ámbito del tiempo libre educativo: Algunas notas sobre su puesta en acción", en: Ravetllat Ballesté y Cabedo Mallol (Eds), *Estudios sobre la Ley Orgánica de Protección Integral a la Infancia y la Adolescencia frente a la violencia,* Valencia, EdUPV, 2003.

Ravetllat Ballesté, Isaac, y Cabedo Mallol, Vicente, *Estudios sobre la Ley Orgánica de Protección Integral a la Infancia y la Adolescencia frente a la violencia,* Valencia, EdUPV, 2023.

Robinson, Mary, "Epilogue", en: Danieli, Yael; Stamatopoulou, Elsa; y Dias, Clarence J., *The Universal Declaration of Human Rights: Fifty Years and Beyond,* New York, United Nations, 1999.

Rosaldo, Renato, *Cultura y verdad. La reconstrucción del análisis social,* Quito, Ediciones Abya-Yala, 2000.

Sánchez Martí, Angelina; Pàmies, Jordi; Caravaca, Alejandro; y Llos, Berta, "Towards a Common Public Culture? Boundaries to belonging in Catalonia", en: Cano-Hila, Ana Belén (Ed.) *Promoting Social Inclusive Experiences in Uncertain Times,* Cogitativo, Vol.10, Issue 2, 2022, pp.132-142.

Unesco-Unicef, *A Human Rights-Based approach to education for all. A framework for the realization of children's rights to education and rights within education,* New York-Paris, United Nations, 2007.

Unicef Office of Research-Innocenti, *Un comienzo injusto. La desigualdad en la educación de los niños en los países ricos,* Innocenti Report Card N°15, Florencia, UNICEF, 2018.

Unicef Office of Research-Innocenti, *Figli della Recessione. L'impatto della crisi economica sul benessere dei bambini nei paesi ricchi,* Innocenti Report Card N°12, Florencia, UNICEF, 2014.

United Nations Economic and Social Council, *UNICEF Child Protection Strategy,* 20 de Mayo de 2008.

Zincone, Giovanna, *Da sudditi a cittadini,* Bologna, Il Mulino, 1992.

Sitiografía

Agenda 2030 para el desarrollo sostenible, 2015. Disponible en: https://www.undp.org/sustainable-development-goals. (Consulta realizada: 10/06/2024)

Apertivi della conoscenza, 2022, Università degli Studi di Parma. Disponible en: https://www.facciamoconoscenza.unipr.it/il-progetto/ottobre-2022/genere-e-diritti-umani-di-bambine-e-donne/284/ . (Consulta realizada: 10/06/2024)

Ciudades Amigas de la Infancia (Child-Friendly Cities Initiative, CFCI). Disponible en: https://www.childfriendlycities.org/. (Consulta realizada: 10/06/2024)

Convención de Naciones Unidas sobre los Derechos del Niño (CDN/UNCRC, 1989). Disponible en: https://www.ohchr.org/es/instruments-mechanisms/instruments/convention-rights-child. (Consulta realizada: 10/06/2024)

Declaración Universal de los Derechos Humanos (DUDH, 1949). Disponible en: https://www.un.org/en/about-us/universal-declaration-of-human-rights (Consulta realizada: 10/06/2024)

Fondazione openpolis, Roma. Disponible en: https://www.openpolis.it/come-le-biblioteche-possono-avvicinare-i-bambini-alla-lettura/ (Consulta realizada: 10/06/2024)

Niños, niñas y adolescentes como agentes activos en la implementación de la cultura del buen trato

ISAAC RAVETLLAT BALLESTÉ
Prof. Asociado de Derecho Civil
Director del Centro de Estudios sobre Derechos de la Infancia y la Adolescencia
Universidad de Talca
iravetllat@utalca.cl

I. INTRODUCCIÓN

La aprobación de la Ley Orgánica 8/2021, de 4 de junio, de protección integral a la infancia y la adolescencia frente a la violencia (en adelante, LOPIVI) ha supuesto un gran hito en materia de protección a los niños, niñas y adolescentes en España, convirtiéndose así en uno de los primeros países del mundo con una legislación de esta índole.

No obstante lo apuntado en el párrafo anterior, la aprobación de este texto normativo tan solo supone el principio de un largo camino que debe conducirnos, como sociedad, hacia un cambio de paradigma para erradicar la violencia contra la infancia y la adolescencia en cualquiera de sus múltiples manifestaciones. De esta suerte, es necesario implementar los diferentes mecanismos e instrumentos que la ley prevé para prevenir la violencia y desarrollar en los diferentes niveles administrativos - estatal, autonómico y local - cuestiones de gran incidencia y relevancia social que deben permitirnos alcanzar las metas estipuladas por la norma[1]. Así, la LOPIVI se plantea como objetivo principal garantizar los derechos fundamentales de niños, niñas y adolescentes (en adelante, NNA) frente a cualquier atisbo de violencia. Todo ello, a través de una serie de medidas de protección integral que abarcan desde la sensibilización, prevención y detección precoz hasta la reparación de daños en todos y cada uno de los contextos de vida de las personas menores de edad[2].

En este mismo sentido, y en una línea de pensamiento similar, ya se había pronunciado hace unos años el Comité de los Derechos del Niño, concretamente en su Observación General N° 13, relativa al derecho de NNA a no ser objeto de ninguna forma de violencia. En esta Observación, el citado Comité ginebrino de expertos declara abiertamente que la noción de violencia enunciada en el artículo 19, párrafo 1°, de la Convención sobre los Derechos del Niño (en adelante, CDN) abarca o se hace extensiva a cualquier tipo de daño hacia NNA, de conformidad con la terminología empleada ya por las Naciones Unidas en un estudio sobre la materia realizado en el año 2006. Acto seguido, en esa misma Observación, se insta a los Estados signatarios de la CDN a la obligación de combatir y eliminar la prevalencia e incidencia generalizadas de la violencia contra NNA, para lo que se considera esencial asegurar y promover sus derechos fundamentales, así como el respetar su dignidad humana e integridad física y psicológica, mediante la prevención de toda forma de violencia[3].

Llegados a este punto, y regresando nuevamente al ámbito nacional, es importante destacar que, precisamente, una de las más claras intenciones marcadas por la LOPIVI radica en el hecho de que todas las personas, administraciones, instituciones

---

1 Martínez y Escorial (2021).

2 Ravetllat (2024a); Unicef (2021).

3 Comité de los Derechos del Niño (2011).

y organizaciones que velan y trabajan por consolidar el respeto de los derechos de la infancia y la adolescencia, conozcan adecuadamente el contenido de ésta, sin dejar al margen a los propios NNA[4]. En otras palabras, si los NNA no son conocedores, a la par que conscientes, del cambio de paradigma que trae consigo la aprobación y entrada en vigor de la LOPIVI, difícilmente, más allá de declaraciones grandilocuentes en pro de sus derechos, las cosas van a cambiar. No hay que olvidar, que la LOPIVI contiene en su articulado diversas cláusulas de difusión, en las que se estatuye el compromiso de los organismos públicos competentes de dar a conocer ampliamente sus principios y disposiciones por medios eficaces y apropiados, tanto a los adultos como a los propios NNA.

A mayor abundamiento, la misma norma enfatiza que el ejercicio pleno de los derechos de las personas menores de edad sólo puede alcanzarse si se incorporan de forma transversal en los procesos de coproducción de conocimiento, es decir, que NNA sean consultados, coinvestigadores o lideren procesos creativos, en aquellos ámbitos que competen a sus vidas cotidianas, como lo es, sin lugar a dudas, la generación de espacios o entornos seguros y libres de violencia[5].

Ciertamente, entendemos que es el momento oportuno para otorgar a NNA el rol protagonista que merecen en el desarrollo e implementación de la LOPIVI. En otras palabras, no podemos permitirnos el lujo de excluirlos, una vez más, de los procesos de reflexión y toma de decisión sobre aspectos que impactan directamente en su desarrollo físico y emocional[6]. De este modo, el capítulo que compartimos tiene por finalidad visibilizar y reivindicar la importancia de la implicación y participación de NNA, a través de procesos de co-investigación y

---

4 Ravetllat y Cabedo (2023).

5 Bello et al., (2019).

6 Lundy et al., (2011).

metodologías adaptadas a sus formas de actuación, en el análisis de la realidad que rodea a las cuestiones relativas a la prevención, detección precoz e intervención en casos de violencia.

Así, para dar cumplimiento a estos objetivos, el presente capítulo se encuentra dividido en dos grandes apartados: el primero de ellos, recoge de modo sintético cuáles son los elementos considerados como característicos de la LOPIVI, centrando buena parte de su atención en la conceptualización de las nociones de violencia, buen trato y entorno protector, las tres de especial significación para alcanzar a comprender el nuevo enfoque propuesto por la norma[7]; el segundo, aborda la importancia de considerar a NNA como agentes activos de construcción social, para reconocer el rol que los mismos están llamados a protagonizar en los procesos de reflexión e investigación en torno a los principios de actuación dimanantes de la LOPIVI[8]. Por último, alcanzamos una serie de conclusiones que confiamos sean de utilidad para creer, realmente, que las voces de la infancia y la adolescencia son absolutamente imprescindibles para conseguir que el pretendido salto cualitativo previsto en el articulado de la LOPIVI no se quede en una mera declaración de intenciones y en un listado de derechos entelequia, es decir, aquellos vacíos de contenido que, a pesar de ser inocuos, generan el riesgo de desvirtuar el valor de lo ciertamente indispensable y significativo[9].

II. ELEMENTOS CARACTERÍSTICOS DE LA LOPIVI

En este acápite se ofrece un breve análisis acerca de los elementos esenciales que caracterizan a la LOPIVI y que provocan

---

7 Cabedo (2023).

8 Saracostti et al., (2022).

9 Ravetllat (2024b).

que esta norma esté llamada a significar un antes y un después en el modo cómo se han venido abordando tradicionalmente las situaciones de violencia que afectan o recaen, directa o indirectamente, sobre NNA. En primer término, incidimos en los niveles de intervención y los ámbitos de actuación previstos en la ley, para entender, de este modo, con mayor facilidad su lógica de funcionamiento interno. Acto seguido, y en segundo lugar, focalizamos nuestra atención en la descripción que de las nociones de violencia, buen trato y entorno protector realiza la LOPIVI, por ser esta nueva conceptualización la que debe acompañar e informar el cambio de paradigma anunciado en esta materia.

Los dos aspectos abordados en este epígrafe son fundamentales para poder sentar las bases y facilitar la comprensión de los aspectos estudiados en ulteriores apartados de este capítulo, que dan cuenta de la verdadera complejidad que supone dar contenido real al rol activo o protagónico atribuido por la propia LOPIVI a NNA en la implementación de sus previsiones.

2.1. A modo de nociones generales

La LOPIVI pretende, en primer término, tal y como ya avanzábamos en apartados anteriores, promover las condiciones adecuadas para garantizar entornos seguros de vida - libres de violencia - para todos los NNA; y para el caso que la violencia llegue a producirse, incide en la importancia fundamental de su rápida identificación y en la exigencia de una atención lo más ágil y eficaz posible. Además, la norma sienta las bases para favorecer el mentado e imprescindible cambio de mentalidad social y mandar un mensaje rotundo de rechazo ante cualquier forma de violencia ejercida contra NNA[10]. En línea

---

[10] Ravetllat y Mondaca (2023).

con lo apuntado, y en aras a lograr una verdadera concreción de las previsiones contenidas en la LOPIVI, la norma identifica varios niveles de intervención - sensibilización, prevención y detección precoz -, así como diversos ámbitos de actuación, entre los que se encuentran el educativo, el deportivo, el del ocio y el familiar, por citar algunos de los más destacados[11].

En suma, la LOPIVI se caracteriza por tres elementos esenciales que inspiran e informan de manera transversal todo su articulado: su integralidad, pues abarca todos y cada uno de los ámbitos en los que NNA desarrollan su vida, al igual que se extiende a cualquier clase de medidas, ya sean formativas, preventivas o de detección precoz; su enfoque de derechos, llamado a reconocer la dignidad de la persona, con independencia de su condición etaria; y, finalmente, su manifiesta voluntad por erradicar, más que castigar, la violencia, para de este modo dar debida respuesta a la Meta 16.2 de los Objetivos de Desarrollo Sostenible (ODS), que no es otra que la de "poner fin al maltrato, la explotación, la trata, la tortura y todas las formas de violencia contra los niños" [12].

2.2. Nociones de violencia, buen trato y entorno protector

La LOPIVI define el concepto de violencia como "toda acción, omisión o trato negligente que priva a las personas menores de edad de sus derechos y bienestar, que amenaza o interfiere su ordenado desarrollo físico, psíquico o social, con independencia de su forma o medio de comisión, incluida la realizada a través de las tecnologías de la información y la comunicación, especialmente la violencia digital" - artículo 1.2 LOPIVI-.

---

11 Martínez y Escorial (2021); Pérez (2021).

12 Naciones Unidas (2023), p. 72.

Como puede comprobarse, la LOPIVI trata de romper con la manera más clásica de conceptualizar la violencia, muy vinculada con determinadas manifestaciones de este fenómeno - violencia sexual, acoso escolar, maltratos físicos, abusos de poder, por citar solo algunos - y dar un salto cualitativo que nos permita asociar esta noción con cualquier tipo de acción u omisión que prive a las personas menores de edad de sus derechos y bienestar[13]. Tal circunstancia que, a priori, pareciera muy loable y acertada, topa con la todavía hoy legitimación cultural de ciertas formas de violencia muy enraizadas en nuestro contexto social. Este sería el caso, por ejemplo, de la validación del castigo físico moderado – abofetear, golpear - como un recurso educativo o de corrección parental sobre NNA[14]. Asimismo, cuando se ejerce la violencia no de forma directa contra NNA o sus cuerpos, sino más bien con afecciones más sutiles al ejercicio de determinados derechos civiles - libertad de movimiento y acción, reunión, esparcimiento, entre otros -, no es tan evidente que sea considerada y, por ende, tratada, como tal[15]. Algo similar acaece también cuando se consideran situaciones de violencia indirecta, al estilo de bromas, o cuando se hace referencia a la participación de ciertos sujetos como meros espectadores de la violencia perpetrada por terceros[16].

Para lograr superar esta manifiesta ambivalencia entre la nueva formulación que del concepto violencia nos ofrece el inciso segundo del artículo 1 de la LOPIVI y su tradicional caracterización por parte de ciertos sectores de nuestro entorno comunitario, se nos antoja del todo imprescindible un trabajo de autoconciencia, sensibilización y formación de la población en general y de NNA en particular acerca de todas las formas

---

13 Ravetllat y Cabedo (2023).

14 Guilabert (2020); García (2017).

15 Sánchez-Morago y Becerril (2019).

16 Montserrat et al., (2022).

de violencia, tal y como estas son concebidas por la misma LOPIVI, incluidas, por supuesto, aquellas que son calificadas como de más sutiles o invisibles[17].

Apuntado lo anterior, y en aras de superar la forma como el concepto de violencia se ha venido históricamente concibiendo en nuestro sistema normativo, la LOPIVI no se conforma tan solo con habilitar un marco legal llamado a eliminar toda manifestación de violencia, sino que, por el contrario, también pretende sentar las bases de un enfoque más centrado en el principio del buen trato hacia NNA, que garantice su desarrollo holístico atendiendo siempre a su interés superior y todo ello, por supuesto, asegurando su participación en la generación, delimitación y evaluación de las medidas adoptadas al respecto, a la par que excluyendo cualquier atisbo de discriminación – por ejemplo, por razón de edad -. De ahí que el objeto de la norma sea la garantía de los derechos de NNA a su integridad frente a cualquier forma de violencia, asegurando el libre desarrollo de su personalidad, lo que, sin duda, va más allá de la mera supresión de aquella[18]. Expresado de otro modo, el buen trato se significa por ser algo más que ser un simple antónimo del maltrato, pues representa una noción que invita a pensar y construir desde la proactividad[19].

En definitiva, la LOPIVI define por vez primera en la normativa española la noción de buen trato, identificándolo como "aquél que, respetando los derechos fundamentales de los niños, niñas y adolescentes, promueve activamente los principios de respeto mutuo, dignidad del ser humano, convivencia democrática, solución pacífica de conflictos, derecho a igual protección de la ley, igualdad de oportunidades y prohibición

---

17 Salazar et al., (2016).

18 Martínez y Escorial (2021).

19 González (2022).

de discriminación de niños, niñas y adolescentes" - artículo 1.3 LOPIVI -.

Asimismo, la LOPIVI también invita a integrar en el discurso de la protección a la infancia y la adolescencia no únicamente las conductas a evitar – erradicar - sino también aquellas a las que se debe propender. En otras palabras, focalizar más la atención en cómo cuidar y de qué modo bien tratar a NNA[20]. Este modelo del buen trato parte de las necesidades de la infancia y la adolescencia, que no siempre son del todo conocidas, y se vincula, como no podría ser de otro modo, a todo el contexto vital del NNA. Un ambiente protector es aquél en el cual NNA adquieren las mejores herramientas para la construcción de su devenir diario, disfrutando de oportunidades para desarrollar sus capacidades individuales en un contexto seguro y propicio[21]. Así, frente al maltrato, y desde una lógica de derechos, el buen trato debe considerarse como una buena práctica en el proceso de socialización para fomentar una cultura de respeto a los derechos de NNA. Este paradigma del buen trato interpela, de igual modo, a la forma cómo los adultos se relacionan cotidianamente con NNA, tanto en las familias como en el resto de espacios comunitarios[22].

Por último, también es preciso subrayar que la noción de entorno seguro o protector no debiera concebirse de manera estática, ya que se trata de una construcción colectiva y dinámica, sujeta a múltiples alteraciones acordes con las diferentes variaciones que afectan a los entornos e interrelaciones de los actores en el tiempo. Es decir, no ha de entenderse como algo inmóvil, inerte, ni como un ideal que deba alcanzarse, pues se encuentra, por el contrario, siempre en permanente mutación. Precisamente por eso, los contextos libres de violencia se

---

20 Fapmi-Ecpat (2022).

21 Salazar et al., (2016).

22 Giralt et al., (2023); Noble-Carr y MacArthur (2020).

caracterizan por ser espacios en constante evolución que deben irradiar todos los vínculos y relaciones existentes entre los diversos sujetos que interactúan, así como estar presentes e inspirar todas y cada una de las actividades que inciden y rodean la vida de NNA – escuela, centros de ocio educativo, espacios deportivos -[23].

III. NIÑOS, NIÑAS Y ADOLESCENTES COMO AGENTES ACTIVOS EN LA GENERACIÓN DE ENTORNOS SEGUROS Y PROTECTORES

De acuerdo con lo esgrimido *supra*, y en conexión directa con la voluntad y los principios dimanantes de la LOPIVI, entendemos que es urgente e imprescindible otorgar a NNA la posibilidad de conjugar el verbo participar en primera persona. De no ser así, releer el articulado de la norma en comento se asemeja bastante a la cotidiana escena de sorprender una conversación de adultos de buena voluntad a los cuales un grupo de NNA les hubiera inquirido acerca de sus derechos y no supieran muy bien cómo responder con claridad[24].

Efectivamente, debe dotarse a NNA de la oportunidad de pronunciarse directamente acerca de qué indicadores – elementos clave – son los que, bajo su punto de vista, identifican o configuran un espacio para que éste pueda ser adjetivado como seguro o protector, o si se prefiere, libre de violencia. Es en ese sentido, que podemos afirmar que NNA son esenciales para generar un entorno o una experiencia segura, como sinónimo de garantía plena de sus derechos. En suma, se convierte en fundamental la promoción de los medios para llegar a conocer, a la par que respetar, los límites que establecen los

---

[23] Banz (2008); Ortega (2012).

[24] Cots (1979).

propios NNA, y para ello deviene sustancial hacer efectivo su derecho a ser escuchados. De esta suerte, es en cada uno de los contextos de socialización de NNA – familia, escuela, centro de ocio educativo o espacio deportivo -, donde debe promoverse, adaptándolos por supuesto a sus particularidades, la generación de espacios de confianza, el trato desde la empatía y la escucha activa a NNA, para que estos se sientan lo suficientemente libres y seguros de compartir todo tipo de experiencias, incluidas las de violencia, con independencia del lugar donde estas se hayan producido. Esta participación genera en NNA altos niveles de compromiso y responsabilidad, y los ayuda a legitimar la elaboración colegiada de reglas de convivencia segura al sentirse parte activa del proceso. El simple hecho de que un NNA perciba esa tranquilidad, esa certeza de poder expresar y vehicular a través de los canales adecuados una situación de violencia, en sí misma ya denota que nos encontramos ante un entorno que se asemeja bastante a los calificados como protectores[25].

Una vez subrayada la importancia de hacer partícipes a NNA en la configuración de cuáles deben ser considerados como entornos seguros y protectores, abordamos, acto seguido tres aspectos que deben complementar las ideas esbozadas en las precedentes líneas. Primero, nos centraremos en describir las manifestaciones generales del derecho a participar contenidas en el articulado de la LOPIVI. Segundo, detallaremos los principales aspectos positivos que denota el otorgar espacios de intervención autónoma a NNA. Por último, y a modo de cierre, resaltaremos qué supone el reconocer a NNA como agentes activos en la construcción social.

---

25 Leyton (2020).

3.1. Manifestaciones generales de la participación de NNA en la LOPIVI

El Título II de la LOPIVI dedicado a regular el deber de comunicación de las situaciones de violencia, junto con recoger un deber genérico, que afecta a toda la ciudadanía de comunicar inmediatamente a la autoridad competente la existencia de indicios de violencia ejercida sobre NNA (artículo 15), así como un deber cualificado de comunicación con respecto a aquellos colectivos que, por razón de su desempeño, cargo profesional o actividad, tienen contacto con NNA (artículo 16), también estatuye el deber de las administraciones públicas competentes de generar los medios necesarios y accesibles para que sean los mismos NNA víctimas de violencia, o que hayan presenciado situaciones de violencia, los que puedan comunicarlo de forma segura y fácil (artículo 17).

Igualmente, la propia LOPIVI al referirse a los fines perseguidos por la norma contiene diversas menciones expresas al relevante papel llamado a desempeñar, desde su consideración como sujetos titulares de derecho, por NNA, quienes lejos de ser excluidos de las medidas propuestas para incidir de manera holística en el abordaje integral de la violencia, son percibidos como parte de la solución. En ese sentido, el artículo 3 de la LOPIVI establece, en primer lugar, como uno de sus objetivos fundamentales, el garantizar las medidas de sensibilización para el rechazo y eliminación de todo tipo de violencia, dotando a NNA – entre otros actores – de los instrumentos necesarios para alcanzar este logro (apartado a); acto seguido, y en segundo término, se explicita también la necesidad de reforzar la participación de las personas menores de edad, pensando particularmente en aspectos de carácter preventivo (apartado b); en tercer lugar, se determina la trascendencia de reforzar los conocimientos y habilidades de NNA para que sean parte activa en la promoción del buen trato y puedan, además, reconocer la violencia y reaccionar frente a ella (apartado d); y, por último, el precepto en comento no se olvida de la ineludibilidad de fortalecer el ejercicio del derecho de NNA a ser oídos, escuchados y a que sus opiniones sean tenidas en cuenta, asegurando su protección y evitando su victimización secundaria (apartado e).

Lo apuntado en el inciso precedente, se reafirma aún más cuando la LOPIVI al fijar los principios y criterios generales de interpretación de sus disposiciones, incorpora junto con el interés superior de NNA, el de autonomía progresiva y el de participación de NNA en la toma de decisiones que les afecten (artículo 4).

3.2. Aspectos positivos de la participación

La participación implica, entre otros aspectos: acceso y distribución de la información, elaboración de argumentos, debates de ideas y construcción de consensos. En este sentido, y valorada desde un punto de vista de los beneficios que proporciona, la participación de NNA presenta un conjunto de características que la identifican y, a nuestro entender, la convierten en absolutamente imprescindible. En primer término, se trata de un proceso que aumenta la capacidad del NNA de formarse un juicio propio y expresarlo, así como le facilita los recursos necesarios para ser capaz de escoger entre distintas opciones y aceptar las responsabilidades de su elección; en segundo lugar, promueve los valores democráticos y prepara a los individuos para asumir sus funciones de ciudadano. En otras palabras, se trata de educar en democracia ejerciendo la democracia[26]; en tercera instancia, la implicación directa de NNA en la toma de decisiones y en la configuración de sus entornos vitales contribuye, en gran medida, a incrementar el

---

26 Novella (2009).

respeto mutuo, la inclusión y la aceptación de la diversidad; en cuarto lugar, enfatiza el paradigma de considerar a NNA no tan solo como titulares de derechos sino como sujetos con capacidad de injerencia activa en la realidad que les rodea[27]; finalmente, un quinto efecto positivo, lo encontramos en el hecho de que incrementa el efecto y la sostenibilidad de las intervenciones a favor de NNA llevadas a cabo por el conjunto de la sociedad, muy particularmente por las políticas e iniciativas propuestas desde los organismos públicos y las entidades privadas en aquellas cuestiones que les afectan. Como se encarga de recordarnos Rivero: "la persona menor de edad pasa a ser visualizada, incorporada a la agenda pública y considerada como centro neurálgico del sistema"[28].

3.3. Los NNA como sujetos sociales

Los nuevos estudios sociales de la infancia conciben a los NNA como intérpretes sutiles de su entorno. De esta manera, esta perspectiva busca transformar la condición habitual de los NNA como objetos de estudio para pasar a concebirlos como partícipes y protagonistas en la producción, planificación y circulación del conocimiento[29]. Efectivamente, siguiendo lo dispuesto en la Observación General N° 7 del Comité de los Derechos del Niño, el derecho de expresar opiniones y sentimientos debe estar firmemente asentado en la vida diaria del NNA, en sus espacios de participación cotidianos (hogar, escuela, centros de ocio educativo y entorno sociocomunitario, por destacar alguno de los más importantes) que favorezcan la creación de oportunidades para ejercer de forma progresiva

27 Morillas (2008).

28 Rivero (2007), p. 79.

29 Vergara et al., (2015).

una participación que se expanda paulatinamente hacia la esfera pública y social[30].

No debe olvidarse que la investigación y las iniciativas que versan sobre la participación e incidencia de las infancias en sus diferentes entornos, y las cuestiones vinculadas con la prevención, detección e intervención en materia de violencia no serían una excepción, durante mucho tiempo han venido siendo realizadas a espaldas de los propios NNA. Así, el modo tradicional de acercarnos a estos colectivos de la población ha sido, por regla general, como meros objetos de estudio, interpretando sus realidades desde marcos representacionales desajustados y descontextualizados con sus propias miradas e intereses y suplantando, en consecuencia, sus voces. Lo apuntado ha significado que, consciente o inconscientemente, nos hemos apropiado de sus saberes, a la par que convertido en defensores de sus necesidades interpretadas, por supuesto, con miradas adultas[31].

Es por ello que considerar a NNA como expertos es una manera de reconocer y validar sus conocimientos, interpretaciones e identidades[32]. En este sentido, en la Observación General N° 12 del Comité de los Derechos del Niño, relativa al derecho del NNA a ser escuchado, se especifica que el rol del adulto puede configurarse tanto como un limitador de los procesos de escucha y participación infantil, infravalorando sus aportaciones, en particular de los más pequeños, o bien, por el contrario, puede significarse como un promotor de la escucha efectiva de NNA, siempre y cuando evite una actitud de superioridad – a modo de experto - hacia los mismos[33].

---

30 Comité de los Derechos del Niño (2006).

31 Esteban et al., (2021).

32 Riádigos et al., (2024).

33 Comité de los Derechos del Niño (2009).

Por último, subrayar que los principios sobre los que debe sustentarse la participación de NNA a la que la LOPIVI formula reiteradas referencias son aquellos que reconocen y amparan que NNA ostentan múltiples formas de expresión, se instituyen en entornos adecuados para la comunicación, otorgan el tiempo necesario para la escucha activa, proveen oportunidades de intervención, y, por último, promueven prácticas de carácter reflexivo. En palabras de Castro et al. "hay que escuchar con todos los sentidos y no sólo con los oídos"[34].

IV. CONCLUSIONES

En primer término, del análisis del estado del arte acerca del proceso de implementación de la LOPIVI se evidencia, a pesar de las disposiciones normativas contenidas en dicho texto legal, la aún escasa incorporación de la perspectiva de NNA en la indagación de cuáles se consideran como espacios o entornos protectores. Por ello, es urgente superar la lógica adultocéntrica dominante en la producción normativa e incorporar los mecanismos, espacios y metodologías necesarias para rescatar la agencia real de NNA, en tanto sujetos activos y productores de conocimiento y comprometidos con sus contextos de vida.

En segundo lugar, debemos evidenciar que tanto la Convención sobre los Derechos del Niño como la LOPIVI hacen referencia a la participación no como una finalidad en sí misma considerada, sino como un procedimiento que garantice la capacidad de NNA de asumir protagonismo en aquellos asuntos que les afecten. Se consagra, así, un panorama en el que la persona menor de edad es un individuo, además de miembro de una familia y de una comunidad, con derechos y responsa-

---

34 Castro et al., (2016), p. 112.

bilidades adaptados a sus particulares etapas de desarrollo. Al aceptar los derechos de NNA desde esta perspectiva, la normativa vigente orienta firmemente sus mandatos hacia el pleno reconocimiento de la personalidad integral de NNA. Tal circunstancia, implica la necesidad de tomar en consideración los diversos puntos de vista o voces de NNA - como habitualmente suele mencionarse - en el desarrollo y puesta en práctica de las previsiones contenidas en la LOPIVI.

En tercer lugar, entendemos que la clave para involucrar a NNA en el desarrollo de las previsiones contenidas en la LOPIVI de una manera que respete sus derechos depende, en última instancia, de cómo NNA son percibidos por la sociedad y las instituciones adultas. De esta manera, si son vistos como titulares de derechos – lo que implica reconocimiento de su competencia, agencia y derecho a influir en las decisiones que los afectan -, entonces se deduce que su opinión será tratada seriamente. Lo que no debiera acaecer es que sus pareceres sean sustituidos por el de los adultos, cada vez que se apartan del discurso hegemónico adultocéntrico, ya que esto equivaldría a una fachada simbólica, para revestir a la norma y su puesta en acción del carácter de innovadora, explotando la pretendida participación de NNA.

Finalmente, constatamos que, de acuerdo con lo estipulado en la propia LOPIVI, es particularmente significativo formar a NNA para mejorar su capacidad de reconocer situaciones de violencia de manera anticipada y facilitarles las herramientas de autoprotección que les ayuden a reaccionar adecuadamente ante tales circunstancias, así como otorgarles la oportunidad de pronunciarse en primera persona acerca de qué entienden por un espacio seguro o protector, es decir, libre de violencia. Es por ello, que debe hacérseles partícipes del diseño y aplicación de dichos programas a fin de asegurar que sean pertinentes, útiles y adecuados. De nada, o poco, sirve la imposición de un modelo preventivo desde una mirada de expertos –adultos-

que se aleja, en no pocas ocasiones, de la realidad cotidiana que viven NNA en sus diferentes contextos de vida.

En este sentido, tanto los centros educativos como los entornos vinculados con el deporte y el ocio – ámbito de la educación no formal – se presentan, a priori, como espacios ideales para otorgar a NNA el rol protagónico al que la propia LOPIVI hace mención, en la planificación y generación de entornos seguros y protectores. Todo ello, por supuesto, enmarcado dentro del nuevo esquema organizacional de protección infantil y adolescente frente a las situaciones de violencia – *safeguarding*-, el cual hace referencia a la responsabilidad que asume toda organización de no lastimar y que se traduce en el compromiso asumido por cada institución que trabaja con NNA de asegurar que sus programas, actividades y estructuras funcionales no provocan daño alguno ni exponen a situaciones de violencia a NNA.

BIBLIOGRAFÍA CITADA

Banz, Cecilia, "La disciplina y la convivencia como procesos formativos", *Valoras UC*, 2008, pp. 1-8.

Bello, Armando; Martínez Muñoz, Marta; y Rodríguez Pascual, Iván, *Érase una voz... Si no nos creen, no nos ven*, Madrid, Educo, 2019.

Cabedo Mallol, Vicente, "De la violencia contra la infancia y la adolescencia a la construcción de entornos seguros y de buen trato: a propósito de la normativa española", en: Ravetllat Ballesté, Isaac y Mondaca Miranda, Alexis, *Protección integral de los derechos de la infancia y la adolescencia frente a la violencia: hacia unos entornos seguros y protectores*, Valencia, Tirant lo Blanch, 2023, pp. 13-36.

Castro, Ana; Ezquerra, Pilar; y Argos, Javier, "Procesos de escucha y participación de los niños en el marco de la educación infantil: una revisión de la investigación", *Educatio XXI*, Vol. 19, N° 2, 2016, pp. 105-126.

Comité de los Derechos del Niño, *Observación General N° 13, relativa al derecho de los niños, niñas y adolescentes a no ser objeto de ninguna forma de violencia, de 18 de abril de 2011*. Documento CRC/C/GC/13.

Comité de los Derechos del Niño, *Observación General N° 12, relativa al derecho del niño a ser escuchado, de 20 de julio de 2009*. Documento CRC/C/GC/12.

Comité de los Derechos del Niño, *Observación General N° 7, relativa a la realización de los derechos del niño en la primera infancia, de 20 de septiembre de 2006*. Documento CRC/C/GC/7.

Cots i Moner, Jordi, *La Declaració Universal dels Drets de l'Infant*, Barcelona, Edicions 62, 1979.

Esteban Tortajada, Marta; Crespo i Torres, Ferran; Novella Cámara, Ana María; y Sabariego Puig, Marta, "Aportes reflexivos para la investigación con las infancias. Corresponsabilidad en el avance de su participación", *Sociedad e Infancias*, N°. 5, 2020, pp. 21-33.

FAPMI-ECPAT España, *I Foro de prevención de la violencia contra las personas menores de edad en el ámbito deportivo. Buenas prácticas desde el enfoque de los derechos de la infancia*, Madrid, FAPMI-ECPAT España, 2022.

García Sánchez, María Dolores, "Derecho de corrección paterno: Estudio de su alcance, evolución, pertinencia y límites jurisprudenciales", *Anuario de Justicia de Menores*, N°. 17, 2017, pp. 291-336.

Giralt Rovira, Pere-Joan; Marzo Arpón, Maite; Ravetllat Ballesté, Isaac; Morata García, Txus; y Palasí Lluna, Eva, *Herramientas pedagógicas para la implementación de la LOPIVI en los centros de ocio educativo*, Barcelona, Fundació Pere Tarrés, 2023. Disponible en: https://www.peretarres.org/arxius/facultat/recerca/lopivi-19-06-23.pdf (Consulta realizada: 09/07/2024)

González, Elisenda, "Qué entenem per bon tracte", *Revista Estris*, N°. 245, 2022, p. 2.

Guilabert Vidal, María Remedios, "El derecho de corrección: estado actual de la cuestión desde la perspectiva del Derecho civil, penal y de la psicología del aprendizaje", *Actualidad Jurídica Iberoamericana*, N°. 13, 2020, pp. 284-333.

Leyton-Leyton, Ignacio, "Convivencia escolar en Latinoamérica: una revisión de literatura latinoamericana (2007-2017)", *Revista Colombiana de Educación*, N°. 80, 2020, pp. 227-260.

Lundy, Laura; Emerson, Lesley; y Byrne, Bronagh, "Working with young children as co-researchers: an approach informed by the United Nations Convention on the Right of the Child", *Early Education and Development*, Vol. 22, N°. 5, 2011, pp. 716-736.

Martínez García, Clara y Escorial, Almudena, *Guía sobre la Ley Orgánica de Protección Integral a la Infancia y la Adolescencia frente a la violencia,* Madrid, Plataforma de Organizaciones de Infancia de España, 2021.

Montserrat, Carme; García Molsosa, Marta; Planas Lladó, Anna; y Soler Masó, Pere, "Children's understanding of gender-based violence at home: The role school can play in child disclosure", *Children and Youth Services Reviews,* N°. 136, 2022, pp. 1-9.

Morillas Fernández, Marta, "Capacidad natural del menor, derechos a la intimidad, el honor y la propia imagen, y patria potestad", en: García Garnica, María del Carmen (Coord.), *Aspectos actuales de la protección jurídica del menor. Una aproximación interdisciplinar,* Madrid, Thomson Aranzadi, 2008, pp. 165-180.

Naciones Unidas, Eduardo, *La Agenda 2030 y los Objetivos de Desarrollo Sostenible: una oportunidad para América Latina y el Caribe,* Santiago de Chile, Naciones Unidas, 2018. Disponible en: https://repositorio.cepal.org/server/api/core/bitstreams/cb30a4de-7d87-4e79-8e7a-ad5279038718/content (Consulta realizada: 09/07/2024)

Noble-Carr, Debbie; Moore, Tim; y MacArthur, Morag, "Children's experiences and needs in relation to domestic and family violence; findings from a meta-synthesis", *Child & Family Social Work,* Vol. 25, N°. 1, 2020, pp. 182-219.

Novella Cámara, Ana María, *La participación de la infancia en la ciudad desde los Consejos Municipales de Infancia,* Barcelona, Secretaria de Infancia y Adolescencia. Generalitat de Cataluña, 2009.

Pérez Vallejo, Ana María, *Prevención y protección integral frente a la violencia infantil. Un enfoque desde los derechos de niños, niñas y adolescentes,* Valencia, Tirant lo Blanch, 2021.

Ravetllat Ballesté, Isaac, "El delegado o la delegada de protección en el ámbito del ocio el tiempo libre educativo en la Ley Orgánica de Protección Integral a la Infancia y la adolescencia", *Actualidad Jurídica Iberoamericana,* N°. 20, 2024a, pp.1474-1505.

Ravetllat Ballesté, Isaac, *La Convención sobre los Derechos el Niño y la Niña: reflexiones acerca de los derechos de la infancia y la adolescencia desde la teoría y la práctica,* Valencia, Tirant lo Blanch, 2024b.

Ravetllat Ballesté, Isaac y Mondaca Miranda, Alexis, *Protección integral de los derechos de la infancia y la adolescencia frente a la violencia: hacia unos entornos seguros y protectores,* Valencia, Tirant lo Blanch, 2023.

Ravetllat Ballesté, Isaac y Cabedo Mallol, Vicente, *Estudios sobre la Ley Orgánica de Protección Integral a la infancia y la adolescencia frente a la violencia,* Valencia, Universitat Politècnica de València, 2023.

Riádigos Couso, Xabier; y Lorenzo Campos, Aida, "La investigación como escenario de participación infantil: percepciones y propuestas de acción comunitaria", *Pedagogía Social. Revista Interuniversitaria,* N° 44, 2024, pp. 51-67.

Rivero Hernández, Francisco, *El interés superior del menor,* Madrid, Dykinson, 2007.

Salazar, Ciria; Arellano, Aideé; y Peña, Carmen, "Programas de ocio activo e infraestructura de esparcimiento (como elementos protectores) en los estudios sobre violencia escolar", *Revista Mad,* N°. 34, 2016, pp.179-195.

Sánchez-Morago Hernanz, Sara y Becerril Ruiz, Diego, "Los menores víctimas de violencia familiar no física: tres visiones complementarias", *Cuadernos de Trabajo Social,* Vol. 32, N°. 2, 2019, pp. 419-430.

Saracostti, Mahia; Toro, Ximena; y Veas, Alicia, *Pequeños grandes investigadores. Herramientas para que niños, niñas y adolescentes aprendan a investigar sobre compromiso escolar y otros temas,* Santiago de Chile, Universidad Autónoma de Chile, 2022.

Unicef, *Ley de Protección Integral a la Infancia y la Adolescencia frente a la violencia. Guía para familias,* Madrid, Unicef, 2021.

Vergara, Ana; Peña, Mónica; Chávez, Paulina; y Vergara, Enrique, "Los niños como sujetos sociales. El aporte de los nuevos estudios sociales de la infancia y el análisis crítico del discurso", *Psicoperspectivas,* Vol. 14, N°. 1, 2015, pp. 55-65.

Legislación citada

Convención de los Derechos del Niño. Asamblea de las Naciones Unidas, de 29 de noviembre de 1989.

Ley Orgánica 8/2021, de 4 de junio, de protección integral a la infancia y la adolescencia frente a la violencia de España. Boletín Oficial del Estado, 5 de junio 2021.

Estructuración y planificación de la intervención socioeducativa desde un enfoque de la LOPIVI

ABRAHAM FERNÁNDEZ MURCIA
Prof.-Tutor de Educación Social del Centro Asociado de Elche
Universidad Nacional de Educación a Distancia (UNED)
abrfernandez@elx.uned.es

I. INTRODUCCIÓN

La aprobación de la Ley Orgánica de Protección Integral a la Infancia y la Adolescencia frente a la Violencia (en adelante, LOPIVI) ha supuesto un gran avance en materia de protección de los niños, niñas y adolescentes en España. Pero hay que tener en cuenta que para su aplicación se requiere el compromiso de los actores implicados y de profesionales con especialización técnica al respecto que faciliten procesos que marquen el rumbo de los asentamientos humanos y sus órganos de dirección.

No cabe duda de que el ámbito local es el escenario más propicio para atender las demandas y canalizar las propuestas de protección integral de la niñez y adolescencia, y que la acción socioeducativa, como intervención específica de la figura profesional de la Educación Social, supone un cauce prioritario para el desarrollo de actuaciones dirigidas a la formación de la ciudadanía en el conocimiento y el ejercicio de los derechos que les reconoce y garantiza el ordenamiento jurídico a las personas menores de edad, así como de las acciones para su promoción, defensa y participación.

Actuar en sentido contrario únicamente supondría una merma en la calidad democrática municipal. A través del presente capítulo se desea ofrecer orientaciones de mejora, a raíz del cambio de paradigma que debemos afrontar como sociedad, desde un enfoque de derechos de protección y participación de la niñez y adolescencia.

II. LAS POLÍTICAS MUNICIPALES COMO FACTOR DE CALIDAD DESDE UNA PERSPECTIVA DE NIÑEZ Y ADOLESCENCICA

A cualquier institución pública, independientemente de su rango, se le ha de exigir vocación deservicio a la ciudadanía, dedicación y responsabilidad, así como lealtad a la población a la que da servicio.

Según la Fundación Democracia y Gobierno Local, la estructura administrativa -*de la administración local*- no es algo estático ni heredado, sino que debe adecuarse a las finalidades políticas que se persigan[35].

Las instituciones de proximidad como los Ayuntamientos o municipalidades son, en efecto, “infraestructuras” que pueden permitir con las políticas que implanten un mejor crecimiento y acentuar la calidad democrática de los servicios prestados. Pero para ello deben inspirar su práctica en criterios de buen gobierno, eficiencia en su gestión, responsabilidad solidaria y facilitando la participación de la ciudadanía en los asuntos que le conciernen. Una cuestión que se considera particularmente importante en contextos de crisis o en administraciones de pequeñas dimensiones, ambos caracterizados por escasez de recursos, y donde se debe priorizar políticas públicas en detri-

---

35 Fundación Democracia y Gobierno Local (2011).

mento de otras, ante la temporalidad de los gobiernos municipales y corporaciones (hay que recordar que cada legislatura tiene un tiempo acotado de cuatro años de mandato, salvo que se renueve en el cargo).

En todo caso, se ha de ser plenamente consciente de las necesidades evidentes y urgentes, desde una perspectiva global, en un entorno muy cambiante e imprevisible, que incentivan la acción municipal con múltiples actividades y prestaciones al servicio de la población.

Dentro de dichas necesidades, debe ocupar un lugar preferente la formulación de políticas y estrategias centradas en la niñez y adolescencia local como colectivos reconocidos con una alta carga de vulnerabilidad social y económica, requiriendo pues un especial interés y dedicación. Una cuestión trascendental en un sistema democrático, tanto por la representación que tiene los niños, niñas y adolescentes como por la importancia de la propia organización que exige un comportamiento leal y responsable, actuando de conformidad con lo expuesto en el ordenamiento jurídico vigente para la promoción y defensa de los derechos que se les reconoce y se debe garantizar. Esto puede contribuir a que niños, niñas y adolescentes no acaben siendo actores pasivos en la gobernanza local, y que se tienda a situarles cada vez más directamente en el centro de la política municipal.

A nivel municipal el ámbito de la niñez y adolescencia ha estado principalmente vinculado a los servicios sociales y a las concejalías de educación que se ocupan de las actividades de atención, desarrollo y promoción social de este grupo de población. Pero, el carácter transversal de esta temática involucra a diferentes ámbitos que afectan a prácticamente todas las áreas del ayuntamiento (sanidad, seguridad ciudadana, cultura, medio ambiente, urbanismo y vivienda, etc). Por lo tanto, el tema que nos ocupa se trata de políticas multinivel, de carácter transversal y en cuya gestión interviene el propio ayuntamiento, de forma directa o externalizada, o en colaboración con otros actores gubernamentales y no gubernamentales.

Pero si realmente se desea ser operativos, como gobierno local se debe impulsar procesos profundos de cambio y modernización, sobre todo de sus estructuras en aras de lograr políticas transversales, sectoriales y horizontales que tiendan a una cierta formalización, racionalización e institucionalización efectiva de la acción política municipal. Una herramienta que puede facilitar dicho proceso son los Planes Municipales de Niñez y Adolescencia, un documento marco y estratégico donde será oportuno plantearse asimismo todas las cuestiones en función de las políticas que se quieran priorizar y las necesidades que se hayan detectado en materia de niñez y adolescencia.

Y para llevarlo a cabo, ante la complejidad inherente de los asuntos locales en nuestros días, requiere sin duda una voluntad decidida de las corporaciones políticas locales como parte de la ecuación y actores con capacidad de decisión y liderazgo, pese a la temporalidad de los mandatos o las competencias limitadas de gestión pública que se adquiere. Por eso, se requieren cada vez más una visión estratégica que conjugue inteligentemente la visión inter-áreas dentro de la administración local en su actividad municipal.

Un compromiso político, como principal criterio de calidad democrática, que se manifiesta y determina a partir de indicadores como el grado de consenso normativo municipal (hay que recordar que las corporaciones las componen gobiernos locales y oposición), el interés político suscitado, la actividad generada, los registros documentales de los acuerdos alcanzados y la coordinación técnico-política[36]. Y donde dicho compromiso adquiera un rol que vaya más allá del cumplimiento formal de los reglamentos normativos. Aspecto crucial, más

---

36 Pérez y González (2023).

aún en el momento actual en que los gobiernos locales, como se observa, deben tender hacía la articulación de organizaciones adaptadas al entorno, eficientes, resilientes y sostenibles que garanticen entornos de pertenencia más inclusivos, seguros y donde no se amenace el desarrollo social y económico a largo plazo para la niñez y adolescencia.

Pero la realidad presente nos indica que los diseños institucionales en muchas administraciones locales son inestables, poco consolidados, vinculados a servicios sociales y con variaciones definidas por el tamaño de los municipios, y la capacidad de estos para desarrollar políticas propias. Por otro lado, el modelo de gobernanza es predominantemente jerárquico, con escasa especialización en la temática, afectando a la calidad de la gestión de las políticas destinadas a la población menor de edad, las cuales se ven afectadas por déficits en el uso de instrumentos estratégicos de planificación, evaluación, coordinación y transversalidad, pese a que existe una aceptación amplia del paradigma de la protección de los derechos de la infancia (aunque su implementación efectiva casi siempre se ve condicionado por la emergencia social y los déficits de la economía).

Es el momento de replantear las estrategias tradicionales de participación, tanto en términos conceptuales como normativos y procedimentales, a nivel de gestión de proximidad en los barrios y pedanías y también desde la modernización de la propia administración[37]. Sólo así podemos comenzar a hablar del fomento de la democratización de la Administración Local, a partir de dicho compromiso político-técnico y desde una perspectiva que facilite la participación ciudadana, tanto en población adulta como en niños, niñas y adolescentes, esencial para la corrección de desequilibrios y garantizar la representación de las diversas zonas y barrios del municipio.

---

[37] Pérez y González (2023).

Se requiere además de un mayor esfuerzo de la administración para conseguir equilibrar el posicionamiento de la niñez y adolescencia en las políticas públicas de proximidad, aplicando una lógica que permita cambiar la visión tradicional imperante adulto-centrista que desfavorece el desarrollo de una población menor de edad socialmente responsable y comprometida.

La importancia de estas políticas centradas en niñas, niños, adolescencia y sus familias en la gestión municipal se fundamenta en diferentes razones. En primer lugar, el factor demográfico determina que este grupo de población tenga un peso relativo cada vez mayor, con demandas y necesidades crecientes que deben ser atendidas desde diferentes ámbitos municipales. En segundo lugar, estas políticas tienen una larga tradición a nivel local con servicios y prestaciones tanto en el ámbito de la atención como de la promoción social.

Además de estas razones podemos encontrar una tercera justificación que pone de relieve la importancia de estas actuaciones en las agendas municipales. Tomando como referencia los presupuestos de servicios sociales, una proporción significativa de estos está destinada a la cobertura de necesidades básicas de niños, niñas y adolescentes, así como su protección, manteniéndose pese a las políticas de ajuste económico y en términos relativos, incluso han incrementado su peso en el conjunto de las partidas de gastos municipales consignadas.

Sin olvidar, como nos recuerda parte de la doctrina, que una organización inclusiva obtiene mayores niveles de aceptación y legitimación, a la vez que mejora su rendimiento[38]. Chueca, por su parte, añade que una población acostumbrada a participar en procesos con calidad suele desarrollar una

[38] Pérez y González (2023).

crítica constructiva que genera valor en el territorio y permite avanzar de forma conjunta[39].

Por lo que no es descabellado pensar que las características propias del "mundo" local, con entidades de gobierno próximas a la ciudadanía, un contexto de descentralización competencial y ajuste presupuestario, unido a una red de entidades asociativas carentes de lucro con una alta especialización con cada vez más presencia y consolidación en los territorios tanto urbanos como rurales (y obviamente digitales), ofrecen una estructura de oportunidades favorables a las políticas de promoción de los derechos de la infancia y adolescencia. Se trata de compromisos ineludibles para una gestión que integre servicios de forma eficiente, con una lógica de proximidad, en un marco limitado de recursos propios.

III. SITUACIONES COMPLEJAS QUE DIFICULTAN EL DESARROLLO DE ACCIONES DE PROTECCIÓN LOCAL DE LA VIOLENCIA

Cuando se consulta a la ciudadanía cuestiones relacionadas con su entorno más cercano (urbanismo y movilidad, planes de desarrollo, gestión de servicios públicos, etc.) se consigue un elevado nivel de respuesta y las aportaciones recogidas resultan de gran utilidad[40].

Pero es evidente que vivimos en una sociedad donde, desafortunadamente, hay un gran número de situaciones críticas que avanzan de forma vertiginosa, y donde aumentan las personas en situación de vulnerabilidad, aunque muchas no son conscientes de ello. Personas que requieren asesoramiento y

---

39 Chueca (2017).

40 Chueca (2017).

participación en itinerarios personalizados para escoger entre diferentes opciones alternativas para que puedan lograr cierto bienestar personal, familiar y social, frente a una "necesidad" que supone el punto de partida del diseño de su proceso de cambio. Personas que en esas situaciones pierden el interés en participar de forma activa con la administración ante la percepción de no ver atendidas sus demandas.

Al respecto, Hermosilla nos habla de una posible clasificación que tipifica las necesidades a detectar en[41]:

a) Necesidades percibidas por el colectivo con el que se va a intervenir. Estas necesidades, a su vez, pueden ser manifestadas -en el caso de la niñez y la adolescencia abarcarían las propias peticiones, además de las trasladadas por las personas adultas de sus unidades de convivencia y espacios de socialización como por ejemplos agentes de los centros educativos- o no manifestadas, que por algún motivo no se atreven o no quieren formular «en voz alta». Por eso Hermosilla recomienda en el momento de planificar un análisis de necesidades la necesidad de diseñar instrumentos y técnicas que permitan acercarse de algún modo a estas necesidades no explicitadas.

b) Necesidades no percibidas por el colectivo y/o por, en el caso de NNA, sus padres o madres o tutores legales, profesorado u otros profesionales (suelen tener que ver con los aspectos más prospectivos de nuestra intervención). Son necesidades que no resultan evidentes en el presente pero que a la larga pueden constituirse de algún modo.

A las necesidades que se pueden detectar en cada situación, habría que añadir las circunstancias o escenarios más comunes de vulneración de derechos de la niñez y adolescencia a nivel

---

41 Hermosilla (2009).

local, que dificultan el desarrollo de acciones de protección, y que en última instancia supone una forma de violencia (institucional). Centrándonos en los posibles factores comunitarios de riesgo cabría hablar de:

- Estigmatización. En este sentido, viene precedido de una atención deshumanizadora y/o basada en la culpabilización, situación que curiosamente supone además una vulneración de derechos básicos. Se debe enfocar más la intervención en aprender a escuchar (no oír) y a no realizar juicios de valor, ya que toda situación adversa es temporal, y requiere una mirada resiliente. Cierto es que las redes sociales y los medios comunicación se han convertido en los principales canales de difusión de mensajes y contenido que fomenta la desinformación y mensajes estigmatizantes.
- Medios de vida y subsistencia deficitarios. Cuestiones como la inseguridad alimentaria, la malnutrición y la necesidad de una vivienda adecuada se han convertido en las principales prioridades de muchos hogares en donde habitan niñas y niños, que además ven en ocasiones no poder cubrir sus necesidades básicas. Estas preocupaciones son de por sí graves
- Inexistencia de tejido social de proximidad que pueda poner en marcha opciones de atención alternativa para niñas, niños, adolescentes y sus familias, como centros de día o programas de cuidado profesional desde una perspectiva de corresponsabilidad como recursos abiertos a toda la comunidad educativa hasta los 16 años
- Asistencialismo vs Protección. Si se desarrolla una medida asistencialista, el "no" lamentablemente es una opción, por lo que hay ausencia de necesidad percibida. Debemos romper con conceptos como tú y/o yo, la intervención requiere de desarrollar el concepto de nosotros.

- Ausencia de sistemas de evaluación eficaces que sancionen la falta de profesionalidad.

Por otro lado, considerando a la familia siempre como un elemento clave en el crecimiento y aprendizaje de los grupos de población, y en nuestro caso, la niñez y adolescencia, a partir de diversas formas como la comunicación o las interrelaciones, habría que considerar los diferentes factores familiares que pueden condicionar la actuación y mantener las situaciones de desprotección y/o riesgo, entre los cuales destacamos:

- Resistencia a la intervención / participación hacia un cambio. Se suele dar con frecuencia y no es sencillo que se acepte validar la existencia de resistencia al cambio, generalmente por temor, desconocimiento y debido a la falta de participación. Por eso siempre debemos enfatizar la necesidad de una comunicación transparente y desde la optimización de procesos.
- Problemas en la accesibilidad. Algunas unidades de convivencia presentan dificultades asociadas a barreras físicas, cognitivas, lingüísticas y/o digitales que afectan a todas las personas que conforman la unidad familiar, inclusive la niñez y adolescencia. Estas dificultades de accesibilidad (ejemplo idiomática o de conexión con la administración desde portales de sede electrónica) impiden una participación activa en su entorno de pertenencia.
- Unidades de convivencia que muestran dificultades continuadas para el acceso al empleo o su mantenimiento de forma prolongada en el tiempo y subsisten únicamente mediante una prestación escasa, generando falta de autonomía económica.
- Modelos normativos laxos que atentan contra la integridad, libertad y seguridad de niñas, niños y adolescentes. Son situaciones que se dan a diario y que acaban en

situaciones de desprotección como los casos de abusos domésticos y/o agresiones sexuales, donde NNA participen como victimas primarias o secundarias.

- Negación a una atención socio-sanitaria especializada. Pese a la indicación de facultativos de situaciones que requiere una intervención especializada según criterios socio-sanitarios, existen unidades de convivencia que no autorizan dicha actuación prioritaria para niñas, niños y/o adolescentes. Un ejemplo común puede ser adolescentes que presenten TDAH con comorbilidad con el trastorno negativista desafiante, y las familias no autorizan el seguimiento médico-psicológico.
- Falta de vínculos afectivos en la comunidad que propician una carencia de alternativas educativas, laborales, recreativas y/o culturales
- Patrones familiares de consumo y/o tolerancia al uso y abuso de sustancias de cualquier tipo.
- Ausencia de un modelo educativo adecuado y una correcta supervisión familiar, que da lugar a estilos de crianza autoritarios, violentos, rígidos, permisivos, confusos e incoherentes.
- Nula atención, escucha e involucramiento con las situaciones y necesidades propias de cada etapa de la niñez y adolescencia.

Aunque como diría Vilar, a pesar de estos riesgos, los contextos sociales en los que ubicamos las planificaciones socioeducativas presentan unas características que es necesario considerar. Se hace necesario, si optamos a que las familias adopten un papel protagonista para potenciar la implicación de los padres y madres en el proceso socioeducativo de los hijos e hijas y su participación en la comunidad, mediante la adquisición de herramientas necesarias para la toma de sus propias decisiones[42].

Y respecto a esto, Panchón insiste en que se debe hacer una profunda reflexión sobre la evolución de la infancia y los procesos iniciados desde el sistema de políticas de protección social, además de que se debe priorizar la intervención educativa, ampliando el concepto de educación e incorporando la educación como un instrumento de cambio personal y social[43].

Por eso es de relevancia disponer de forma previa del conocimiento de cuáles son los condicionantes de vida de los niños, de las niñas y de adolescentes, y las dinámicas que mantienen a nivel relacional con los espacios de socialización y convivencia de su entorno.

IV. IMPLEMENTACIÓN DE LA LOPIVI EN LAS POLÍTICAS MUNICIPALES A PARTIR DE PROPUESTAS SOCIOEDUCATIVAS

Tenemos presente que, desde un planteamiento general, la realización de acciones de intervención socioeducativa, tiene como punto de partida una necesidad educativa que incide o es consecuencia de una situación social deficitaria[44].

Otra cuestión que debe tenerse presente es que trabajar el nivel preventivo de situaciones que se pueden complicar e, incluso, deteriorarse y no recuperarse, es pensar en los sujetos como en primeras personas[45].

---

42 Vilar (1996).

43 Panchón (2005).

44 Hermosilla (2009).

45 Panchón (2005).

La Educación Social, además de ser una profesión transversal y en constante evolución, supone un instrumento de prevención y bienestar, tanto en la acción comunitaria como en el sistema educativo formal, ambos ámbitos de acción con relación directa con la LOPIVI. Una Ley que se promueve para promover los derechos de los niños, niñas y adolescentes consagrados en la Convención sobre los Derechos del Niño frente a cualquier forma de agresión y/o violencia.

Esta Ley Orgánica se relaciona con los compromisos y metas esenciales de cualquier administración local respecto a asegurar y promover el respeto de la dignidad humana e integridad física y psicológica, mediante la prevención de toda forma de violencia, con mayor énfasis en las poblaciones de edades tempranas.

En relación a la importancia de la prevención para la mejora del bienestar infanto-juvenil (y sus familias como entornos de pertenencia) que indicamos, observamos como la figura profesional de la Educación Social basada a partir de una metodología pedagógica contribuye a la promoción del bienestar e incorporación a la circulación social de toda persona, especialmente de aquellos grupos en una situación de mayor vulnerabilidad social, mediante procesos de reflexión y acción socioeducativa, procesos de toma de decisiones que son de una relevancia manifiesta para sus vidas.

Trabajo que se ve representado en el diseño y aplicación de proyectos socioeducativos con el fin de dar respuesta a las adversidades, problemáticas, carencias, limitación eso incluso situaciones de violencia que presenta un grupo o personas destinatarias. Teniendo presente la LOPIVI, se entiende por violencia de una forma más específica el maltrato físico, psicológico o emocional, los castigos físicos, humillantes o denigrantes, el descuido o trato negligente, las amenazas, injurias y calumnias, la explotación, incluyendo la violencia sexual, la corrupción, la pornografía infantil, la prostitución, el acoso escolar, el acoso sexual, el ciber-acoso, la violencia de género, la mutilación genital, la trata de seres humanos con cualquier fin, el matrimonio forzado, el matrimonio infantil, el acceso no solicitado a pornografía, la extorsión sexual, la difusión pública de datos privados así como la presencia de cualquier comportamiento violento en su ámbito familiar. Situaciones que requieren, como afirma Úcar, una acción profesional procesual que está territorial e institucionalmente situada en un contexto sociocultural concreto, que puede ser físico y/o digital[46]. Eso es en definitiva Educación Social según este autor especializado en el diseño y evaluación de programas de desarrollo comunitario.

A esto debemos añadir que se debe tener presente la singularidad de cada persona o grupo que pudieran encontrarse en una situación de vulnerabilidad y/o riesgo. Por ejemplo, personas en dificultad de ingresos económicos continuados, niñez con necesidades educativas de atención especial (NEAE), poblaciones o comunidades discriminadas y/o excluidas por cuestión de género, edad, raza o discapacidad, etc.

Por eso debemos de partir en cualquier diseño socioeducativo, para que sea útil y eficaz, de un análisis de la realidad pormenorizado que nos clarifique las necesidades que imperan y marque los objetivos que debemos perseguir desde una perspectiva de respeto los derechos fundamentales de las niñas, niños y adolescentes. Esto se traduce en la promoción activa y continuada del respeto mutuo, convivencia participativa, solución pacífica de conflictos, igualdad de trato y prohibición de cualquier forma de discriminación o minusvalía de las niñas, niños y adolescentes. Y esto incluye actuar desde una visión que se aleje de la concepción paternalista.

---

46 Úcar (2022).

Para elucidar el concepto de paternalismo, tomaremos como referencia el trabajo de Alemany, centrado en el concepto y la justificación del paternalismo. Este autor utiliza la siguiente expresión para tratar de aclarar el significado de paternalismo:

> "A ejerce paternalismo sobre B. Por tanto A ejerce poder sobre B con la finalidad de evitar que B lleve a cabo acciones u omisiones que le dañan a sí mismo y/o le suponen un incremento del riesgo de daño y/o la pérdida de un beneficio (siendo estos daños y beneficios de tipo físico, psíquico o económico)"[47].

Tras el punto de partida que indicábamos anteriormente, donde evaluamos el contexto y a quienes residen para tener constancia de sus necesidades, carencias y déficits, y que sirve para establecer las razones que justifican el programa y responder al porqué de esa intervención, se fija los fines de la intervención que se hace necesaria respecto a la realidad observada, y que dicha intervención será tanto nuestra como de las personas beneficiarias quienes deberán adoptar un papel activo en la transformación social, estructuraremos el resto del proyecto socioeducativo.

Asimismo, en los proyectos socioeducativos destinados a unidades de convivencia donde residan personas menores de edad que se encuentren en situación de vulnerabilidad social y riesgo educativo, el objetivo principal que debemos marcarnos es reducir las causas y motivos que basan esta situación acompañando en un proceso contextualizado que aleje al grupo de acción del entorno y situación conflictiva en la que está inmerso. Pese a que puedas existir patrones comunes, cada actuación es diferente y por ello requiere un diagnóstico diferenciado y unos objetivos personalizados.

---

47 Alemany (2005).

Cuando hablamos de estructuración del resto del proyecto socioeducativo, nos referimos a su apartado de contenidos de trabajo necesarios en función de los fines y objetivos marcados, de los recursos humanos y materiales que se utilicen (y que medirán la eficacia dela intervención), por a un marco metodológico respecto al desarrollo, una cronología que secuencia la acción y a diferentes procesos de evaluación guiados por indicadores cuantitativos y cualitativos para justificar la calidad, eficacia y eficiencia del proyecto socioeducativo desarrollado. Con este último paso se pueden detectar déficits del programa y nuevas oportunidades, que contribuyan a perfeccionar el proyecto e incluso incorporar nuevos elementos en una apuesta clara por buscar la excelencia. Respecto al tema que nos ocupa, también cabría incluir enfoque de niñez y adolescencia en el diseño de la propuesta como en la implantación de las distintas actividades que componen el proyecto socioeducativo.

Esta fase solo puede ser definida de manera posterior a la cumplimentación de las dos que la preceden (análisis de la realidad y determinación de objetivos específicos) para poder cumplir con el objeto del proyecto que se implemente.

Por eso visibilizamos a la figura profesional de Educación Social, basándonos en la formación de su plan de estudios que se centra especialmente en la intervención y evaluación socioeducativa, cuestión esencial para definir con rigor programas bajo las directrices de la LOPIVI y de gran relevancia porque contribuyen a mejorar la calidad de vida y el bienestar de las personas y asentamientos humanos.

Una figura profesional reconocida no sólo en España sino también a nivel europeo y en parte de latino-América (Argentina –*Universidad Nacional de Cuyo*-, Brasil -*Associação dos Educadoras e Educadoras Sociais do Estado paulistano, Universidade Federal do Espírito Santo, Universidade Estadual de Ponta Grossa, Universidade Estadual de Maringá*-, Colombia -*Universidad del Norte y ASOCOPESES*-, Uruguay -*Consejo de Formación en Educación*-, entre otras), que responde a una necesidad de actuación holística de la protección y promoción a la infancia y adolescencia concebida de forma integral, gradual y compartida.

a) Integral, debido a que busca garantizar todos los derechos de la niñez y adolescencia posibles, que permitan su completo desarrollo y participación. Por eso la pieza angular para que esto se materialice son planes, programas estratégicos y acciones planificadas con su correspondiente asignación de recursos financieros, materiales y humanos.

b) Gradual, para la interiorización de derechos y responsabilidades. Supone una planificación realista, garantizando la sostenibilidad de las cuestiones abordadas y esfuerzos aplicados en el tiempo, al objeto de dar efectividad a los derechos de los niños, niñas y adolescentes La prevención de situaciones que tiendan a la vulnerabilidad, la desigualdad o discriminación infantil e impidan el ejercicio de los derechos de la infancia y adolescencia, debe ser la primera y fundamental forma de intervenir desde la protección jurídica, social y económica.

c) Compartida, siendo la administración local, las entidades del tercer sector de acción social y las familias (e incluso las comunidades vecinales) las garantes de los derechos de la niñez y adolescencia, desde una perspectiva colaborativa y coordinada con obligaciones y compromisos claramente definidos. Esto posibilita espacios de cooperación como los CLIA (Consejos Locales de la Infancia y a la Adolescencia) y/o Observatorios Municipales de la Infancia y la Adolescencia (OMIAs), garantizando el ejercicio efectivo del derecho por parte de los niños, niñas y adolescentes.

Pero como refleja Fernández, la propia educación social tiene que demostrar el impacto de su acción, como muestra justificativa de la necesidad de que se destine recursos a programas eficaces de acción socioeducativa, que respondan a las diferentes necesidades sociales[48].

Para facilitar este proceso ante los desafíos relativos a la óptima implementación de la Ley desde las Administraciones Locales Públicas, y tomando como referencia la hoja de ruta para la implementación de la LOPIVI creada por UNICEF España en colaboración con la Cátedra Santander de los Derechos del Niño de la Universidad Pontificia Comillas, se propone el siguiente itinerario de acción, que va más allá de la creación de la figura del Coordinador de Bienestar y Protección en centros escolares, y del Delegado de Protección en centros deportivos y de ocio infantil, y que requiere de los esfuerzos compartidos y articulados de las administraciones públicas locales y del conjunto de agentes sociales de cada territorio.

Desarrollo Normativo	Formación y Capacitación	Acciones de Sensibilización	Acciones de Prevención	Acciones Correctoras
Adaptación de la normativa local (ordenanzas, RRI)	Incluir LOPIVI en los Planes de Formación al personal	Acciones periódicas de promoción de los derechos de NNA	Formación para la especialización de profesionales de forma transversal	Impulso de unidades locales especializadas en NNA y violencia
Pliegos específicos que condicionen la licitación de servicios	Facilitar a la ciudadanía microformaciones tipo Open Access sobre temas LOPIVI	Desarrollo de un proceso de diagnóstico participativo que incluya a NNA	Impulso de mesas municipales o comisiones con carácter permanente sobre asuntos de NNA - LOPIVI	Creación de protocolos interáreas contextualizados para detección temprana

Tabla de elaboración propia

Si es cierto que para que este desarrollo se dé, es conveniente de implantar la figura de agente o coordinador de bienestar y protección, a quien se le atribuye la función de promover planes y medidas que aseguren el máximo bienestar para niños, niñas y adolescentes y la cultura del buen trato, así como coordinar los casos que requieran de intervención, ya sea de prevención, detección precoz y/o protección desde

48 Fernández (2017).

una acción correctora, y no sólo dirigido a la niñez y adolescencia, sino desde ese enfoque integral que hablábamos con anterioridad que impacte en toda la comunidad. Además, velaría por mantener un diálogo fluido con las fuerzas y cuerpos de seguridad del estado ante cualquier situación que pudiera generar un riesgo para los niños, niñas y adolescentes de la localidad. Por eso es importante que trascienda más allá del ámbito educativo-deportivo, y por eso indicamos que la figura profesional óptima para este encargo es la persona titulada en Educación Social, atendiendo a las funciones y competencias que recogen sus documentos profesionalizadores: a) Transmisión, desarrollo y promoción de la cultura, b) Conocimiento, análisis e investigación de los contextos sociales y educativos, c) Generación de redes sociales, contextos, procesos y recursos educativos y sociales, d) Mediación social, cultural y educativa, e) Diseño, implementación y evaluación de programas y proyectos educativos.

Y esto no es más que el cumplimiento de la LOPIVI, que en su cuerpo narrativo establece que "se deberá dotar (...) de los medios personales y materiales necesarios para el adecuado cumplimiento de los fines y obligaciones previstas en esta ley", especialmente cuando hablamos de profesionales con entrenamiento en la detección precoz, valoración e intervención frente a la violencia ejercida sobre personas menores de edad. Esto corresponde de lleno a los Ayuntamientos como administraciones competentes de mayor proximidad a la ciudadanía por su rango municipal.

No solo es recomendable valorar lo expuesto, sino imprescindible para el cumplimiento de la LOPIVI en los términos municipales si se desea actuar con eficiencia y calidad, si se desea potenciar el logro del bienestar de la población, si realmente se pretende:

- la aplicación de protocolos de actuación interdepartamentales a nivel local

- ofrecer canales cercanos de asesoramiento y orientación permanente a la población menor de edad ante cualquier forma de agresión y/o vulneración de su seguridad.
- el fomento de la participación infantil real de forma activa en las políticas públicas municipales.
- asegurar el compromiso de la municipalidad con la promoción de los derechos de la niñez y adolescencia y su cumplimiento.

IV. CONCLUSIONES

Como se observa la LOPIVI afecta de lleno al sistema local, puesto que las actuaciones de acción primaria y secundaria en relación con la violencia se configuran de manera importante en el diseño, organización y funcionamiento de las administraciones locales.

El empoderamiento es un aspecto crucial para garantizar que una persona sienta que tiene control sobre su vida, se involucre en las decisiones que le afectan, y sea capaz de dar sentido a su propio mundo[49].

Sería necesario plantearse si son la niñez y adolescencia como educandos los que fracasan en un proyecto de intervención socioeducativa o si los que fracasan son los diseñadores y realizadores del proyecto[50]. Y lo cierto es que el desempeño del trabajo efectivo con la niñez y adolescencia en su promoción implica un vínculo personal saludable por parte de la persona profesional con las personas (no individuos ni sujetos) objeto de la intervención y con sus dificultades.

---

49 Úcar (2022).

50 Vilar (1996).

La relación dialógica en la que parte la intervención socioeducativa tiene interés pedagógico por sí misma, al tiempo que nos permite constatar si la persona acompañada observa como positivo el proceso de acompañamiento[51].

Hay que tener presente que existen diferentes aspectos determinantes y significativos, en la estructuración y planificación de la intervención socioeducativa, atendiendo a la lectura de la LOPIVI, y que pese a no estar explícitamente detallados si facilitan o dificultan el desarrollo de programas, y la transformación de los espacios:

1. *Estilo de crianza y apego.* Una relación cálida y de confianza entre población adulta de referencia y la niñez o adolescencia, que tengan la habilidad de adaptarse a las diferentes situaciones colectivas y a la individualidad de cada situación para atender a las diversas necesidades emergentes poseen más herramientas para el acompañamiento en su desarrollo vital desde un enfoque saludable y no dañino, porque refuerza los vínculos relacionales.
2. *Co-responsabilidad del espacio compartido.* Aunque los espacios no violentos se basan en la escucha y la confianza, también se hace necesario implementar hábitos saludables respecto al cuidado socio-personal, la corresponsabilidad de los deberes colectivos y la responsabilización en alternativas que solucionen la conflictividad familiar-vecinal. Esto permite participar en un espacio común para compartir conjuntamente dudas y respuestas, para trabajar el reconocimiento de las emociones, motivaciones y las necesidades propias y ajenas.
3. *Capacidad de Resiliencia,* en referencia a la LOPIVI sería la capacidad de las personas menores de edad y sus fa-

51 Fernández (2017).

milias para recuperarse de las circunstancias adversas y superar dichos procesos de una forma fortalecida. Por eso, ante cualquier situación que pueda atentar contra la niñez y adolescencia, se ha de centrar la intervención en las capacidades y habilidades propias a nivel individual y de los entornos (fortalezas) para potenciarlas y así mejorar la capacidad de reacción-respuesta frente a dificultades sobrevenidas, entendiendo estas dificultades como fruto de dinámicas relacionales y del contexto en el que se encuentran.

4. *Vinculación comunitaria positiva.* Los niños, niñas y adolescentes de unidades de convivencia que participan en una comunidad, y generan lazos activos con la vecindad, tienen más facilidades para disponer de apoyos sociales para hacer frente a situaciones de violencia. Por eso es importante integrar en la intervención un acompañamiento socio-cultural ligado al territorio de residencia. Además cabe tener presente que los espacios grupales de pertenencia también proporcionan la oportunidad de transmisión de valores y facilitan el apoyo a las familias mediante el seguimiento de proximidad que permite detectar situaciones de necesidades no cubiertas y realizar una adaptación del acompañamiento más acotado para poder cubrirlas (las necesidades).

5. *Habilidad social y emocional de la niñez y adolescencia.* Debemos prestar especial atención al entrenamiento permanente de la capacidad de los niños, niñas y sobre todo adolescentes para formar vínculos positivos con los demás y saber gestionar sus propias frustraciones y correspondientes emociones, ya que les facilitará tener mejores relaciones y manejar de una forma más saludable las dificultades de su vida diaria y el estrés que pueda generarles. Pero si realmente se desea un aprendizaje significativo que quede interiorizado debe optarse por

la ludificación, a partir de juegos, dinámicas y retos grupales.

Estos 5 factores que debiera contener cualquier programa de intervención socioeducativa, y que a su vez se pueden considerar de protección, tienden a evitar situaciones como el abuso, acoso y la violencia entre iguales o ascendente, y de forma paralela ayudan a desarrollar un ambiente de apoyo propicio para el cumplimiento de los derechos y desarrollo de la niñez y adolescencia.

Una política de actuación que comienza por lograr que los niños, niñas y adolescentes sean conscientes de sus derechos y de su papel activo en la auto-protección y en la protección frente a agresiones externas, sobre todo en los procedimientos relacionados con ella (conciencia, prevención, denuncia y respuesta). Y todo esto requiere contribuir a motivar a las personas con las que actuamos a que apliquen debates abiertos y honestos sobre su situación, sobre la violencia entre iguales, la que pudieran observar en las unidades de convivencia y las habilidades necesarias para contribuir a su desarrollo y protección (y no sólo de niños, niñas y adolescentes sino también de jóvenes, sus familias e incluso profesionales).

Con ello conseguimos además de una rica fuente de información para actuar, garantizar el derecho a que las personas interesadas, en nuestro caso niños, niñas y adolescentes, tengan la escucha que le corresponde y exigen.

Nuestra labor, a partir de la LOPIVI, por tanto, se centra en el desarrollo del niño, niña y adolescente hasta lograr su propia autosuficiencia, y alcanzar el logro de una sociedad y familias en constante fortalecimiento, con especial atención en aquellos grupos de mayor vulnerabilidad, de modo que puedan atender, proteger y acompañar adecuadamente a sus hijos e hijas brindando un entorno protector en el que puedan crecer sintiéndose respetados y valorados, incluso durante su proceso de autonomía e independencia. Formar una red de protección activa de modo que todos los niños, niñas y adolescentes puedan estar seguros y protegidos.

BIBLIOGRAFÍA CITADA

Alemany García, Macario, *El concepto y la justificación del paternalismo*, Tesis de Doctorado Facultad de Derecho, Universidad de Alicante, 2005. Disponible en: https://rua.ua.es/dspace/bitstream/10045/9927/1/Alemany-Garcia-Macario.pdf (Consulta realizada: 29/08/2024)

Chueca Gimeno, Diego, *Participación y gobernanza en las entidades locales. Materiales de apoyo. Claves para una participación ciudadana de calidad en las entidades locales*, Pamplona, Departamento de Relaciones Ciudadanas e Institucionales del Gobierno de Navarra, 2017.

Fernández Simo, Deibe, "Repensar la calidad en el proceso de acompañamiento socioeducativo con infancia y adolescencia en protección. Retos pendientes desde la Educación Social", *RES, Revista de Educación Social*, N° 25, 2017, pp. 284-300.

Fundación Democracia y Gobierno Local, "Política municipal. Guía para la mejora de la calidad institucional y la eficiencia de los Gobiernos locales", *Cuadernos de Derecho Local*, N° 26, junio de 2011, pp. 179-192. Disponible en: https://repositorio.gobiernolocal.es/xmlui/bitstream/handle/10873/1004/qdl26_15_tocqueville_heclo.pdf?sequence=1&isAllowed=y (Consulta realizada: 29/08/2024)

Hermosilla Rodríguez, José Manuel, "Guía para el diseño de programas socioeducativos de atención a la infancia", *Foro de Educación*, N° 11, 2009, pp. 287-301.

Panchón Iglesias, Carme, "Infancia, política y participación", *RES, Revista de Educación Social*, N° 4, 2005. Disponible en: https://eduso.net/res/revista/4/infancia-y-accion-politica/infancia-politica-y-participacion (Consulta realizada: 29/08/2024)

Pérez López, Rebeca y González Salcedo, Antonia, "¿Cómo mejorar la calidad de la democracia local? Analizando el funcionamiento de las juntas municipales en Murcia", *Revista de Estudios de la Administración Local y Autonómica*, N° 20, 2023, pp. 146-164. Disponible en: https://revistasonline.inap.es/index.php/REALA/article/view/11212/12608 (Consulta realizada: 29/08/2024)

Úcar Martínez, Xavier, "Metodología de la intervención socioeducativa: algunos modelos de intervención socioeducativa en Europa", *Quaderns d'Animació i Educació Social,* N° 35, 2002, pp. 1-30. Disponible en: https://quadernsanimacio.net/ANTERIORES/treintaicinco/index_htm_files/Modelos.Ucar.pdf (Consulta realizada: 29/08/2024)

UNICEF España, *Hoja de ruta para la implementación de la Ley Orgánica de protección integral a la infancia y la adolescencia frente a la violencia (LOPIVI),* Madrid, Unicef, 2022. Disponible en: https://infanciayfamilias.castillalamancha.es/sites/default/files/2022-05/lopivi-hoja-ruta.pdf (Consulta realizada: 29/08/2024)

Vilar Martín, Jesús, "De la planificación a la programación. Instrumentos metodológicos para el diseño de las intervenciones socioeducativas", *Educación social: Revista de Intervención Socioeducativa,* N° 3, 1996, pp. 11-49. Disponible en: https://raco.cat/index.php/EducacioSocial/article/view/142247/240507 (Consulta realizada: 29/08/2024)

Legislación citada

Convención de los Derechos del Niño. Asamblea de las Naciones Unidas, de 29 de noviembre de 1989.

Ley Orgánica 8/2021, de 4 de junio, de protección integral a la infancia y la adolescencia frente a la violencia de España. Boletín Oficial del Estado, 5 de junio 2021.

La escuela como contexto de paz y construcción plena[1] de la identidad de los niños, niñas y adolescentes

MARÍA TERESA GRAÇA
Doutora em Estudos da Criança
Centro de Investigação em Estudos da Criança, Universidade do Minho
graca@ie.uminho.pt
NATALIA FERNANDES
Professora Associada com Agregação
Centro de Investigação em Estudos da Criança, Universidade do Minho
natfs@ie.uminho.pt

I. INTRODUCCIÓN

El complejo panorama social actual, marcado por la violencia, se extiende naturalmente a la infancia global y a los niños, niñas y adolescentes en los múltiples contextos en los que se insertan.

---

1 La expresión "pleno" puede interpretarse comúnmente como algo completo o perfecto. Sin embargo, en el marco de análisis que adoptamos en este texto, le atribuimos el significado de algo que se está logrando en el proceso de construcción de la identidad del niño. Se trata, por tanto, de un camino abierto, inacabado, que trasciende los elementos constitutivos clásicos de la identidad del niño (por ejemplo, género, orientación sexual, nacionalidad de origen, religión y creencias, identidad cultural y personalidad) e incluye la dimensión de alteridad.

A partir de un microcontexto - un grupo de niños y niñas de un jardín de infancia, con edades entre los 3 y los 6 años - desarrollamos una investigación participativa para la paz, que da cuenta de una opción contrahegemónica - fomentar una cultura de paz como alternativa a la violencia estructural y coyuntural que caracteriza la complejidad contemporánea – que se inscribe en una temática que consideramos indeleblemente relacionada con la infancia del presente, que apuesta por la transformación y, por lo tanto, se alinea con el paradigma crítico.

Alineamos nuestra investigación con la inevitabilidad de la transformación y el cambio epistemológico dirigiéndola a la producción de un bien común - la cultura de paz - a la argumentación de nuestro enfoque crítico, de cambio transformador y desinstalado del "rumbo de nuestro mundo" y presentamos la Paz como nueva categoría de análisis.

En este capítulo argumentamos nuestro enfoque crítico, de cambio transformador y desinstalado del "rumbo de nuestro mundo" porque pretendemos "tejer el cambio" y trabajar con los niños y las niñas, desde la primera infancia, para componer una red constituida por personas, firmes con todos y a la vez flexibles, que sepan acoger a todos, abrirse a la diversidad, que sepan trabajar colaborativamente, incluso con los que piensan de forma diferente, pero con los que comparten los valores fundamentales de paz, justicia y dignidad para todos.

Esta condición requiere la existencia de cimientos sólidos y estables que transmitan seguridad y contribuyan a desencadenar en los niños y niñas predisposiciones y sentimientos que -convocando a la fundamentación de la psicología- converjan en este sentido, cuando la noción del yo, de los demás y del entorno aún se encuentra en una fase formativa y muy vulnerable[2]. De lo contrario, estaríamos negando la "coherencia ne-

2 Roberts (2005).

cesaria" entre nuestro hablar y nuestro actuar. En este sentido, podemos interrogarnos, como Roberts, "sobre el tipo de modelos de los patrones de nuestras relaciones adultas y de las interacciones en la sociedad, en general, que estamos transmitiendo a los niños y a las niñas. ¿Será que, a veces, esperamos más de ellos que de nosotros mismos?"[3].

Este marco nos dá el motivo para convocar datos resultantes de la investigación desarrollada, en el sentido de interpelar el concepto de identidad, específicamente, la construcción plena de la identidad, como un derecho de todos los niños y las niñas, designadamente, en el marco de socialización de la escuela/jardín de infancia, como alternativa al individualismo institucionalizado de la segunda modernidad.

II. DERECHOS DE LA INFANCIA Y EL RECORRIDO ERRANTE DE LA IDENTIDAD

Vivimos en un mundo globalizado, en constante cambio, con problemas amplios, profundos y duraderos[4] - como la sórdida guerra europea, la invasión de Ucrania por parte de Rusia, o el tremendo conflicto israelo-palestino - que ha impulsado nuestro propósito de acceder a la complejidad de los mundos sociales de la infancia. Para ello, lanzamos una nueva mirada de "análisis crítico renovado en torno a cuestiones, temáticas y desafíos que se plantean hoy en los estudios e investigación sobre la infancia y los niños y las nilas, a partir de la Sociología de la Infancia y sus diálogos con otras áreas"[5], para continuar en el camino de nuestra reflexión crítica sobre el diálogo entre los derechos del niño y el concepto de identidad observada,

---

3 Roberts (2005), p. 147.

4 Cameron y Moss (2020).

5 Tomas et al., (2021), p. 11.

en un marco de análisis transdisciplinario, especialmente entre los enfoques de los estudios para la paz y la sociología de la infancia.

Validamos la necesidad de este enfoque alternativo que reconozca la infancia como construcción social[6]. En efecto, este autor identifica características necesarias para la configuración de las identidades, que van más allá de su vertiente diferenciadora -desvinculada, aunque sí del sentido legitimador de las desigualdades- es decir, las identidades también tienen una vertiente aglutinadora y orientan las formas de estar en el mundo y las acciones que de ellas resultan.

De hecho, el enfoque más significativo que rescatamos de Jimenéz-Arenas incide esencialmente en la concepción de que la construcción de la identidad cuenta con la necesaria capacidad de agencia pacifista (del niño y de la niña), aunque condicionada por los espacios estructurales de la vida en sociedad, en los que está inserto, y por los procesos regulatorios que de ello se derivan, por lo que defendemos una lectura crítica de los derechos humanos de la infancia, en una necesaria vertiente ética y moral, en el análisis cruzado entre la educación, los derechos de la infancia y la investigación para la paz.

Efectivamente, los Estudios para la Paz nos ofrecen un modelo ontológico que cuestiona, como ya hemos visto, la concepción moderna de identidad, sometida a la lógica de dominación del Otro sobre el propio Yo, y propone evitar dos características muy propias de esa concepción, según nos asevera Jiménez-Arenas, en cuanto a las identidades: la polarización y la jerarquización. Alternativamente, nos devuelve una concepción renovada en la que "las identidades, por su carácter imperfecto, permiten la construcción de la paz"[7].

---

6 Jiménez-Arenas (2020a).

7 Jiménez-Arenas (2020a), p. 26.

Decíamos anteriormente, que la construcción de la identidad del niño y de la niña debe converger, desde el principio, hacia el desarrollo de una buena 'relación' consigo mismo, es decir, de un autoconcepto positivo y hacia la necesaria capacidad de agencia del niño y de la niña. De hecho, si recorremos los 54 artículos de la CDN fácilmente identificamos la laguna -asumiendo el riesgo del sesgo de una perspectiva adultocéntrica- del poder "ser" del niño, que combina identidad con alteridad, previsto y cautelado en la formación plena de su identidad, de acuerdo con lo que serán las capacidades deseables del ser humano[8], inevitablemente derivadas de la agencia crítica de los niños y las niñas que, a partir del reconocimiento, cuestionan aquellas identidades que no promueven tales capacidades, y "construyen presentes más equitativos y más dignos"[9]. En esta línea de pensamiento, comprobamos, por ejemplo, que "la observancia del artículo 12º no sólo fomentará un ethos escolar positivo y dará lugar a mejores ciudadanos, sino que también es un imperativo legal y moral"[10] y esto nos parece fundamental, no sólo porque lo debemos legal y moralmente a los niños y a las niñas, sino porque podemos contribuir a la construcción plena de su identidad que, a su vez, resultará en la edificación de mejores ciudadanos.

Por otro lado, es importante considerar la advertencia de Gaitán sobre el peligro de la literalidad de la interpretación de los "3Ps"[11]. Efectivamente, dicha autora alerta sobre el riesgo de malentendidos o manipulaciones que pueden derivarse de una interpretación literal de los "3Ps" (Protección, Provisión y Participación) de la Convención sobre los Derechos del Niño. La autora señala que la vaguedad en la definición de cada uno

---

8 Muñoz (2001).

9 Jiménez-Arenas (2020a), p. 27.

10 Lundy (2007), p. 939.

11 Gaitan (2028).

de estos pilares puede dar lugar a interpretaciones erróneas o a su utilización con fines no adecuados.

En este sentido, la propuesta de Gaitán de concebir los derechos humanos de la infancia como "derechos en construcción" resulta de gran relevancia. Esta perspectiva nos invita a repensar la categorización de los derechos del niño y de la niña en la Convención sobre los Derechos del Niño, yendo más allá de una mera enumeración de principios y abogando por una comprensión dinámica y contextualizada de los mismos. A partir de esta reflexión, proponemos la incorporación de un cuarto grupo categorial a la Convención sobre los Derechos del Niño: Promoción. Este nuevo grupo englobaría una serie de artículos que se centrarían en la promoción activa de la construcción plena de la identidad del niño, el desarrollo de las capacidades deseables del ser humano, la agencia pacifista de la infancia y la capacidad de mediación y gestión creativa de conflictos.

Nuestra propuesta de cambio transformador nos alienta a considerar la necesidad de un cambio epistemológico, ontológico y axiológico, bajo un enfoque multidisciplinario de los estudios de paz y la sociología de la infancia. De hecho, no se puede enseñar la participación, como no se puede enseñar la paz, pero ambas pueden suceder espontáneamente en un entorno que tenga las condiciones esenciales, es decir, cuando el contexto se constituye como un espacio autogenerador de participación, que es "por la naturaleza invitando [...] respeta la diversidad y promueve la inclusión"[12]o en un "ambiente educativo" de calidad, tal como lo define la OCEPE[13].

---

12 Silva (2020), p. 16.

13 OCEPE: Orientações Curriculares para a Educação Pré-Escolar, documento normativo del currículo en la educacion preescolar, en Portugal.

Invoquemos ahora lo que, a nuestro entender, caracterizará este locus de participación autogenerado que, desde el principio, parece reclamar y articular derechos con procesos de relación, encuentro, comunión, confianza, esperanza, amor. Curiosamente, cualquiera de estos "ingredientes" que promueven la participación espontánea de los niños y las niñas sólo puede entenderse si se basan en una cultura del diálogo, de lo contrario, si no se tiene en cuenta la voz del niño y de la niña, ésta ya no tendría ningún sentido, al menos si están en presencia de esa ética que destaca Wall, de responsabilidad moral hacia "el otro"[14]. Por lo tanto, la calidad de las interacciones generacionales diarias influye en la realización de los derechos de participación de los niños[15] y promueve la construcción plena de la identidad y la agencia pacifista del niño y de la niña en la construcción de una cultura de paz[16].

III. LA PAZ COMO (INOV) ACCIÓN EDUCATIVA

Nos encontramos viviendo una fase histórica que reclama el surgimiento de un paradigma de la educación que se rija por valores que empoderen al niño y a la niña de competencias sociales, cognitivas, emocionales, morales y espirituales[17] - una educación holística - con las cuales el niño pueda ejercer una ciudadanía activa y responsable y contribuir efectivamente a la transformación social.

Si defendemos que todas las niñas y niños tienen derecho a la educación, entonces argumentamos que esta debe proporcionarles posibilidades de desarrollarse como seres completos,

---

14 Wall (2008).

15 Bae (2009).

16 Graça (2023).

17 Ndrio y Carvalho (2022).

creando condiciones para la garantía de la armonía interior, integrando ciencia y espiritualidad[18]. Uno de los modos de concretarlo es la creación de espacios de libre participación y agencia pacifista, para facilitarles el ejercicio efectivo de sus derechos, en el ámbito del derecho a la participación[19].

Fernandes advierte que "sin la participación de los niños no se podrá salvaguardar la verdadera misión de la escuela: la educación plena"[20]. De hecho, incluso con inevitables "errores" del educador en la acción pedagógica perfecta, pues la humildad que queremos experimentar con el niño y la niña debe comenzar en nosotros, parece que hemos encontrado una posible forma o, como continúa Fernandes, "modos renovados de concebir las relaciones sociales que respeten y promuevan la autoría de los niños en la acción pedagógica, en la acción social más amplia"[21]. Sin embargo, es con la misma convicción que denotamos que no será solo por conducir a los niños y a las niñas al ejercicio pleno de su derecho a la participación que promoveremos la deslegitimación de la violencia y la protección de los niños y las niñas frente a ella, aunque nos parezca clara la idea de que esta deslegitimación también resultará de todo un proceso de deconstrucción, identificación y concienciación, que necesariamente pasará por la participación y la agencia pacifista de los niños y las niñas y de los propios agentes educativos, pero también en un círculo más amplio de socialización, como es el caso de las familias y la comunidad.

Reconocemos la necesidad cada vez más urgente de una innovación educativa consistente, comenzando desde los primeros contextos de socialización del niño, como es el caso del Jardín de Infancia. En primer lugar, Carmo cuestiona: "¿pen-

---

18 Ndrio y Carvalho (2022).

19 Muñoz (2021).

20 Fernandes (2019), p. 17.

21 Fernandes (2019), p. 18.

semos en los propios educadores: cómo movilizar a las personas hacia la paz, cuando los propios formadores padecen de fuertes limitaciones?"[22]. De hecho, el estudio que sirve de base a este capítulo es portador de esperanza y vivencia intergeneracional efectiva de lo que se dice y se valora como valores fundamentales para la construcción de la cultura de paz. Sin embargo, así como no ignoramos la omnipresencia de la violencia en nuestro día a día, tampoco nos desentendemos de la resistencia docente que encontramos con frecuencia al lanzar nuestra propuesta de cambio educativo a través de la paz y los valores que le subyacen. Ndrio y Carvalho asocian el origen de este hecho principalmente a:

> "la ausencia de un tiempo lectivo particularmente dedicado a este propósito [...], a la propia madurez cívica de los principales agentes educativos: los profesores y los encargados de educación. En el primer caso, aquellos que son considerados los principales responsables de la implementación de los programas, los profesores, se manifiestan, y también son percibidos por terceros, con una escasa disponibilidad para ejercer una pedagogía más abarcadora que el cumplimiento estricto del programa curricular y para afirmarse como ejemplos morales para sus alumnos, en el compromiso con una noción de educación más amplia que incluya al alumno como persona integral, en su dimensión plena de competencia, técnica y humana"[23].

Aunque consideramos oportunas las razones señaladas por Ndrio y Carvalho (resultantes de un estudio previo), entendemos que es de suma pertinencia salvaguardar que, en lo que concierne a la primera justificación – la ausencia de un tiempo lectivo particularmente dedicado a este propósito – nuestra experiencia nos dice lo contrario. En efecto, el propósito compartido entre niños, niñas y adultos, de cambiar el rumbo

---

22 Carmo (2022), p. 27.

23 Ndrio y Carvalho (2022), p. 163.

de nuestro mundo, no puede circunscribirse a un tiempo o lugar específico. Esto, incluso, podría comprometer la espontaneidad de la vivencia de la paz al estar asociada y aprisionada a un programa curricular. Recordemos que los valores no se enseñan. ¡Se viven! Nuestro compromiso está continuamente presente, es transversal, nos impulsa a la acción pacifista, a la participación espontánea. No ocupa tiempos lectivos ni aulas específicas, ni forma parte de actividades estandarizadas, sino que ocurre siempre que nos escuchamos y nos reconocemos mutuamente en nuestra diversidad. Ocurre siempre que nuestra identidad se completa con la riqueza infinita de la alteridad.

Por otro lado, es importante que no escamoteemos la necesaria priorización de la formación de los profesores, en la medida en que:

> "sus conocimientos y actitudes son factores importantes que condicionan el conocimiento y la actitud de los alumnos. Formar profesores significa darles las herramientas y las condiciones para trascender la escala individual y entrar en un mundo universal, donde habita su esencia, su integridad y donde pueden percibir que el cuerpo y la mente, la razón y la intuición son partes de un todo interconectado y completo. Esta visión permite al profesor comprender que, además de su papel como educador, debe verse a sí mismo como un ser humano que se preocupa por los demás, por la vida de la sociedad y del planeta"[24].

La visión educativa que aquí proponemos redescubre la acción educativa como una posibilidad de respuesta a la noche colectiva y cultural de hoy. Parte de una perspectiva integrada entre los Estudios Sociales de la Infancia y los Estudios para la Paz y se centra en una visión holística del niño y de la niña, en toda su plenitud, arroga la responsabilidad intergeneracional del desarrollo de la tarea de encontrar unidad, sentido y sa-

---

[24] Ndrio y Carvalho (2022), p. 164.

biduría, y la capacidad para crear y moldear el futuro. Es una educación crítica que saca a la luz la crisis de interpretación que caracteriza la actualidad. Denuncia la falta de un saber compartido sobre lo esencial y define, con claridad, el lugar de la alteridad.

IV. DIALOGICIDAD INTERGENERACIONAL Y DINÁMICAS EDUCATIVAS PARA LA PAZ

Los nuevos estudios sociales de la infancia han desarrollado un área de investigación y teorización multidisciplinaria sobre los niños y la infancia[25]. En este campo de acción, se han reevaluado algunos conceptos como "agencia", "participación" o "voz" del niño[26], desafiando así las concepciones modernistas hasta entonces definidas por la psicología del desarrollo teórica y empírica[27]. Spyrou opta por prestar una atención más reflexiva a las voces de los niños y las niñas, especialmente en los procesos a través de los cuales estas voces son producidas, e identifica su enfoque como una contribución para enriquecer los debates de investigación a un nivel más sofisticado, ya que surge de la dinámica de la investigación y no solo de los métodos utilizados[28].

Nuestra investigación pretendió ser marcadamente reflexiva y discursiva de las múltiples relaciones que dieron forma continua a un movimiento dialógico y entrecruzado de voces infantiles y adultas. Porque la forma ética de hacer investigación, añade Spyrou, necesita tiempo para la reflexión y, en ese sentido, aceptamos deliberadamente "el alboroto, la ambi-

---

25 Satta (2015).

26 Wyness (2015); Spyrou (2011); y Spyrou (2018).

27 Satta (2015).

28 Spyrou (2018).

güedad, la polivocidad, la no factualidad y la naturaleza multifacética del significado en las 'historias' que la investigación produce"[29].

Reconocemos que la acción social del niño implica libertad, de tal modo que, cuando participa, se siente libre de hacerlo, ya sea por contribución y deseo de coevolución colectiva, por oposición o, simplemente, por inacción o silencio[30]. En este sentido, el educador atento deberá saber elicitar la voz de cada niño, diferenciando y respetando sus distintos modos de expresión si realmente quiere "escuchar su voz" en la forma más genuina. Al respecto, Sarmento señala que,

> "la mayor paradoja de la expresión *escuchar la voz de los niños* reside no en el hecho de que escuchar no significa necesariamente oír, sino en el hecho de que esa "voz" se expresa frecuentemente en el silencio, encuentra canales y medios de comunicación que se sitúan fuera de la expresión verbal [...]"[31].

La motivación para comunicarse parece depender en buena medida del grado relacional y del reconocimiento mutuo con quienes el niño establece ese acto. Por lo tanto, no debemos olvidar que "las buenas relaciones con los demás presuponen una buena 'relación' consigo mismo"[32] y, por eso, no podemos asumir de antemano que todos los niños tendrán un autoconcepto positivo de sí msimos[33]. Sin embargo, tenemos claro que la construcción de la identidad y la autoestima del niño se realizan a través del reconocimiento de sus características singulares y de los lazos de pertenencia social y cultural[34].

---

29 Spyrou (2018), p. 108.

30 Freire (2018).

31 Sarmento (2011), p. 2.

32 Guerrero (2021), p. 19.

33 Roberts (2005).

34 Silva et al., (2016).

En esta conformidad, argumentamos que la implementación de una acción educativa consolidada en los valores de la paz, que atienda, antes que cualquier otra cosa, al respeto por la especificidad de cada niño y al fomento de la aceptación de sí mismo, contribuirá ciertamente a la felicidad individual y a la cohesión social del grupo.

En este aspecto, fortalecemos nuestro razonamiento con lo que nos dice la psicología, en palabras de Guerrero: "Está claro que la aceptación de uno mismo es directamente proporcional a la aceptación de los demás. Por consiguiente, cuanto más te aceptas a ti mismo, mejores serán tus relaciones interpersonales y, en consecuencia, aumentará tu grado de felicidad"[35]. Esta premisa valida justamente la coherencia que argumentamos entre "lo que se dice" y lo que "se vive", es decir, si en el grupo (del jardín de infancia) todos acordamos guiar nuestra conducta según las reglas de la paz, obviamente todos, niños, niñas y adultos, nos esforzamos verdaderamente en vivirlas.

Presentamos, a propósito, algunas notas de campo de nuestra investigación para la paz con niños y niñas.

> *Nota de campo, 10 de noviembre de 2021:*
>
> Me doy cuenta de que Tico está junto al tobogán con semblante serio. Tan pronto como nota mi mirada, pone una expresión aún más triste y cabizbaja. Me acerco a él y le pregunto si está bien.
>
> TICO: "El Capitán América y João me están llamando 'cabeza de pelo' y no quiero."
>
> [Las dos niñas involucradas se percatan de mi conversación con Tico y se acercan.]

---

35 Guerrero (2021), p. 31.

INVESTIGADORA: ¿Quieres explicarles a tus amigos por qué estás tan triste?

[Tico intenta balbucear algo, pero el ruido habitual de los juegos de los niños en el recreo ahoga lo que dice.]

INVESTIGADORA: "No se entiende. ¿Puedes decirlo más alto?"

JOÃO: "Podemos ir al 'Espacio de la Paz' y lo resolvemos allí".

INVESTIGADORA: "¡Esa es una idea fantástica! Así podemos escucharnos con más atención, tal como nos recuerda la regla de hoy: 'escuchar', ¿cierto?"

CAPITÁN AMÉRICA: "Me parece buena idea. Es ahí donde resolvemos los problemas".

JOÃO: "A veces también resolvemos en otros lugares".

[...]

Tan pronto como Tico comenzó a hablar, Ricardo completó su frase. Tico lo miró con desaprobación y dejó de hablar.

EDUCADORA LUÍSA: "Ricardo, ¿crees que hiciste bien en hablar en lugar de Tico?"

Ricardo no responde, solo se encoge de hombros. La conversación continúa. Estoy sentada, como los niños, alrededor de la mesa, justo al lado de Ricardo. En la siguiente silla está Tico. Me sorprendo al ver que Ricardo tiene los ojos llenos de lágrimas. Me mira y yo interpreto este gesto como una petición de ayuda. Le sonrío y le guiño un ojo. Él me devuelve la sonrisa y luego desvía la mirada de nuevo. Noto que, poco después, Ricardo le susurra algunas palabras a Tico. En voz baja, Tico responde.

TICO: "No está mal. También fue algo pequeño. No me enfado, ¿vale?"

Antes del refrigerio, la educadora Luisa le pregunta a Ricardo si quiere resolver la situación anterior con Tico.

RICARDO: "Ya lo he resuelto. Fue así: no me di cuenta de que Tico iba a decir ese 'resto' y entonces hablé yo. Listo."

TICO: "¡Pero yo te perdoné!"

[Nota de campo, 15 de febrero de 2022]

Qué importante es humanizar nuestra perspectiva adulta y nuestro juicio sobre lo que vemos y oímos. Y desarrollamos empatía. Es fundamental. Quizás deberíamos evitar ser "demasiado espontáneos" y pensar "falsamente" que estamos al mismo nivel que los niños. Cuantas veces fallamos y caemos. Y volvemos a empezar con nuevos bríos para seguir contribuyendo al pleno desarrollo del niño en su conjunto, en todas sus dimensiones, de forma equilibrada porque "la paz interior es una condición necesaria para garantizar el diálogo"[36] y los silencios que contiene. Entonces uno vive plenamente, asumiendo "la responsabilidad mediante el desarrollo de la capacidad de crear y dar forma al futuro"[37] y una paz externa duradera:

[...]

EDUCADORA LUÍSA – "Tengo una idea. Si puedes ser amigo del Monstruo de Color y dejar que siga siendo 'Responsable', mañana serás 'Responsable' y aún podrás ir y poner un círculo amarillo en el Panel de la Paz. ¿Qué dices?

Conozco a Hulk desde que tenía 3 años e inmediatamente espero que vuelva a gritar y reclame el papel de 'Responsable'. Pero en cambio, noto que, en silencio, me mira. Le animo con un guiño.

---

36 Ndrio y Carvalho (2022), p. 164.

37 Ndrio y Carvalho (2022), p. 164.

INVESTIGADOR – "¡Tú puedes hacerlo! Es muy difícil, pero puedes hacerlo, ¿verdad?

Hulk sonríe y asiente. Toma un círculo amarillo y colócalo en el Panel de la Paz. Te felicitamos todos. Sorprendiendome. En cuanto a mí, me parece una actitud casi antinatural por parte de Hulk.

Reflexiono... lo difícil que es liberarme del rígido molde con el que me aprisiona la edad adulta. Si me sorprende es porque todavía dudo del poder inconmensurable de la experiencia libre y genuina de paz a la que los niños parecen ser mucho más permeables que los adultos. Naturalmente, Hulk no pensó en si el difícil paso que dio era antinatural o no. Aún sin saberlo me ayudó a reflexionar y crecer en el arte de alcanzar la libertad, aprendiendo desde niños a ser felices, viviendo la paz. Y el carácter distintivo de la paz es también contrahegemónico. Sólo podemos saborearlo probándolo primero. ¿No es eso lo que los adultos les dicen a los niños? Después de todo, ellos lo entienden mucho mejor que nosotros...

[Nota de campo, 2 de febrero de 2022]

En concreto, cuando está en juego un proyecto de educación para la paz, con un fuerte carácter participativo y experiencial para todos los implicados, se hace necesario garantizar que todos los niños y las niñas participen de forma equitativa, independientemente de su personalidad más o menos intervencionista o comunicativa. El niño participa con todo su ser en una dinámica que pretende ser relacional e interdependiente, como ya hemos visto. El educador atento debe saber acoger y descifrar lo indecible.

De hecho, qué importante es estar dispuesto a detenerse y reflexionar. Quizás no nos sería posible leer los "silencios" de los niños y las niñas si no empezáramos por leer los nuestros.

[...]

En la sala informamos a los niños sobre el tema y les pedimos su opinión al respecto.

BATMAN – "Entonces, puedes venir antes de la tarde".

INVESTIGADORA – "Creo que podemos pedir eso, ¿no crees Ed Luísa? Pero ¿y si no puede ser por la tarde y tiene que ser a la hora de comer?

Ed. LUÍSA – "Tendrás que esperar una hora y eso me parece mucho tiempo [señala el reloj de pared] la manecilla roja tiene que dar una vuelta completa".

VARIOS – "¡Oye...!" [se pone la mano en la frente]

La conversación continúa y estamos tratando de encontrar formas alternativas de solucionar este problema. Finalmente, la opción dada por Peppa empieza a tomar fuerza.

PEPPA – "Podemos comer la sopa primero... para no tener hambre".

[...]

JOHN – "Y al final del poema, ¡comamos la comida!"

CAPITÁN AMÉRICA – "Pero también podemos hacer una videollamada y explicar. Entonces... digamos si podría ser más temprano en la tarde, o algo así".

VARIOS – "¡Esa es una buena idea, Capitán América!"

Conjunto. Intentamos contactar con la profesora bibliotecaria, pero sin éxito.

BATMAN – "Escribe un mensaje". [Así que lo hice] (Tampoco).

Además, el hecho de que tengan hambre e impaciencia parece completamente irrelevante para los organizadores adultos. Mi deseo es confrontar al responsable del hecho, por la forma abrupta en la que están sucediendo los hechos (en mi opinión, deliberadamente a última hora, por cuestiones del pasado...) y me siento tentado a ayudar. Yo, con mi condición de director de mayor edad de esta escuela, me opongo abiertamente a esta flagrante manipulación de los niños.

Pensándolo bien... ¿oponerse abiertamente? ¿Por qué este frenesí interior? ¿Qué pasa con el compromiso con la interdependencia, nuestro pacto intergeneracional? Incluso si fuera con las mejores intenciones y en nombre de los niños, ¿no sería hacer la vista gorda ante la oportunidad creativa de resolver el problema todos juntos? La resolución propuesta ya ha sido decidida entre todos y no puedo agregar traicioneramente mi solución individual. Si espero de los niños fidelidad a su compromiso, ¿por qué no seguir con ellos, con el mismo nivel de exigencia? Casi me dejo traicionar [otra vez] por el ímpetu de mi adultez apresurada y de rápida respuesta y, por los pelos, no perdí la complicidad construida con mis compañeros de investigación. Recuerdo nuestro compromiso mutuo al inicio de la investigación: empezar de nuevo. Es eso. Cuando nos olvidamos de vivir en paz, siempre podemos empezar de nuevo. Es verdad... respira hondo y cuenta hasta diez... lentamente. Realmente necesito esto. Y se siente bien probarlo.

[Nota de campo, 20 de abril de 2022]

En el presente estudio buscamos incluir seriamente el silencio como un elemento del texto y considerar los silencios no como algo secundario en relación con los textos hablados proporcionados por los niños y las niñas participantes, sino como componentes esenciales, como el significado entre las palabras, como sostiene Spyros: "Investigar el silencio [...] no significa renunciar a la validez y credibilidad y simplemente recurrir a conjeturas. Más bien, sugiere que debemos pensar más allá de nuestras conceptualizaciones existentes de estas ideas, precisamente porque nuestra definición de datos empíricos ahora se amplía para incluir el silencio"[38].

Este es el vínculo vital, como advierte Mazzei, que nos hace "pasar de una conceptualización de un problema de silen-

---

[38] Spyros (2018), pp. 102-103.

cio a una reflexión diferente sobre los datos, los textos y las investigaciones"[39].

¿Cómo podemos entonces acceder al silencio? Nos parece importante crear un espacio dentro de nosotros, investigadores, donde el silencio sea bienvenido y ya no sea considerado secundario en relación con el habla, sino tratado como parte integral de él. Sin embargo, ¿todos los silencios conllevan mensajes significativos? La cuestión, según Mazzei, no debe limitarse a la búsqueda de una "definición fija del silencio", ni a la sugerencia de que "todos los silencios son inteligibles", ni siquiera a la definición de "criterios para los silencios" que cuentam"[40]. Para acceder a un "trozo" de silencio y reflexionar sobre su significado, será necesario entonces... guardar silencio. Por lo tanto, existe una necesidad imperativa de recultivar la "escucha" como técnica de investigación[41].

Los adultos tenemos prisa por resolver los problemas que enfrentamos. Y ni siquiera nos damos cuenta de que este frenesí le quita al niño la oportunidad de "ser". Que difícil es parar. Para encontrarse y escucharse unos a otros. La innovación educativa que buscamos convoca a la paz y la armonía interior para rehabilitar "un tipo de silencio que atraviesa el ruido –el ruido que somos, el ruido que nos rodea– y nos permite vislumbrar capas subterráneas de silencio"[42].

En los datos obtenidos descubrimos al niño que comprende el lenguaje del silencio y el significado profundo de nuestra fragilidad y vulnerabilidad. Y la aceptación de eso. Muy a menudo, el silencio aparece aquí como el sofoco de un grito de ayuda, de una petición de amor, de atención, de un sentimien-

---

39 Mazzei (2007), pp. 637-638.

40 Mazzei (2007), p. 641.

41 Schnoor (2013).

42 Mendonça (2019).

to de malestar, de sufrimiento, de resignación, de soledad, de una manifestación de lo indecible.

Pretendemos distinguir el desarrollo del arte de la escucha interior, de la escucha intra e intergeneracional como un ejercicio necesario, individual y colectivo, de entrar en nosotros mismos y en el corazón de los demás. Identificamos también una paz íntima, que nace también del silencio, de la armonía interior, de la comunicación interior, es inseparable del amor altruista y se contagia a los demás en la inmensidad de su alteridad.

4.1. Aprendizaje recíproco

Comencemos por posicionarnos en relación con el papel del educador de adultos y por demarcar nuestra perspectiva sobre lo que debería ser la educación (infantil), que, desde nuestro punto de vista, debería centrarse en un proceso de "aprendizaje recíproco". Sin embargo, reconocemos que no siempre es así, como nos asegura Guzmán, porque "una característica básica de todo este proceso es que subvertimos los conceptos de educación y aprendizaje"[43] y tratamos de mantener su dominación unidireccional y adulta, que nada tiene que ver con la perspectiva de los estudios de paz y el marco teórico de la sociología de la infancia. Adoptando, esta vez, un enfoque multidisciplinario, cruce entre estos dos enfoques, comenzamos aclarando que "entendemos la educación y el aprendizaje para construir la paz y transformar los conflictos por medios pacíficos como una relación multilateral y recíproca en la que educadores y estudiantes aprenden y se educan"[44], y la educación para la paz se desarrolla de manera complementaria y entrelazada con la educación en general, sin dominar:

---

[43] Guzman (2016), p. 20.

[44] Guzman (2016), p. 20.

Al final del horario de trabajo, Batman y Flash le piden a Ed que les explique a sus amigos el gran camión que ambos construyeron. Les ayudo a colocarlo sobre la mesa y todo el grupo escucha atentamente la explicación detallada del significado de este camión volador de helados. Observo que los dos niños hablan alternativamente, dando un signo cómplice, un gesto o una mirada, para hacer entender la palabra. Luego otros niños piden compartir sus producciones con el grupo. Estoy contenta con la aceptación de esta iniciativa por parte de Ed. Luísa. Confieso que este fue un paso que siempre cumplí con los niños - devolver al grupo los resultados de las producciones realizadas durante el tiempo de trabajo en las áreas de aula-, ya que lo consideré un valor agregado para el enriquecimiento del grupo y el desarrollo global de los niños, además de eso, el hecho de dar un poco de nosotros a los demás es algo que siempre hemos valorado en nuestro grupo.

[Nota de campo, 26 de abril de 2022]

> Ciertamente, cuando nos referimos a la autoaceptación, estamos observando la plenitud de la propia naturaleza que, según Guerrero es la antítesis de la resignación[45] y fomenta en el niño la certeza de que "no soy mi errores"[46]. Por otro lado, la promoción del otro, el reconocimiento mutuo, conduce necesariamente a una relación intersubjetiva, en la medida en que, "para garantizar todos los derechos de todos, es necesario incorporar todos los elementos del reconocimiento socioafectivo (intersubjetividad, empatía, compasión y confianza en uno mismo) para que sea posible defender [el ejercicio de] los derechos de los niños [...]"[47].

Ahora bien, según hemos venido argumentando hasta ahora, es precisamente porque reconocemos que las relaciones

---

45 Guerrero (2021), p. 31.

46 Guerrero (2021), p. 29.

47 Viramontes (2010), p. 232.

intergeneracionales, necesariamente resultantes del reconocimiento mutuo, convergen hacia el desarrollo de las capacidades deseables de los seres humanos, las cuales son causa de felicidad y, por tanto, influyen positivamente en la formación de la identidad del niño y de la niña[48].

La importancia del aprendizaje recíproco entre pares nos parece innegable. Desde la primera infancia, los niños y las niñas sólo se benefician de esta práctica. Dan y reciben y aprenden a respetar las producciones, opiniones y formas de ser de otros semejantes y, además, se ayudan entre sí. En esta dinámica de reciprocidad, aprenden y enseñan, ya que comprenden mejor lo que se dice en las palabras de sus pares y, cuando explican algo a los demás, están consolidando sus propias habilidades. Pero el aprendizaje recíproco, como se destaca a lo largo de esta narrativa, también ocurre intergeneracionalmente:

> [...]
>
> INVESTIGADORA – "¿Alguien más quiere ayudar?"
>
> FLASH – "Cuando compartimos juguetes".
>
> TICO – "Cuando ayudamos a los pobres..."
>
> FLASH – "Ya les he dado muchos juguetes a los pobres".
>
> RICARDO – "Yo también iba a decir eso".
>
> INVESTIGADORA – "¿Qué pasa si está aquí en la habitación? ¿Cuándo existe la paz?"
>
> BATMAN – "Cuando compartimos materiales..."
>
> FLASH – "Cuando salimos de un área para que otro amigo pueda entrar".
>
> TICO – "Y ahí también es cuando escuchamos... Veo la regla de los dados allí..."
>
> INVESTIGADORA– "Sí, también me parece que la paz está en todas las reglas de los dados".
>
> JOÃO – "Y cuando respetamos a los demás y al planeta..."

---

48 Muñoz (1998); Muñoz (2001); Muñoz (2006); y Muñoz (2011).

RICARDO – "Y cuando era el volcán de La Palma… ¡ayudábamos y éramos amigos de los chicos de allí! ¡Incluso enviamos tantas cosas maravillosas!

INVESTIGADORA – "¿Aún recuerdas haber ayudado a los niños de La Palma?"

JUAN – "¡Es verdad! Y les hicimos dibujos. Oh... ¿podemos hacer dibujos sobre la paz ahora?"

INVESTIGADORA – "Hacer dibujos sobre la paz… ¡Parece una buena idea! ¿Qué piensan?"

VARIOS – "¡Vamos!"

INVESTIGADORA – "¡Trato!"

[Nota de campo, 4 de mayo de 2022]

La paz existe cuando...

BATMAN: "... decimos 'gracias'; cuando compartimos nuestras cosas; cuando ayudamos a los adultos con nuestras ideas; cuando ayudamos a otros niños que se caen o lloran".

RICARDO: "… alguien está triste y nos abrazamos; cuando hay un conflicto y lo solucionamos sin llamar, hablando y teniendo buenas ideas; y cuando no nos burlamos de los demás.

El aprendizaje recíproco se constituye como un tipo de aprendizaje interdependiente entre niños y niños y adultos, que no pretende ser igualitario en términos de estatus o sabiduría, pero destaca por el carácter incuestionable de mutualidad inter e intrageneracional que permea episodios de complicidad "benigna", es decir, dinámicas de transformación en pro del bien común, y de la intersubjetividad, identificadas.

Aquí encontramos esas peticiones exigentes, porque son "inmateriales, y que están ligadas a la arquitectura (o "arquitextura", como enseñaba Derrida) de las relaciones: pedir disculpas, pedir amor, pedir presencia, conversación, calidez, compasión"[49]. También la identificamos como educación para la "transformación" porque es el resultado de la interdependencia, la competencia y el autoconcepto positivo, reemplazando la educación de la transmisión y la dependencia.

Cualquier estrategia de educación para la paz nivela a profesores y alumnos en un continuo de aprendizaje, que no prescinde de la necesaria resocialización y se traduce en reciprocidad y no en dependencia generacional. En esta dinámica encontramos de manera renovada el significado de las cosas: no sólo lo que contienen en sí mismas, sino lo que podemos descubrir que tienen para nosotros y como grupo intergeneracional.

4.2. El lugar de la alteridad

Desde la perspectiva de los Estudios para la Paz, la identidad presupone la "consideración de los demás como parte constitutiva de nosotros"[50]. En el mismo texto, Arenas destaca el carácter inclusivo de las identidades y Madrid y utiliza la pro-

---

49 Mendonça (2019), p. 192.

50 Arenas (2020a), p. 24.

puesta de Derride para aclarar que "la alteridad del otro, cuyo significado último es, precisamente, no anular su diferencia, sino mostrar que el "otro", como alteridad, se inscribe en el mismo gesto en y desde sí mismo"[51]. Desde nuestro punto de vista, la combinación de estos constructos –identidad y alteridad– puestos en práctica en las relaciones cotidianas intra e intergeneracionales, son centrales para que el niño desarrolle una adecuada autoaceptación y, en consecuencia, la felicidad, tan necesaria para la plena construcción de la identidad, que impulse a los niños a actuar, como sujetos activos de derechos, en la construcción de una Cultura de Paz:

> Ricardo, Flash y Capitán América están construyendo una ciudad con 'Legos'. En un cierto punto, no están de acuerdo y todos quieren una determinada pieza. Ricardo me llama y reporta el episodio.
>
> INVESTIGADORA – "Es verdad. Creo que tienes un problema ahí. Pero sé que pueden solucionarlo. Quizás valga la pena mirar la frase del dado de paz, que salió hoy..." [Regla de "lo siento"] Poco después, Ricardo vuelve a llamar:
>
> RICARDO – "¿Ves? Puedo hacer la pared con estas piezas y le presté el 'puente' a Flash y él me dio el 'árbol' para poder hacer el jardín de este lado".
>
> INVESTIGADORA – "Alguien merece poner un círculo amarillo en el Panel de la Paz". [Le guiño un ojo y los 2 niños sonríen]
>
> CAPITÁN AMÉRICA – "¡Voy a poner tus círculos ahí! Entonces también me pongo uno para mí, porque estoy siendo tu amigo". [Vuelvo a sonreír y... otro guiño]
>
> [Nota de campo, 4 de mayo de 2022]

---

51 Arenas (2020a), p. 112.

Hay, sin embargo, otro aspecto a destacar en este contexto que pone de relieve la importancia de la articulación entre derechos –en este caso, participación y protección– y que sirve al educador adulto que, celoso de su responsabilidad ética hacia el otro niño, va en contra de la propia edad adulta para convertirse en colaborador y aprendiz de los niños y los considera en su diversidad y alteridad frente a los adultos[52], sin embargo, vale la pena salvaguardar que, como señala Wall, "una concepción muy fuerte de la alteridad puede acabar sometiendo a los niños a una especie de marginación propia. Puede oscurecer el importante sentido de que los niños no sólo necesitan [...] no ser violentos con los demás, sino también recibir atención y apoyo activos"[53]. Según el autor, los niños son los representantes más perspicaces del círculo moral humano. Desde el día en que nacen, los niños se vuelven cada vez más responsables de la alteridad de quienes les rodean, empezando por el círculo de inmersión social más cercano –la familia–, pero también con los amigos y otras personas cercanas a ellos y deben ser llamados continuamente a un perfil de vida cada vez más receptivo, que en algunos aspectos puede parecerse a lo que Honneth concibe como "individualismo cooperativo". Este objetivo, afirma Wall "de autotransformación de la responsabilidad hacia los demás es el mismo desde el nacimiento hasta la muerte. La diferencia en la infancia es más una cuestión de grado que de tipo: hasta qué punto se puede esperar que se extienda basándose en la experiencia con otras personas en el mundo"[54].

Basta ponerlo en práctica y estar ahí, en el espacio de participación y pronto nos damos cuenta, porque los niños y las niñas nos enseñan, que participar no se trata sólo de hablar o tener "voz". Participar plenamente implica lo que Thomas

52 Sarmento (2005).

53 Wall (2008), p. 537.

54 Wall (2008), p. 537.

nos ayuda a comprender cuando dice que "los niños no se involucran plenamente si no tienen un sentimiento de calidez y afecto; no pueden participar en igualdad de condiciones si no se les respeta como titulares de derechos; y no tendrán un impacto real a menos que exista estima y solidaridad mutuas y un sentido de propósito común"[55]. Quizás comprendan mejor cómo afrontar esta crisis interior que está sacudiendo nuestro mundo... y la cuestión es:

> El objetivo de los derechos humanos es ayudarnos a vivir de forma interdependiente con otros plurales en común. Una concepción así de los derechos humanos puede por fin incluir plenamente a los niños y las niñas. Mientras los derechos se basen en una individualidad libre, igualitaria y autónoma, los niños y las niñas serán empujados a los márgenes del círculo social[56].

De hecho, es esencial que seamos dignos de la confianza que los niños y las niñas depositan en nosotros. Y eso implica un esfuerzo persistente que es, al mismo tiempo, arduo y maravilloso. Tenemos que crecer, exponer nuestra vulnerabilidad adulta, para llegar allí. En otras palabras, tenemos que crecer hasta alcanzar la "estatura" del niño y de la niña. Y sabemos cuán grande es esta estatura.

Los niños y las niñas nos enseñan lo "políticamente incorrecto", lo "poco ortodoxo", lo inesperado, a admitir nuestra incompletitud humana (ya llena de sesgos) empañada por la norma de ser adulto.

---

55 Thomas (2012), p. 463.

56 Wall (2008), p. 569.

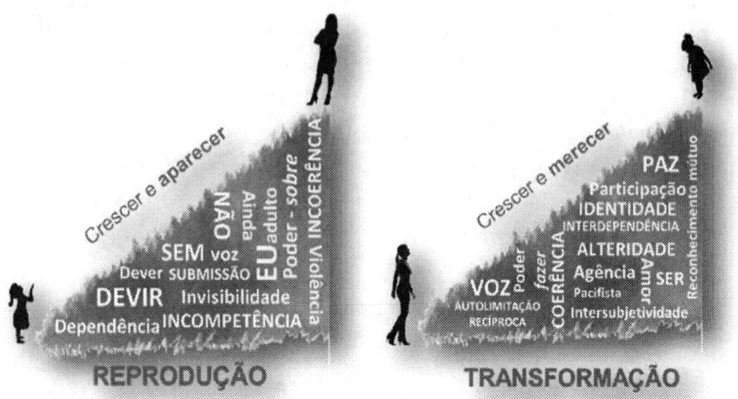

Figura 1: Distinción entre "Educación sobre reproducción" y "Educación para la transformación"

Tanto el ejercicio de la participación como la acción pacifista deben expresarse en una forma de "comunión", es decir, en una dinámica reticular y de reconocimiento del otro, donde no haya dominates e dominados. No se trata de una participación vertical o piramidal en la que el niño y la niña determina y sus pares y adultos se someten a sus demandas, pues ésta sería entonces una participación volcada hacia adentro, sin pensar en los demás. En este estudio aspiramos a una participación abierta y dialógica, que dé espacio a los demás sin importar su edad o estatus.

Es importante que fomentemos una participación que nos lleve a actuar juntos para que ningún actor o grupo generacional se vea disminuido en su capacidad de influencia. En este sentido, nos puede ayudar este esquema que allana la brecha en el modelo de "Educación para la Transformación" que, sin embargo, defendemos. De todos modos, teniendo en cuenta que el proceso de participación se realiza con total apertura, libertad y transparencia en la comunicación, puede oscilar entre mayor o menor predisposición a integrar al otro como parte constitutiva de uno mismo. En otras palabras, es un proceso dinámico que oscila y converge en mayor o menor medida,

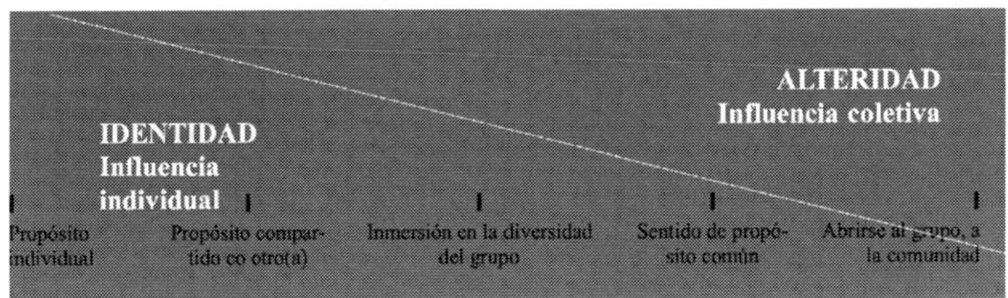

Figura 2: Dinámica Identidad/Alteridad

Desde nuestra perspectiva, el lugar de la alteridad está delimitado por el compromiso con una educación para la paz, que sea holística y cree puentes. La escuela se define aquí como única corresponsable, junto a la familia, la comunidad, los medios de comunicación y otras instituciones sociales, en el camino de construcción plena de la identidad del niño y de la niña, como individuo completo que contiene en sí una humanidad que es a la vez única y universal. También se distingue por su coherencia. Esto se impone a partir de la reflexión sobre nuestros comportamientos, actitudes y compromisos, reflejados en los distintos medios de recogida, que minimizan o eliminan la distancia entre lo que decimos y lo que vivimos en nuestras relaciones cotidianas.

Está marcado por la búsqueda desinteresada del bien de los demás. Por una visión educativa que combine ciencia y espiritualidad, mente y conciencia e integre herramientas que apoyen a los niños y a las niñas a vivir en comunidad, desarrollando un sentido de corresponsabilidad, promoviendo su participación cívica activa e integral[57]. El lugar de la alteridad se configura, desde el principio, a partir de las evidencias identificadas en los niños y las niñas, en el ámbito de la formación de un autoconcepto positivo (autoaceptación, paz interior, feli-

---

[57] Ndrio y Carvalho (2022).

cidad individual) y de la aceptación del Otro como parte constitutiva del yo. En otras palabras, identidad implica alteridad.

Para aclarar este enfoque, centrémonos en uno de sus puntos: la búsqueda desinteresada del bien de los demás. Nos referimos al desafío de "reevaluar los fenómenos sociales desde la incondicionalidad, el desinterés y la generosidad en la convicción de que una verdadera cultura de paz sólo puede comenzar a partir del amor universal y altruista"[58].

Ejemplos de mensajes para niños en la Isla de La Palma

(Durante la erupción del volcán Cumbre Vieja)

CAPITÁN AMÉRICA: ¡Hola! ¿Sabes que tenemos un dado de paz? ¿Y tú también lo tienes? ¿Sabías que las reglas de la paz nos ayudan a "vivir la paz"? ¡De esta manera nuestros corazones están felices! Y tú, ¿también quieres tener el corazón feliz? ¡Abrazos a todos!

58 Araújo; Cataldi y Iorio (2016), p. 9.

HULK: Este dibujo es para los amigos de La Palma. Tiene el corazón alegre, una paloma de la paz muy alegre y mi mano diciendo '¡Hola!' a los chicos de La Palma. ¡Quiero ser tu amigo!

El proyecto sobre el volcán de La Palma, iniciado con el grupo de niños y niñas, preveía una serie de fases de investigación y recogida de información sobre el mismo. El deseo de aliviar el miedo y el sufrimiento de los niños y las niñas que tuvieron que abandonar sus hogares y escuelas para refugiarse en lugares seguros, como vimos en las noticias, generó una ola de solidaridad. El reconocimiento y aprecio de todas las personas, independientemente de su proximidad física, surgió con sencillez y alegría.

El amor universal y altruista, como mencionaron Araújo, Cataldi e Iorio[59], puede identificarse en los dibujos y discursos de los niños, así como en los mensajes de las familias. Espontáneamente, los niños "apodaron" a sus compañeros lejanos "amigos".

Además de estos dibujos, los Guardianes de la Paz (así se autodenominraba el grupo de niños y niñas) enviaron otras sorpresas a niños y niñas que no conocían. No esperaban ninguna

---

59 Araújo; Cataldi y Iorio (2016), p. 9.

sorpresa envuelta. Sólo una videollamada que nunca se produjo (no por nuestra falta de interés). Pero incluso para esta decepción, nuestros coinvestigadores encontraron una explicación: "ciertamente, cuando regresaron a sus casas y escuelas, los niños y las niñas de La Palma ya llegaban tan tarde a clase que los profesores no tenían tiempo para realizar videollamadas". La amistad verdaderamente nos autoriza a decir: "Yo soy porque tú eres".

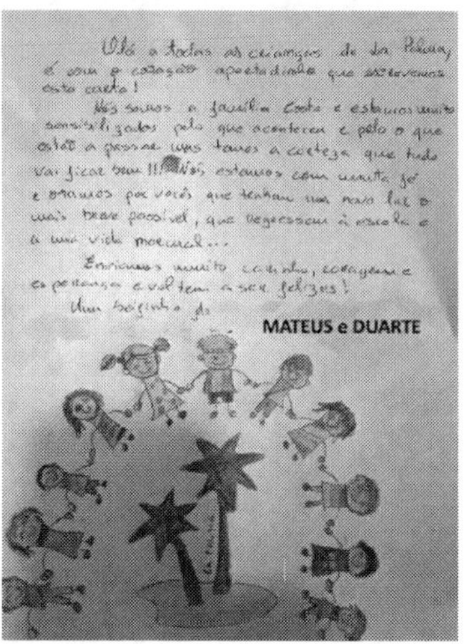

Familia de Mateus y Duarte: Hola a todos los niños de La Palma, ¡con gran pesar escribimos esta carta!
Somos la familia Costa y estamos muy conmovidos por lo que pasó y por lo que están pasando, pero estamos seguros que todo estará bien! Tenemos mucha fe y oramos para que tengas un nuevo hogar lo antes posible, que regreses a la escuela y a una vida normal...
¡Os mandamos mucho cariño, ánimo y esperanza y volváis a ser felices!
Un besito

En un momento dado, el proyecto involucró activamente a las familias de los niños y las niñas. Y la búsqueda desinteresada del bien ajeno llegó también desde casa. Lo ilustramos con un ejemplo:

De hecho, si los seres humanos tienen competencia para causar mucho daño, también es cierto que tienen competencias sobradas para actuar con justicia y amor. Comins y Martínez-Guzmán complementan esta premisa afirmando que:

"Es cierto que la justicia seguiría siendo el eje central de nuestras interacciones de reconocimiento como seres humanos y requeriría reciprocidad. Sin embargo, la lógica de la reciprocidad puede complementarse con la lógica de la gratuidad, del amor. En este caso ejercitamos o ejecutamos las habilidades amorosas que tenemos y muchos de nosotros somos capaces de actuar por amor, más allá de la reciprocidad. En este sentido, la lógica de la reciprocidad en la que se basa la justicia puede romperse y, de hecho, se rompe, lamentablemente, por debajo de la irrupción de la violencia que interrumpe la intersubjetividad recíproca en la que se basa la justicia. Sin embargo, "desde arriba" la lógica recíproca de la justicia puede profundizar la intersubjetividad basada en la gratuidad, el amor y las acciones que se realizan "sin esperar nada a cambio"[60].

La desgracia ajena, provocada por la erupción de un volcán, que se produjo de forma trágica e inesperada, movilizó a generaciones tras generaciones. Atravesó sentimientos y competencias de amor y justicia, como sostienen los autores citados, en la medida en que "los de justicia, que requieren reciprocidad, pueden complementarse con los de amor y la expresión de sentimientos de afecto, ternura, cuidado, perdón" y gratuitidad[61].

La autoaceptación de nuestra unicidad nos devuelve el arte de "lidiar con el miedo, la fragilidad y la vulnerabilidad que conlleva el descubrimiento de la alteridad, la diversidad y la

---

60 Comins y Martínez-Guzmán (2010), p. 60.

61 Comins y Martínez-Guzmán (2010), p. 60.

diferencia" y nos impulsa en la lógica de la reciprocidad, la gratuidad y el amor[62].

V. REFLEXIÓN FINAL

Detengámonos en cuál será el significado de la Educación: encontrar un equilibrio entre significado y sentidos –los sentidos con los que percibimos el entorno interno y externo, pero también aquellos que están vinculados a los significados-, las representaciones mentales que tenemos de ellos y las forma en que nos articulamos para encontrar algo que tenga sentido para nosotros.

En la parte inicial de este capítulo, defendemos el papel central de la escuela y un paradigma educativo regido por valores que promuevan el desarrollo de habilidades sociales, cognitivas, emocionales, morales y espirituales, es decir, una educación holística que suprima la inseparabilidad del cuerpo y la mente. Sin esfuerzo, podemos identificar la armonía de nuestros sentidos con el documento escrito por la Comisión Internacional sobre los Futuros de la Educación y verificar la relevancia y pertinencia de lo que aquí discutimos[63].

Para ello, concedemos una importancia indeleble a la reformulación del silencio como un ejercicio necesario, individual y colectivo, de entrar en nosotros mismos y en los corazones de los demás para preservar el arte de la escucha y el silencio y contribuir a la estabilización de la estructura básica de la sabia comunicacion humana.

---

62 Comins y Martínez-Guzmán (2010), p. 37.

63 UNESCO (2022).

Alertamos sobre el desempeño actual de la educación, que adolece de fuertes limitaciones en lo que respecta a la formación integral del niño y la construcción plena de su identidad:

Necesitamos urgentemente reimaginar nuestro futuro juntos y tomar medidas para hacerlo realidad. El conocimiento y el aprendizaje son la base para la renovación y la transformación. Mientras tanto, las disparidades globales –y la urgente necesidad de reimaginar por qué, cómo, qué, dónde y cuándo aprendemos– significan que la educación no está haciendo todo lo que puede para ayudarnos a construir futuros pacíficos, justos y sostenibles[64].

Afirmamos que cuando está en juego un proyecto de educación para la paz, con un fuerte carácter participativo y vivencial para todos los involucrados, es necesario asegurar que todos los niños y niñas participen de manera equitativa, independientemente de su personalidad más o menos intervencionista o comunicativa. En este sentido, reforzamos la necesidad de "pedagogías de cooperación y solidaridad basadas en principios compartidos de no discriminación, respeto a la diversidad y justicia restaurativa, así como concebidas desde una ética del cuidado y la reciprocidad"[65].

Argumentamos a favor de un aprendizaje recíproco entre niños y niños y adultos, que no pretende ser igualitario en términos de estatus o sabiduría, pero que destaca por el carácter incuestionable de la mutualidad inter e intrageneracional dado que "las escuelas son formas de vida colectiva que reúnem a las personas para aprender de otras personas en diferentes edades y etapas de la vida"[66]. Reiteramos la urgencia de pedagogías que se basen en "la ética de la reciprocidad y el

---

64 UNESCO (2022), p. 5.

65 UNESCO (2022), p. 48.

66 UNESCO (2022), p. 93.

cuidado, así como el reconocimiento de las interdependencias entre individuos, grupos y especies" y que nos alienten a "comprender la importancia de lo que tenemos en común y las interdependencias sistémicas" que nos unen entre nosotros y com el planeta"[67].

Invertimos en educación para la transformación y anunciamos el lugar imborrable de la alteridad, esencial para la construcción plena de la identidad. Ejemplificamos la búsqueda desinteresada del bien de los demás, del amor universal y altruista, que se extendió desde el jardín de infancia hasta las familias y otras escuelas.

Demostramos claramente la capacidad de los niños y las niñas para participar, enfrentar y resolver problemas o conflictos de manera pacífica y abogamos por una participación que nos lleve a actuar juntos para que ningún actor o grupo generacional se vea disminuido en su capacidad de influencia.

Completamos nuestro razonamiento enfatizando que la escuela o el jardín de infantes también nos enseñan a ver la dificultad, el obstáculo, la prueba, el compromiso, el error, el fracaso, el sufrimiento, como algo que debemos afrontar y superar. Generalmente los humanos, en cualquier ámbito de actividad, intentamos evitar este tipo de experiencias por todos los medios. También en el ámbito educativo, de diversas maneras, con formas de hiperprotección, se tiende a proteger a los niños de cualquier tipo de dificultad, acostumbrándolos a ver la vida como un camino cuesta abajo, fácil y cómodo. En realidad, los dejamos desprevenidos para afrontar las inevitables pruebas de la vida y, sobre todo, los volvemos pasivos y reacios a afrontar las responsabilidades que cada ser humano debe asumir hacia sí mismo, hacia los demás, hacia la sociedad[68].

---

67 UNESCO (2022), p. 49.

68 Lubich (2020).

BIBLIOGRAFÍA CITADA

Araújo, V.; Cataldi, S.; y Iorio, G. (Eds.), *Culture Of Peace – The Social Dimension Of Love. In Dialogue With Luc Boltanski, Michael Burawoy, Annamaria Campanini, Axel Honneth, Paulo Henrique Martins.* Harmattan, 2016.

Cameron, C.; y Moss, Peter, *Transforming Early Childhood in England: Towards a Democratic Education,* UCL Press, 2020.

Carmo, H. O., "Debate pela Paz: Algumas Questões Estruturantes", en: Carmo, Helena; Marujo, Helena; y Serra, Fernando (Coord.), *Educação para a Paz Global Sustentável: complexidades e contributos,* PACTOR – Edições de Ciências Sociais, Forenses e da Educação, 2020, pp. 3–124.

Comins, M. I., y Guzmán, V. M., "Del Miedo a la Alteridad al Reconocimiento del Cuerpo: una Perspectiva desde la Filosofía para la Paz", *Investigaciones Fenomenológicas,* N° 2, 2010, pp. 37–60. https://doi.org/10.5944/rif.2.2010.5572

Freire, Paulo, *Pedagogia do Oprimido,* Edições Afrontamento, 2018, 3ª edição.

Gaitán, Lourdes, "Los Derechos Humanos de los Niños: Ciudadanía más allá de las "3Ps", *Sociedad e Infancias,* N° 2, 2018, pp. 17–37. https://doi.org/10.5209/SOCI.59491

Graça, Teresa, "Um Pacto Intergeracional? Desafios para uma Ação Influente da Criança na Construção de uma Cultura de Paz", *Revista Brasileira de Educação. (aceite para publicação em abril de 2023, a publicar em maio de 2024).*

Guerrero, I., *Dois ou Mais – As Relações Interpessoais como Fonte de Felicidade,* Cidade Nova, 2021

Jiménez-Arenas, J.M., "¿Quiénes somos? Construyendo Identidades Desde la Investigación Para La Paz", *Campos en Ciencias Sociales,* Vol. 8, N° 2, 2020, pp. 17–46. https://doi.org/10.15332/25006681/6011

Lubich, C., *Lição para o Doutoramento Honoris Causa em Pedagogia,* Washington, 10 de novembro de 2000, NonCommercial.

Lundy, Laura,"'Voice' Is Not Enough: Conceptualising Article 12 of United Nations Convention on the Rights of the Child", *British Educational Research Journal,* Vol. 33, N° 6, 2007, pp. 927–942.

Martínez-Guzmán, V., "Epistemologias e Investigación para la Paz y los Conflictos desde una Filosofía para Hacer las Paces", *VI Jornadas de Investigación y Docencia del Centro de Investigaciones de Trabajo Social,* 2016.

Mazzei, Lisa. A., "Toward a problematic of silence in action research", *Educational Action Research,* Vol. 15, N° 4, 2007, pp. 631–642. https://doi.org/10.1080/09650790701664054

Mendonça, J. T., *Uma Beleza Que nos Pertence,* Quetzal, 2019.

Muñoz Muñoz, F. A., y Martínez López, C., *Los habitus de la paz imperfecta,* Universidad de Granada, 2011

Muñoz, F. A., "Imperfect Peace", *Key Texts of Peace Studies,* 2006, pp. 41–281.

Muñoz, Francisco A., "La paz imperfecta ante un universo en conflicto", en: Muñoz, Francisco A (Ed.), *La paz imperfecta,* Editorial de la Universidad de Granada, 2001.

Ndrio, E. y Carvalho, L. "Novos Paradigmas na Educação para a Paz", en: Carmo, H.; Marujo, H.; y Serra, F. (Coord.), *Educação para a Paz Global Sustentável: complexidades e contributos,* PACTOR – Edições de Ciências Sociais, Forenses e da Educação, 2022, pp. 155–174.

Roberts, R., "Pensando em Mim Mesmo e nos Outros: Desenvolvimento Pessoal e Social", en: Siraj-Blatchford, Iram (Ed.), *Manual de Desenvolvimento Curricular para a Educação de Infância,* Texto Editora, 2005, pp. 144–159.

Sarmento, Manuel, "Conhecer a Infância: os Desenhos das Crianças como Produções Simbólicas", en: Martins Filho, A.J. y Prado, P.D. (Coords.), *Das Pesquisas Com Crianças à Complexidade da Infância,* Campinas, Autores Associados, 2011, pp. 27–60.

Satta, Caterina, "Michael Wyness, "Childhood", *Sociologica, Italian journal of sociology on line* 1/2015, pp. 1-10. https://www.rivisteweb.it/doi/10.2383/80406

Schnoor, O., *Early childhood studies as vocal studies: Examining the social practices of 'givinghttps,* 2013. https://doi.org/10.1177/0907568212466902

Silva, I. Luisa, et al., (Coord.), *Orientações Curriculares para a Educação Pré-Escolar,* Lisboa, Ministério da Educação, Direção-Geral da Educação, 2016.

Silva, F. M., "Diálogos da Geração da Paz: Como a Abordagem do World Café Promoveu Conscientização de Comunidades e as Conduziu a Culturas de Paz", *Revista Gestão Em Análise,* Vol. 9, N° 1, 2020. http://dx.doi.org/10.12662/2359-618xregea.v9i1.p7-30.2020

Spyrou, Spyrous, "The Limits of Children's Voices: From Authenticity to Critical, Reflexive Representation", *Childhood,* Vol. 18, N° 2, 2011, pp. 151–165.

Spyrou, Spyrous, "The Production of Children's Voices", en: Spyrou, Spyrous (Ed.), *Disclosing Childhoods. Studies in Childhood and Youth,* Palgrave Macmillan, 2018.

Thomas, Nigel, "Love, Rights and Solidarity: Studying Children's Participation using Honneth's Theory of Recognition". *Childhood,* Vol. 19, N° 4, 2012, pp. 453–466.

https://doi.org/10.1177/0907568211434604

Tomás, Catarina; Trevisan, Gabriela; Carvalho, Maria João; y Fernandes, Natalia (Eds.), *Conceitos Chave em Sociologia da Infância / Key Concepts on Sociology of Childhood,* UMinho, 2021, https://doi.org/10.21814/uminho.ed.36

UNESCO, *Reimaginar nossos Futuros Juntos: um Novo Contrato Social para a Educação.* – Brasília: Comissão Internacional sobre os Futuros da Educação, UNESCO, Boadilla del Monte: Fundación SM., 2022

Viramontes, G.P., *Reconocimiento Intersubjetivo de Necesidades Humanas Para Construir a Paz – El Caso de USMAJAC (Jalisco-México).* (Tese de Doutoramento). Universidade de Granada, 2010, URI: http://hdl.handle.net/10481/4938

Wall, John, "Human Rights in Light of Childhood", *International Journal of Children's Rights,* Vol. 16, N° 4, 2008, pp. 523–543. https://doi.org/10.1163/157181808X312122

Wyness, Michael, *Childhood,* John Wiley&Sons, 2015.

Los nuevos desafíos de la protección europea de niños y niñas frente a cualquier tipo de violencia, maltrato o tortura

JOSÉ CARLOS BARTOLOMÉ CENZANO
Prof. Titular de Derecho Constitucional
Universidad Politécnica de Valencia
jobarcen@urb.upv.es

I. LAS PRINCIPALES AMENAZAS DE LAS PERSONAS MENORES DE EDAD EN EL ACTUAL CONTEXTO GLOBALIZADO Y DIGITAL

Las personas menores de edad viven tiempos muy difíciles, a veces, y aunque parezca paradójico, también por los avances técnicos y tecnológicos en todos los campos, pues, a pesar del avance que nos proporcionan, también se utilizan como importantes amenazas contra su integridad y su dignidad.

Resulta habitual, según los medios de comunicación, encontrar a niños, niñas y adolescentes viendo contenido violento, sexual o perturbador en internet y en las redes sociales. Pero lo peor es que los propios menores de edad participan, quizás desconociendo las consecuencias, subiendo este tipo de contenidos de su entorno cercano. Ello puede tener un impacto muy negativo en su bienestar emocional, psicológico y, sobre todo, en el desarrollo de su propia personalidad.

Hoy, se habla del acoso en línea y en las escuelas con una cierta normalidad preocupante, y de las nuevas formas de "bullyng" escolar con el correspondiente ataque mediante conductas de maltrato utilizando fuerza física, autoridad, poder social o intelectual, resultando una violencia absolutamente desigual. Estas nuevas formas de opresión sobre los más vulnerables, combinándolo con las redes sociales y aplicaciones, pueden causar cuadros de estrés, ansiedad, depresión e incluso llevar a situaciones extremas como el suicidio.

Por otra parte, la utilización abusiva de los dispositivos electrónicos y digitales puede acarrear importantes adicciones sin precedentes, afectando el rendimiento académico, las relaciones interpersonales y la salud mental de las personas menores de edad. Nunca los más pequeños y pequeñas se han encontrado tan solos frente a una pantalla; "la vida entre pantallas" es nuestra nueva realidad para la que no estamos preparados ni los padres ni niños o niñas ni adolescentes ni mayores que también se han hecho adictos a estas nuevas formas de esclavitud.

Por otra parte, desde la perspectiva de los menores de edad en situación de desamparo y menores extranjeros no acompañados, éstos suelen ser unos colectivos muy vulnerables para las conductas criminales del abuso físico, emocional y sexual, así como a la explotación laboral y el tráfico de personas, lo cual representa una grave amenaza para su seguridad y bienestar.

Las grandes redes de narcotráfico están presentes en todos los ámbitos de la vida. Los carteles de las drogas han incorporado a jóvenes y menores de edad en sus actividades delictivas[1]. La exposición a sustancias nocivas puede llevar a que las personas menores de edad experimenten con drogas y alcohol a edades muy tempranas, sobre todo aquellas que residen en las grandes bolsas de marginación anómica[2]. Se trata de un grave riesgo para su salud y el desarrollo integral de su personalidad.

---

1 Martínez y Liotto (2022), pp. 110-120.

2 Cisneros (2014), pp. 17.

El embarazo adolescente, o sea, el de una adulta joven menor de 20 años es otro problema importante. En todo el mundo, las complicaciones del embarazo son la principal causa de muerte entre mujeres y niñas de 15 a 19 años[3]. La definición de embarazo adolescente incluye a quienes legalmente son considerados adultos en su país. La OMS define la adolescencia como el período comprendido entre los 10 y los 19 años.

Las adolescentes embarazadas enfrentan muchos de los mismos problemas relacionados con el embarazo que las mujeres mayores. Se ha dicho que las adolescentes tienen más probabilidades de sufrir complicaciones en el embarazo o muerte materna que las mujeres de 20 años o más. Por ello, existen preocupaciones adicionales para las menores de 15 años, ya que tienen menos probabilidades de estar físicamente desarrolladas para mantener un embarazo saludable o dar a luz. Por otra parte, para las niñas de 15 a 19 años, los riesgos se asocian más con factores socioeconómicos que con los efectos biológicos de la edad. Los riesgos de bajo peso al nacer, parto prematuro, anemia y preeclampsia no están relacionados con la edad biológica cuando una niña cumple 16 años, ya que no se observan en los nacimientos de adolescentes mayores después de controlar otros factores de riesgo, como el acceso a atención prenatal de alta calidad.

Los embarazos adolescentes están relacionados con problemas sociales, incluidos los niveles educativos más bajos y la pobreza. El embarazo adolescente en los países desarrollados suele ocurrir fuera del matrimonio y a menudo se asocia con un estigma social. Los embarazos adolescentes en los países en desarrollo suelen ocurrir dentro del matrimonio y aproximadamente la mitad son planificados. Sin embargo, en estas sociedades, el embarazo precoz puede combinarse con la desnu-

---

3 Hernández, Gentile y Santos (2019), p. 135.

trición y una atención sanitaria deficiente y causar problemas médicos.

Por otra parte, la promoción de la salud mental en la infancia y la adolescencia es crucial para el desarrollo de habilidades emocionales y sociales que permitan a los jóvenes enfrentar desafíos y construir un futuro saludable[4]. Lamentablemente, en la actualidad, muchas personas menores de edad se enfrentan a serios problemas de salud mental, tales como: ansiedad, depresión, trastornos alimenticios y autolesiones, a menudo sin acceso a una atención facultativa adecuada, generalmente por falta de recursos, ignorancia o carencia de ayudas del Estado. Todavía perdura en algunos sectores de la sociedad la concepción de que las adicciones son algo voluntario, quizás culposo, que podría haberse evitado. No se suele pensar en el contexto de cada persona ni en las duras circunstancias determinantes de estos comportamientos.

Con este panorama resulta fundamental que las Administraciones Públicas, sobre todo las más cercanas, de ámbito local, mediante políticas públicas eficaces, los padres, los educadores, los líderes comunitarios y otras autoridades públicas u organizaciones de base asociativa, tomen las medidas oportunas y sin burocracia para proteger a los niños, niñas y adolescentes de estos peligros.

Algunas de estas medidas parecen sencillas, y pueden consistir en una educación adecuada sobre el uso seguro de internet, la promoción, con medidas adecuadas, de un entorno escolar libre de acoso, el fomento de un equilibrio saludable entre la tecnología y otras actividades absolutamente necesarias al aire libre, así como la provisión de recursos públicos y ayudas públicas para la salud mental y el bienestar emocional. Sin embargo, ya se puede adelantar que la intervención públi-

---

4 Casañas (2020), p. 7.

ca en estas órbitas muchas veces es poco menos que imposible, toda vez que existen resistencias por el objeto y el contexto; por la situación de abandono o de auténtico secuestro de estos colectivos vulnerables.

Por otra parte, es necesaria una intensa actividad legislativa, eficaz y libre de burocracia y obstáculos territoriales, volcada hacia los más débiles e influenciables, hacia los niños, niñas y adolescentes. Además, son necesarias políticas públicas coordinadas e imperativas para proteger a los niños, niñas y adolescentes. Estas políticas deben ser de naturaleza transversal, impulsadas por comisiones delegadas de gobierno u órganos similares, estratégicas, y tener en cuenta el aspecto territorial para no solaparse. La eficacia administrativa sobre la base del interés superior del niño debe ser el criterio que debe primar sobre los demás, por ello será necesaria la constante evaluación de sus resultados y la aplicación de propuestas de mejora.

El Comité Económico y Social Europeo (CESE), por ello, ha recomendado, una vez más, que el principio del interés superior del niño tenga absoluta prioridad sobre el resto de las normas nacionales e internacionales[5].

La protección de los derechos de los niños y niñas es una prioridad para la Unión Europea (UE) y el Consejo de Europa (CdE), que han desarrollado diversas iniciativas para garantizar su bienestar y su seguridad frente a cualquier forma de violencia. Estas iniciativas cuentan con la referencia del marco de la Convención de las Naciones Unidas sobre los Derechos del Niño, que reconoce a las personas menores de edad como sujetos plenos de derechos y establece los principios de no discriminación, interés superior, participación y supervivencia y desarrollo.

---

5 Comité Económico y Social Europeo (2020).

II. EL PRECEDENTE DE LA LEY ORGÁNICA 8/2021, DE 4 DE JUNIO, DE PROTECCIÓN INTEGRAL A LA INFANCIA Y LA ADOLESCENCIA

La entrada en vigor de la Ley Orgánica 8/2021, de 4 de junio, de protección integral a la infancia y la adolescencia frente a la violencia, ha supuesto un importante avance en lo que se refiere a la lucha contra todas las formas de violencia hacia los jóvenes y los niños. Resulta absolutamente esencial impulsar el respeto de su dignidad y de todos los derechos humanos que son consecuencia de esta. La ley, además, fija el concepto de violencia como: "toda acción, omisión o trato negligente que prive a las personas menores de edad de sus derechos y bienestar, amenazando o interfiriendo en su desarrollo físico, psíquico o social".

El primero de los principios rectores de la política social y económica, o sea, el artículo 39 de la Constitución española, así como la Convención sobre Derechos del Niño de 1989, el artículo 3 del Tratado de Lisboa y los diversos Convenios del Consejo de Europa (Estambul y Lanzarote, entre otros), establecen esta obligación irrenunciable para las Administraciones públicas. Además, Incorpora Directivas Europeas, la denominada "Ley Rhodes", por la denuncia pública que el pianista realizó de sus abusos sexuales sufridos en la infancia. Además, completa la incorporación al Derecho español de la Directiva 2011/93/UE, relativa a la lucha contra los abusos y la explotación sexuales de los menores de edad y la pornografía infantil.

Por otra parte la mentada Ley Orgánica guarda estrecha relación con el Pacto de Estado contra la Violencia de Género y con la meta 16.2 de la Agenda 2030 de la ONU. Así pues, la esencia de esta Ley Orgánica se centra en incorporar como un principio esencial y rector de cualquier acción pública administrativa, el amparo de todas las personas menores de edad contra cualquier forma de violencia, entre otras: la trata de seres humanos, la violencia de género, la violencia intrafamiliar, o la mutilación genital femenina.

Las Administraciones Públicas deberán desplegar una acción valiente y eficaz, comenzando por la sensibilización social, la prevención y la asistencia frente a cualesquiera actos de violencia contra los niños y niñas; para ello será especialmente importante generar elementos de coordinación entre los diversos órganos administrativos con competencia, así como valorar las acciones realizadas para una mejora continua de la prestación. Precisamente, la LO 8/2021 deriva de la solicitud que realizó el Comité de Derechos del Niño al revisar la situación de los derechos de la infancia en 2018, en España.

De esta manera, se ha dispuesto esta norma como una respuesta pluridimensional de los variados factores de riesgo que acosan a las personas menores de edad; esta norma no pretende establecer protocolos administrativos y directamente se proyecta sobre los diversos órdenes jurisdiccionales para intentar facilitar la garantía y protección de la integridad de los más vulnerables.

Además, resulta fundamental la protección desde una perspectiva holística, formativa y humana, dispensando una especial atención a la prevención, las formas de socialización, así como su educación, sustentada sobre tres ejes: las relaciones de los propios niños, niñas y adolescentes, el ámbito familiar y la comunidad civil. En este sentido, "la relación del personal docente con la familia ocupa un lugar principal, ya que es en el hogar donde el alumnado encuentra las primeras formas de socialización, aprendizajes y comunicación, que luego trascienden a la escuela"[6].

Esta norma incluye medidas de detección eficaz, asistencia y voluntad de la restitución de los bienes jurídicos conculcados,

---

6 Meza y Trimiño (2015).

así como la recuperación de la víctima en un entorno integral con especial atención a evitar la victimización secundaria.

Esta Ley, también presta especial atención a la complejidad de la organización territorial de España, por lo que establece fluidas medidas de colaboración entre las Comunidades Autónomas; luchando contra la dispersión y la falta de coherencia por la diversa actuación de los diversos niveles territoriales en nuestro país. El nuevo paradigma de prevención y protección establece elementos de conexión entre las diversas Administraciones Públicas y sus competencias, estableciendo fines e intereses generales compartidos en esta materia.

Además, la presente norma pretende aprovechar las nuevas tecnologías y su manejo rápido y eficaz por parte de las personas menores de edad y adolescentes que hayan podido ser víctimas de violencia, por ello, se pretende que puedan comunicarlo con rapidez; se crearán medios electrónicos de comunicación y líneas telefónicas para comunicarse con las administraciones públicas de una forma gratuita.

Una novedad interesante viene constituida por el deber de comunicación sobre cualquier contenido en Internet que pueda resultar ser violento o abusivo sobre las personas menores de edad o adolescentes; aunque no sea constitutivo de delito, ya que se trata de una acción preventiva y en consonancia con los avances tecnológicos[7].

La Ley garantiza la seguridad de cualquier persona que comunique estas situaciones. Como Internet es peligroso, también se regulan en el capítulo VIII de esta Ley ciertas acciones que deberán realizar las Administraciones Públicas para impulsar un uso responsable y seguro de las redes sociales y de otros contenidos por parte de los niños, niñas, adolescentes,

---

[7] Pérez (2008), p. 26.

familias, educadores y todos aquellos empleados públicos que trabajen con personas menores de edad.

La cultura de la protección a los niños, niñas y adolescentes incluye también a las Fuerzas y Cuerpos de Seguridad en todos sus niveles territoriales y funcionales, por ello, deberán contar con unidades de especialización para poder realizar, en buenas condiciones, sus labores de protección en situaciones de violencia sobre personas menores de edad. La formación resulta absolutamente fundamental para poder cumplir con este cometido.

Además, se deberán fijar criterios básicos de acción pública sobre la base del absoluto respeto hacia las personas menores de edad y adolescentes, en atención a su interés superior. Por ello, la persona menor de edad deberá realizar una única narración de lo sucedido ante el juzgado de instrucción sin que resulte necesaria una anterior a esta comparecencia o posterior a ese momento; como ya hemos dicho, se tratará de evitar una victimización secundaria del niño, la niña o el adolescente.

Por lo que se refiere a la protección de datos, se deberán garantizar los derechos digitales de las personas menores de edad y se deberá actuar con eficacia y celeridad en la retirada inmediata de cualquier contenido ilícito que pueda resultar dañino para los niños, niñas o adolescentes. Además, los centros de protección de menores deberán elaborar y aplicar procedimientos de actuación, que deberán ser sometidos a monitoreo para mejorar en la prevención y detección de cualquier situación de violencia, abuso, trata de seres humanos o explotación sexual.

Resulta fundamental el compromiso para la creación de un registro central de información sobre la violencia contra la infancia y la adolescencia, por constituir un punto de encuentro institucional de los diversos actores protectores de la infancia y la adolescencia.

Además, esta norma introduce modificaciones en múltiples leyes como: la Ley de Enjuiciamiento Criminal, el Código Civil, la Ley General Penitenciaria, entre otras. Al tener proyección transversal, se relaciona con los aspectos sustantivos y formales de diversas leyes.

III. LA REGULACIÓN UNIVERSAL DE OTRAS FORMAS DE VIOLENCIA: EL PROTOCOLO FACULTATIVO DE LA CONVENCIÓN SOBRE LOS DERECHOS DEL NIÑO RELATIVO A LA VENTA DE NIÑOS, LA PROSTITUCIÓN INFANTIL Y LA UTILIZACIÓN DE NIÑOS EN LA PORNOGRAFÍA

Este Protocolo fue adoptado por la Asamblea General de las Naciones Unidas en 2000 y entró en vigor el 18 de enero de 2002. Ante todo, pretende que los Estados signatarios prohíban la venta de niños, la prostitución y la pornografía infantil.

Como veremos a continuación, se trata de un testimonio de la dedicación de la comunidad internacional para proteger a los niños y niñas de la explotación y el abuso. Además, sirve como marco para que las naciones alineen y doten de coherencia a sus sistemas constitucionales y normativos con los estándares internacionales, y trabajen en estrecha colaboración para erradicar la venta de niños, la prostitución infantil y la pornografía infantil.

Este instrumento internacional pretende garantizar la consecución de los objetivos de la Convención sobre los Derechos del Niño, especialmente los que se contienen en sus artículos 1, 11, 21, 32, 33, 34, 35 y 36. Todo ello a partir del reconocimiento explícito en la Convención absolutamente en contra de cualquier forma de explotación económica o la realización de trabajos que puedan resultar ser nocivos, peligrosos o dificultar su educación o afectar a su desarrollo físico o salud, también en su dimensión mental, moral, espiritual o social.

La trata internacional de personas menores de edad es un fenómeno que va en aumento, "los consumidores de prostitución infantil generalmente son países ricos, y los proveedores de esta prostitución suelen ser países pobres, ya que en muchas ocasiones se da debido a la pobreza extrema", hecho que refleja la gran injusticia y el abuso hacia la vida de los niños y niñas. Esto suele terminar con la venta de niños, la utilización en el mundo de la pornografía o la prostitución[8].

Lógicamente, se ha generado una gran preocupación internacional y legitima cualquier medida jurídica o política que pueda frenar estas peligrosas acciones. Por otra parte, también resulta preocupante la gran disponibilidad de pornografía infantil en Internet y otras aplicaciones tecnológicas; en este sentido resulta preciso recordar la Conferencia Internacional de Lucha Contra la Pornografía Infantil en Internet (Viena, 1999). En sus conclusiones se recogía la solicitud de la penalización global de la producción, exportación, distribución, transmisión, importación, o posesión internacional y cualquier forma de propaganda de esta clase de pornografía. Se subrayaba la necesidad de una colaboración y asociación muy estrecha entre los gobiernos y el sector de Internet.

En cuanto a los conceptos más importantes que maneja, la venta de niños se refiere a cualquier transacción en la que un niño es transferido por una persona o grupo a otro a cambio de una remuneración o cualquier otro tipo de contraprestación. Por su parte, la prostitución infantil implica la utilización de un niño en actividades sexuales a cambio de remuneración o cualquier otra forma de contraprestación. La pornografía Infantil constituye cualquier representación de un niño invo-

---

[8] Mangiova (2017).

lucrado en actividades sexuales explícitas, reales o simuladas, o cualquier representación de las partes sexuales de un niño con fines principalmente sexuales.

El Protocolo obliga a todos los Estados a impulsar legislación, políticas y prácticas integrales para prevenir y combatir estos peligrosos delitos para la infancia y la adolescencia. También exige la penalización de estos actos y prescribe sanciones apropiadas que reflejen bien su gravedad.

Además, enfatiza la importancia de la cooperación internacional en la investigación, extradición e incautación y decomiso de activos para abordar eficazmente estos crímenes.

Un aspecto crucial del Protocolo es la protección de los niños víctimas. El Protocolo es consciente del daño físico y, sobre todo, psicológico de las víctimas. Por ello, exige que los Estados signatarios garanticen que los niños y niñas, víctimas, reciban asistencia, apoyo y acceso adecuados a servicios de recuperación y reintegración.

El Protocolo también incide en la necesidad de la participación de los niños y niñas en los procesos jurisdiccionales, asegurando que sus voces sean escuchadas y sus derechos estén plenamente representados. En esta materia la indefensión no tiene cabida.

En abril de 2024, 178 estados son parte de este Protocolo. Este dato demuestra el compromiso global con la protección de los derechos de los niños. Sin embargo, persisten desafíos durante la aplicación de las disposiciones de este Protocolo, debido, sobre todo, a las diferentes leyes nacionales, los recursos y la naturaleza clandestina de estos crímenes.

Como se ha podido observar, este instrumento ha servido como una herramienta de avance en la lucha global contra la explotación sexual infantil; este es un problema grave que va en aumento con la expansión impulsada por las nuevas tecnologías.

El Protocolo ha proporcionado un marco legal sólido que complementa la Convención sobre los Derechos del Niño. El compromiso legal internacional ha llevado a muchos países a revisar y fortalecer sus leyes nacionales para proteger mejor a las niñas y niños de estas conculcaciones de derechos humanos.

Además, el Protocolo ha servido para aumentar la conciencia global sobre la necesidad de proteger a las personas menores de edad y adolescentes de la explotación sexual; así, ha promovido la implementación de políticas preventivas, incluyendo la educación y sensibilización de la población, y ha incentivado la colaboración entre gobiernos, organizaciones internacionales, plataformas sociales y la sociedad civil para crear entornos seguros para las personas menores de edad.

Por otra parte, como hemos visto, una de las contribuciones más significativas del Protocolo ha sido la relevancia que se le ha dado a la asistencia y la protección de las víctimas. Así, ha obligado a los Estados parte a garantizar que las personas menores de edad afectadas por estas prácticas reciban el apoyo necesario para su recuperación y reintegración social, incluyendo el acceso a servicios de salud, psicológicos y educativos.

Además, el Protocolo ha fomentado la cooperación internacional en la lucha contra la trata de niños y la explotación sexual. Por ello, ha mejorado el intercambio de información y la colaboración entre las autoridades nacionales e internacionales, lo que ha sido esencial para perseguir y enjuiciar a los perpetradores, así como para proteger a los niños en diferentes países. De la misma manera, el instrumento internacional ha contribuido a modificar actitudes y normas sociales que anteriormente podían tolerar o ignorar la explotación sexual infantil. Ha generado un diálogo público más abierto sobre estos temas y ha reforzado la idea nuclear de que la protección de los niños es una responsabilidad colectiva.

No obstante, a pesar de su impacto positivo, el Protocolo enfrenta importantes desafíos, como la necesidad de recursos suficientes y adecuados para su aplicación efectiva y real, más allá de lo programático[9].

IV. LA PROTECCIÓN DE NIÑOS Y NIÑAS EN EL ESPACIO EUROPEO: LA ESTRATEGIA SOBRE LOS DERECHOS DEL NIÑO Y LA GARANTÍA INFANTIL EUROPEA

Tiene como objetivo situar a los niños y niñas en el centro de las políticas europeas y asegurar su acceso a servicios básicos como la educación, la salud, la alimentación y la vivienda, especialmente para los más vulnerables[12].

Se estructura sobre dos documentos importantes: la Recomendación (UE) 2021/1004, por la que se establece una Garantía Infantil Europea. La misma, pretende ante todo garantizar el acceso a una serie de servicios esenciales para avanzar en la igualdad de oportunidades y poder luchar contra la pobreza infantil; de esta manera se trata de una propuesta para favorecer la inclusión de los niños y niñas más vulnerables; y la Estrategia de la UE sobre los derechos del Niño. Ésta, trata de dotar de efectividad a los derechos de los niños y las niñas

Como vemos, se trata de una doble propuesta de la Comisión Europea para garantizar mejor los derechos de los niños y niñas, para constituirlos como un importante centro de atención en la elaboración de cualquier política pública; las propuestas recogen los resultados de muchas consultas realizadas a la ciudadanía y a los propios niños y niñas (más de 10.000).

Es una estrategia transversal, toda vez que recoge herramientas nuevas y existentes. Con un planeamiento que agrupa medidas políticas, legislativas, y presupuestarias muy varia-

---

9 ONU (2000).

das. Así, ha integrado varias comunicaciones precedentes de la Comisión Europea junto con un marco político y jurídico de referencia en construcción; así, se ha incluido la Agenda Europea en pro de los derechos del niño, cuyo objetivo principal se elabora para comprometer a todas las instituciones de la unión europea y, directamente, a todos los Estados miembros, al objeto de realizar una pedagogía sobre los derechos de los menores de edad, proteger y respetar de manera efectiva sus derechos y poder recoger sus resultados para favorecer políticas futuras sobre esta materia; además se disponía que las políticas de la Unión Europea que afectasen a menores de edad deberían tener siempre presente el principio del "interés superior del niño", recogido en la Carta de los Derechos Fundamentales de la Unión Europea y en la Convención sobre los Derechos del Niño.

Como sabemos, esta Agenda se fundamentaba en las necesidades manifestadas directamente por los niños de los Estados miembros de la Unión Europea, mediante una consulta separada y de naturaleza específica. Además, se tuvo muy en cuenta la evaluación realizada sobre el impacto que había tenido los distintos elementos europeos que afectaban directa o indirectamente sobre los derechos de los menores de edad. De esta manera, tanto el Parlamento Europeo como el Comité económico y social, el Comité de las regiones y el Consejo de Europa, así como otros sectores relacionados con niños y niñas, cooperaron en la redacción de este texto.

Ahora mismo, existe una importante carencia en todo lo relacionado con datos concretos sobre los diversos ámbitos en los que se desarrolla la vida infantil; por ello, en esta Agenda, la Comisión se planteó la necesidad de cooperar con las instituciones adecuadas para poder elaborar bases de datos e informaciones que se pudiesen tener en cuenta en los procedimientos de decisión. Se trata de recopilar las iniciativas que ya existen junto con los resultados y la evaluación de la Agencia Europea de Derechos Fundamentales. A partir de estos datos resultará mucho más sencilla la elaboración de dictámenes para ayudar a las instituciones de la UE y a los Estados miembros. Además, se pretende potenciar la cercanía al sistema jurisdiccional para que resulte más sencillo el acceso a los niños y niñas; por ello es fundamental simplificar el procedimiento para que puedan participar con sus aportaciones en el divorcio de sus padres, en los problemas sobre su custodia, en los delitos o cuando solicitan asilo. En la actualidad, existen numerosos obstáculos que pueden frenar su declaración esencial en los tribunales, algunos de naturaleza formal, como los relacionados con su representación legal.

Es una necesidad que los niños y las niñas tengan acceso directo a cualquier clase de información de una manera apta para que puedan conocer con claridad sus derechos, las garantías y el planeamiento estratégico de la Unión Europea. Se debe reseñar además, que los borradores de la estrategia se elaboraron con la participación de niños y niñas; por ello la información que se utilizó es cercana y con una redacción muy clara para ellos.

Por otra parte, se debe recordar el denominado “Pilar Europeo de Derechos Sociales”. Se trataba de una Comunicación de la Comisión Europea en 2017 para mejorar las condiciones de vida y de trabajo en la UE. Este instrumento se vertebra sobre 20 principios que giran en torno a tres temas: 1) la igualdad de oportunidades y el acceso al mercado laboral; 2) la justicia en las condiciones de trabajo; y 3) las formas de protección e inclusión social.

El Pilar Europeo de Derechos Sociales conforma un marco importante de referencia para poder evaluar el funcionamiento concreto de las políticas públicas sobre el ámbito social y el empleo de los Estados miembros; además fija un nuevo paradigma para poder fijar las prioridades sociales en el planeamiento político europeo.

Por ello, en 2021, la Comisión elaboró el plan de acción del Pilar Europeo de Derechos Sociales con tres metas prioritarias a cumplirse para el año 2030: 1) la población comprendida entre 20 y 64 años debería estar empleada, como mínimo el 78% de la población; 2) el 60% de la población adulta debería participar en los programas formativos anuales; y, 3) se debería reducir como mínimo a 15 millones el número de personas en riesgo de exclusión o pobreza.

Además, como protagonistas, hizo una labor de asesoría importante, tanto sobre las imágenes como sobre el lenguaje y los ejemplos que se utilizan en los folletos; también se tuvo en cuenta la aplicación de tecnología de asistencia para personas con discapacidad visual.

Esta estrategia, recoge la necesidad de un cosmopolitismo de los derechos, y compromisos para poder garantizar que todos los niños y niñas del mundo puedan vivir libres de discriminación y de cualquier clase de intimidación. Se realizan acciones concretas para promover y proteger los derechos de los menores de edad en un mundo muy complejo y en constante cambio. Por ello, esta estrategia se basa también en la Convención de las Naciones Unidas sobre los derechos del Niño de 20 de noviembre de 1989, contribuyendo también a la consecución de los objetivos de desarrollo sostenible en esta materia. Se considera un marco de acción estructurado sobre diversas áreas prioritarias:

1. Se apuesta por una participación en la vida política y democrática.
2. Se trata de conseguir por todos los medios la inclusión en materia socioeconómica, de salud y educación.
3. Se potencia el sistema judicial adaptado a los menores de edad.
4. Se deberá impulsar la sociedad digital y de la información.

5. Se debe globalizar la protección de los niños y niñas para empoderarlos ante cualquier situación, también durante las crisis y los conflictos.

Por ello, como ya se ha dicho, se pretende una acción global y transversalizada, que debe cristalizar en todas las políticas de la Unión Europea. La financiación es un aspecto importante y tampoco se puede obviar, por ello todas estas acciones contarán con el apoyo financiero del Fondo Social Europeo plus (FSE+), el Fondo Europeo de Desarrollo Regional, así como otras instituciones y fondos, como el NextGeneration EU.

Por otra parte, la garantía infantil europea apoya también esta estrategia, sobre todo en la parte socioeconómica, sanitaria y educativa. Impulsa el principio 11 del Pilar Europeo de Derechos Sociales; y por ello resulta aplicable a todos los niños y niñas menores de 18 años en riesgo de pobreza o exclusión social. La garantía infantil europea ha realizado una serie de recomendaciones a los Estados miembros de la Unión Europea que tienen que ver con:

1. la educación gratuita y universal infantil y la atención a la primera infancia de alta calidad. Se deben impulsar las actividades escolares, la comida sana y asistencia sanitaria.

2. También se debe impulsar políticas adecuadas para el fomento de una vivienda digna y una alimentación sana.

3. Impulsar la referencia obligatoria del interés superior del niño y facilitar su inclusión.

4. Elaborar políticas públicas para detectar necesidades y poder abordar los principales problemas económicos y sociales y favorecer la participación en la educación infantil y la atención a la primera infancia.

5. Se debe crear la figura que el "coordinador de la garantía infantil", al objeto de poder supervisar esta recomendación sobre garantía infantil europea.
6. Además, se debe planificar la acción nacional hasta el período 2030, para ello se daba un plazo de nueve meses desde la adopción de la presente recomendación[12].

V. LA ATENCIÓN PRIORITARIA DE LOS MENORES DE EDAD POR EL CONSEJO DE EUROPA

Como sabemos, el Convenio Europeo de Derechos Humanos (en adelante, CEDH) supuso el establecimiento de una regulación trasnacional y cercana a Europa de los derechos humanos y las libertades fundamentales que deberían respetar los Estados miembros del Consejo de Europa. El CEDH contiene así varios artículos que se refieren directa o indirectamente a la protección de los derechos de los menores de edad, como por ejemplo: el derecho a la vida, la prohibición de cualquier forma de tortura, el derecho a la libertad y la seguridad, al respeto de la vida privada y familiar, el derecho a la educación, a la libertad de expresión y de asociación, entre otros.

Además, el CEDH se ha tenido que complementar con otros instrumentos jurídicos que han desarrollado los derechos del menor, como el Protocolo Nº 12, que prohíbe la discriminación por cualquier motivo, incluida la edad; el Protocolo Nº 13, que prohíbe la pena de muerte en todas las circunstancias; el Protocolo Nº 15, que incorpora el principio del interés superior del menor en la interpretación del CEDH; y el Protocolo Nº 16, que permite a los tribunales nacionales solicitar informes al Tribunal Europeo de Derechos Humanos (en adelante, TEDH) sobre cuestiones relativas a la aplicación o interpretación de este Convenio.

Asimismo, como ahora se analizará, el Consejo de Europa ha adoptado otras normas y recomendaciones específicas sobre la protección de los derechos del menor de edad, como la Convención sobre la protección de los niños contra la explotación y el abuso sexual, la Convención sobre el ejercicio de los derechos de los niños, la Convención sobre la adopción de niños, la Recomendación sobre la participación de los niños y los jóvenes menores de 18 años en la vida democrática, la Recomendación sobre la prevención y la lucha contra la violencia en la escuela, la Recomendación sobre la promoción de los derechos y el bienestar de los niños en la era digital, entre otras.

Por su parte, el TEDH recibe demandas individuales y estatales sobre las presuntas violaciones de los derechos humanos, y afortunadamente emite sentencias vinculantes para los Estados demandados. El TEDH ha dictado en los últimos años numerosas sentencias relacionadas con la protección de los derechos del menor, sobre temas como la adopción, el acogimiento, la custodia, la educación, la salud, la identidad, la migración, la violencia y la explotación.

El Consejo de Europa cuenta además con otros muy variados mecanismos de seguimiento y cooperación, como el Comité de los Derechos del Niño, el Comisario para los Derechos Humanos, o el Programa "Construir una Europa para y con los Niños".

5.1. Convención sobre los Derechos del Niño del Consejo de Europa

En primer lugar nos debemos referir a la Convención sobre los Derechos del Niño del Consejo de Europa, a menudo confundida con la Convención sobre los Derechos del Niño de las Naciones Unidas, este tiene varios instrumentos y tratados relacionados con los derechos de los niños. Uno de los más destacados es el Convenio Europeo sobre el Ejercicio de los

Derechos de los Niños, hecho en Estrasburgo el 25 de enero de 1996 y que veremos a continuación.

Este tratado internacional establece los derechos fundamentales de todos los niños, incluyendo derechos tan importantes como: el derecho a la vida, la educación, la salud, la protección contra la violencia y el abuso, entre otros.

Lo cierto, es que este documento ha servido para fijar un marco jurídico obligatorio para los Estados miembros al objeto de garantizar los derechos de los menores de edad; se trata de derechos de naturaleza económica, cultural, social, civil y política; por ello, un amplio espectro que supera los aspectos más elementales.

Los principios y valores fundamentales de la convención tienen que ver con aspectos absolutamente irrenunciables como por ejemplo la no discriminación o el interés superior de los menores y las menores de edad; en cualquier acción pública o privada se debe tener una consideración irrenunciable a este interés superior del niño. También resulta esencial el derecho a la vida, la supervivencia y el desarrollo: todos los Estados miembros deben garantizar la supervivencia y el desarrollo del niño en condiciones óptimas. También se contiene el respeto a las opiniones del niño, ya que, en la medida que los niños puedan formarse un juicio propio, deben tener el derecho a poder expresar sus opiniones de forma libre y en cualquier asunto que les pueda afectar.

Por lo que respecta a los derechos que se han recogido en esta Convención, y a los que ya hemos hecho una referencia arriba, son los siguientes:

- En primer lugar los derechos civiles y las libertades, que incluyen el derecho a la identidad, la libertad de expresión y el acceso a la información.
- En segundo lugar, los derechos propios del entorno familiar y la protección alternativa; en este sentido se le da

mucha importancia a la familia y se establecen directrices para realizar la adopción y la tutela.

- En tercer lugar, en materia de salud básica y bienestar, se recogen áreas como la discapacidad, la salud, la Seguridad Social y el nivel de vida. Estas materias deberán cohonestarse desde un punto de vista jurídico y sistémico con la naturaleza constitucional de estos mismos derechos en el texto constitucional de cada Estado. Así, por ejemplo, en España, se encuentran regulados como meros principios rectores de la política social y económica, dentro del capítulo tercero de la Constitución Española; por ello resultará necesario establecer un sistema garantista muy superior al que recoge nuestro texto constitucional.
- En cuarto lugar, también se recogen derechos propios del ámbito del ocio y de las actividades culturales: se garantiza el derecho a la educación y se impulsa el derecho al descanso, al juego y a la participación en la vida cultural y artística, facetas estas necesarias para el desarrollo adecuado de cualquier niño o niña.
- En quinto lugar, se recogen las situaciones derivadas de entornos de conflicto, tales como los niños refugiados o en conflictos armados. Se trata de un tema insuficientemente desarrollado que merece la atención prioritaria por parte de los Estados miembros.

Como puede observarse, se trata de un marco amplio en el que se pide a los Estados parte que adopten medidas sistémicas y transversales de naturaleza legislativa, administrativa, social y económica para poder impulsar estos derechos reconocidos en la convención; por otra parte, se establece un sistema de seguimiento para poder revisar los progresos que se van ejecutando en relación a la eficacia de la convención. Este sistema de monitoreo se establece con el fin de evaluar y poder mejorar de manera continua la verdadera garantía de los derechos de los niños y niñas en los Estados firmantes. Constituyen elementos esenciales de este seguimiento:

a) Los informes periódicos, para rendir cuentas sobre las medidas concretas que se han adoptado y los progresos efectivos que se han producido en la materia de los derechos del Niño; estos informes pasarán a ser evaluados por un comité de expertos independientes, a partir de aquí, se realizarán las propuestas a los Estados parte para que mejoren los sistemas de protección y garantía.

b) Las recomendaciones y las directrices, estos instrumentos informan sobre las áreas específicas que deben abordarse para reforzar las prácticas existentes en relación con los derechos del niño e innovar, si es necesario, para ajustarse a lo previsto en el Convenio.

c) La necesaria participación de la sociedad civil. Tal y como se establece en los principios del Gobierno Abierto, en esta materia debe cristalizar la cultura de la participación, siempre proactiva, de las entidades de base grupal, tales como asociaciones, fundaciones, organizaciones no gubernamentales y otras plataformas civiles, de naturaleza física o virtual que se dediquen a la protección de los derechos de los niños y de las niñas. El papel de estas entidades resulta crucial para poder realizar un seguimiento y poder generar información adicional sobre las medidas que se hayan implementado; además, muchas de estas organizaciones constituyen un precioso canal de comunicación con los propios menores de edad, por ello la información que proviene de estas entidades, muchas veces, es más directa y fidedigna que la de otros organismos públicos.

d) Diálogo de soluciones, resulta fundamental establecer un permanente diálogo y debate entre el Comité de expertos y los propios Estados miembros, al objeto de poder discutir y fijar los próximos desafíos y las mejores soluciones conjuntas para abordarlos.

e) Todas las conclusiones de esta evaluación deberán hacerse accesibles a la ciudadanía, al objeto de que se impulse una mayor concienciación y rendición de cuentas por parte de los gobiernos y de los propios ciudadanos. En esta materia resulta indiscutiblemente importante la transparencia y la continua publicación de datos abiertos y reutilizables, con la finalidad de elaborar estadísticas y conocer en todo momento la situación real sobre el respeto de los derechos de nuestros menores de edad.

El sistema de seguimiento no solo ayuda a identificar y abordar los desafíos en la aplicación de la Convención, sino que también promueve la colaboración entre los Estados miembros y las organizaciones internacionales. Además, al involucrar a la sociedad civil y a los propios niños en el proceso, se asegura que las políticas y prácticas reflejen las necesidades y opiniones reales de los menores.

Un ejemplo de una acción reciente de la Comisión Europea, tras el procedimiento de evaluación de la efectividad de este instrumento internacional, se ha constituido a partir de la Recomendación sobre el necesario fortalecimiento de los sistemas integrados de protección de la infancia, que deben redundar en el interés superior del niño. Esta recomendación se ha encaminado a proteger cualquier forma de violencia contra los menores de edad, así como a promocionar los derechos de los niños y las niñas en cualquier ámbito político o de legislación. La pedagogía, junto con la innovación, es una parte esencial de la protección.

5.2. Convenio Europeo sobre el Ejercicio de los Derechos de los Niños

Este Convenio tiene como objetivo garantizar los derechos del niño en Europa y establece principios y directrices para su protección y bienestar.

Este instrumento internacional pretende configurarse como una norma de referencia para la protección y promoción de los derechos procesales de los niños y las niñas dentro de los sistemas legales de cada Estado. Como ya se ha dicho, se firmó en Estrasburgo el 25 de enero de 1996 y en aquellas fechas supuso un firme compromiso para que todos los Estados miembros del Consejo de Europa garantizasen, de forma sistémica, el ejercicio efectivo de sus derechos y, sobre todo una tutela procedimental que protegiese estos derechos.

Como ya se ha dicho, el presente convenio atendía a impulsar el interés superior del niño, mediante el establecimiento real de verdaderos derechos procesales, con una legitimación amplia, aplicable a todos los niños menores de 18 años y proyectándose sobre los procedimientos de familia, sobre todo, aquellos que tenían relación con el ejercicio de responsabilidades parentales, como la tutela, la residencia y los derechos de visita y el bienestar de los menores en el entorno familiar.

Además, se perfilan como muy importantes: el derecho a ser informado, el derecho a ser escuchado (expresando la opinión, que podría ser tenida en cuenta en función de su edad y madurez); el derecho a la representación legal en todos los procedimientos judiciales, tanto por sí mismo como a través de un representante adecuado, etc.

Los Estados miembros, además de comprometerse al cumplimiento de todas las medidas expresadas en este convenio, debían adaptar su legislación nacional y formar a profesionales para que el trabajo con los niños resultase eficaz. Este convenio resultó ser fundamental para poder garantizar que los niños y niñas fueran reconocidos como auténticos sujetos de derecho, y que tuviesen suficiente capacidad para poder influir en las resoluciones que afectaban a su futuro inmediato. El resultado fue disponer de sistemas legales más inclusivos y sensibles con este colectivo frágil al que hay que cuidar desde todos los ámbitos del Estado.

5.3. Recomendación CM/Rec (2007) 16, sobre la protección de los niños contra la explotación y el abuso sexual

Se trata este de un documento elaborado por el Comité de Ministros del Consejo de Europa, que tiene como objetivo establecer una serie de medidas para garantizar la protección de los niños contra la explotación y el abuso sexual.

Entre las garantías concretas que esta recomendación recoge, se encuentran las siguientes:

1. Definición amplia de abuso sexual: La recomendación establece que el abuso sexual debe entenderse en un sentido amplio, incluyendo tanto el abuso físico como la explotación sexual. De esta manera, se busca proteger a los niños de cualquier tipo de agresión sexual.
2. Prevención y educación: Se recomienda que los Estados miembros promuevan programas de prevención y formación para prevenir el abuso sexual de los niños. Esto incluye la educación sexual integral, la sensibilización sobre los riesgos de abuso en línea y la capacitación de profesionales que trabajan con niños.
3. Denuncia y protección de las víctimas: Se insta a los Estados miembros a establecer mecanismos efectivos para la denuncia de abuso sexual, así como para la protección de las víctimas. Esto incluye la garantía de un sistema de justicia eficiente, así como el acceso a servicios de apoyo y rehabilitación para las víctimas.

4. Medidas legislativas y de cooperación internacional: La recomendación pide a los Estados miembros que adopten legislación específica para abordar el abuso sexual de los niños. Además, se promueve la cooperación internacional en la lucha contra este problema, incluyendo la implementación de acuerdos internacionales y la colaboración entre los diferentes países.
5. Responsabilidad de los operadores de Internet: Se pide a los Estados miembros que realicen acciones para promover la cooperación con los proveedores de servicios en línea, con el fin de prevenir y detectar actividades relacionadas con la explotación sexual de los niños en Internet. Esto puede incluir la implementación de filtros y sistemas de denuncia en línea.

Como acabamos de comprobar, la Recomendación CM/Rec (2007)16 establece una serie de garantías concretas para proteger a los niños contra la explotación y el abuso sexual. Estas garantías incluyen una definición amplia de abuso sexual, medidas de prevención, educación, denuncia y protección de las víctimas, medidas legislativas y de cooperación internacional, y la responsabilidad de los operadores de Internet. Estas recomendaciones son fundamentales para asegurar la protección de los derechos de los niños y prevenir, en lo posible, el abuso sexual.

5.4. Recomendación CM/Rec (2009) 10, sobre medidas para combatir la discriminación basada en la orientación sexual o la identidad de género

Esta Recomendación insta a los Estados miembros a garantizar la protección de los niños contra la discriminación basada en la orientación sexual o la identidad de género.

Se trata de una norma, elaborada por el Comité de Ministros para los Estados miembros, sobre estrategias nacionales integradas para la protección de los niños contra la violencia. Este documento aborda la necesidad urgente de proteger a los niños y niñas de todas las formas de violencia.

No debemos olvidar que el Consejo de Europa tiene como uno de sus objetivos proporcionar un marco legal para combatir la discriminación, por la orientación sexual o la identidad de género, también en la legislación (se conoce como igualdad en la Ley).

Esta recomendación pretende establecer una serie de garantías concretas para proteger los derechos de las personas LGBTI+ y promover la igualdad de trato en todos los ámbitos de la sociedad; no basta la abstracción. Por ello, se insta a los Estados miembros a adoptar instrumentos normativos que aseguren la igualdad de trato y protección contra la discriminación en áreas como el empleo, la educación, la vivienda y el libre acceso a los bienes y servicios. Además, también se impulsa a los Estados a que desarrollen y sean capaces de aplicar estrategias transversales y de naturaleza integral, que resulten ser coherentes y eficaces para combatir cualquier forma de violencia contra los menores de edad, a partir de comportamientos intolerantes.

La recomendación también establece medidas tendentes a promover la igualdad de oportunidades y el acceso a la justicia para las personas LGBTI+. Se anima a los Estados miembros a tomar las medidas oportunas para garantizar que las víctimas de discriminación tengan acceso a mecanismos efectivos de denuncia y reparación, incluyendo procedimientos legales y recursos adecuados.

Como se puede observar, el marco de acción es muy amplio y transversal pero pretende concreción, e incluye el impulso de medidas legislativas adecuadas, así como la cooperación de todas las partes interesadas.

Se trata de un modelo cooperativo y colaborativo. Además, se enfatiza el carácter fundamental de las medidas preventivas contra la violencia y la protección de los niños.

Otro aspecto importante de la recomendación es la promoción de la concienciación y la educación en relación con la orientación sexual y la identidad de género. Se insta a los Estados miembros a implementar programas educativos que fomenten la tolerancia y el respeto hacia la diversidad sexual y de género en las escuelas y otras instituciones educativas.

Además, la Recomendación establece la importancia de recopilar datos sobre la discriminación y la violencia basada en la orientación sexual y la identidad de género. Se anima a los Estados miembros a llevar a cabo monitoreos, investigaciones y recopilación de datos desglosados sobre estos temas, con el fin de comprender mejor la magnitud del problema y poder desarrollar medidas políticas más efectivas para combatir la discriminación.

5.5. Recomendación CM/Rec (2010) 12, sobre políticas para fomentar la igualdad de oportunidades en la educación

Esta Recomendación promueve medidas para garantizar la igualdad de oportunidades en la educación, incluyendo la eliminación de barreras y la promoción de la inclusión y la diversidad. Algunas de las garantías más importantes incluyen:

1. El acceso equitativo: Se garantiza el acceso equitativo a la educación para todos los niños y adolescentes, independientemente de su origen étnico, género, discapacidad, orientación sexual o cualquier otra característica personal.
2. La educación inclusiva: Se promueve la inclusión de los estudiantes con discapacidad y otros grupos vulnerables

en el sistema educativo regular, asegurando que se les brinde el apoyo necesario para su pleno desarrollo.

3. La lucha por la eliminación de estereotipos: Se insta a los países a tomar medidas para eliminar estereotipos y prejuicios en el ámbito educativo, promoviendo una educación que fomente la inclusión, la igualdad de género, la diversidad cultural y el respeto a todas las personas. No se trata de absorción ni uniformidad social sino de respeto por la diversidad y enriquecimiento cultural recíproco.
4. La Igualdad de oportunidades en el aprendizaje: Se busca garantizar que todos los estudiantes tengan igualdad de oportunidades en el proceso de aprendizaje, proporcionando recursos y apoyos adicionales a aquellos que lo necesiten, como estudiantes de bajos recursos económicos o con dificultades de aprendizaje.
5. Prevención del absentismo y abandono escolar: Se recomienda implementar estrategias para prevenir el abandono escolar, especialmente entre grupos desfavorecidos, y promover la permanencia en el sistema educativo hasta la finalización de los niveles obligatorios. Se requiere medidas de control más eficaces.
6. Evaluación equitativa: Se solicita que se utilicen métodos de evaluación equitativa, que tengan en cuenta las distintas habilidades y características de los estudiantes, y eviten la discriminación o desigualdad de oportunidades.

Estos instrumentos de protección del Consejo de Europa pretenden garantizar los derechos y el bienestar de los niños y niñas en Europa, y los países miembros están comprometidos a implementar estas medidas.

VI. CONVENIO DEL CONSEJO DE EUROPA PARA LA PROTECCIÓN DE LOS NIÑOS CONTRA LA EXPLOTACIÓN Y EL ABUSO SEXUAL: UN PRECEDENTE DE REFERENCIA

Como sabemos, la UE ha adoptado medidas para combatir la violencia contra los menores, como la Directiva 2011/92/UE del Parlamento Europeo y del Consejo sobre la lucha contra los abusos sexuales y la explotación sexual de los niños y la pornografía infantil, o el Reglamento (UE) 2021/784 del Parlamento Europeo y del Consejo, de 29 de abril de 2021, sobre la lucha contra la difusión de contenidos terroristas en línea.

Como sabemos, la normativa de la UE trae causa en los principios y valores que se decantan de la doctrina de los derechos humanos y del interés superior del menor, y respeta el derecho a la libertad de expresión y de información.

Además, se inspira, como otros muchos instrumentos sistémicos, en los estándares internacionales, en esta materia, asumidos por la comunidad internacional, como la Convención de las Naciones Unidas sobre los Derechos del Niño (1989) o el Convenio del Consejo de Europa para la Protección de los Niños contra la Explotación y el Abuso Sexual, firmado en Lanzarote el 25 de octubre de 2007, y en vigor desde el 1 de julio de 2010; así como el Protocolo Facultativo de la Convención sobre los Derechos del Niño relativo a la venta de niños, la prostitución infantil y la utilización de niños en la pornografía, aprobado el 25 de mayo de 2000.

Por ello, antes de analizar el Derecho derivado europeo, parece importante analizar estos dos instrumentos fundamentales que sirven de base.

Por lo que se refiere al primer Convenio, contra la explotación y el abuso sexual del Consejo de Europa, no es necesario recordar que estas dos acciones sobre los menores de edad conforman las peores formas de violencia. Por ello, UNICEF ha aportado el dato de que 2 millones de niños aproximadamente se utilizan en la industria del sexo. Así, se distribuye más de 1 millón de imágenes de niños y niñas que han sido víctima del abuso sexual; el dato escalofriante se refiere a que muy pocos han podido ser identificados, la mayoría son anónimos y, probablemente, continúan siendo objeto de esta clase de abusos. Por otra parte, no hay datos fidedignos sobre el abuso sexual de menores en la zona europea, aunque sí se sabe que el número de denuncias es muy inferior al de los casos cotidianos. Otro dato horrible es que la mayor parte de abusos sexuales se producen dentro del entorno familiar, y sus agresores son las personas más cercanas a los niños. Todo esto demuestra la importancia de priorizar esta materia dentro del seno del Consejo de Europa.

El Convenio del Consejo de Europa para la protección de los niños contra la explotación y el abuso sexual pretende así prevenir cualquier clase de delito sexual contra los niños y niñas así como facilitar la persecución penal de sus victimarios y poder garantizar la protección de los niños que han sido víctima de estos delitos. Por ello, la protección transversal de los menores de edad pretende asegurar su bienestar, favoreciendo sus opiniones y necesidades dentro del marco del interés superior del menor.

El Convenio actuará como un marco jurídico que exige una serie de medidas:

1. De naturaleza preventiva, tales como: incentivar la formación específica de las personas que trabajan con niños y niñas, informar sobre los riesgos de abuso sexual y explotación a los propios menores.

2. Protectoras: como impulsar políticas de apoyo a las víctimas y a sus familias con asistencia psicológica y terapéutica; informar sobre la posibilidad de denunciar cualquier sospecha sobre abuso sexual o explotación, y, poner a disposición de la ciudadanía líneas telefónicas

y por Internet para poder prestar cualquier tipo de asistencia o asesoramiento.

3. De Derecho penal: tipificación como delitos de cualquier actividad sexual con menores de edad; tipificación, asimismo, como delito de cualquier conducta que utilice las redes para realizar agresiones sexuales tales como el "grooming" o el ciberacoso infantil; además, se deberá establecer un sistema claro de principios para la reelaboración de un ordenamiento punitivo disuasorio, eficaz y proporcionado; por último, se plantea la necesidad de crear un registro interoperativo sobre delincuentes sexuales contra menores de edad. Hoy es ya una realidad, si bien el acceso a estos datos difiere de unos países a otros.
4. Diligencias de investigación y judiciales en esta órbita: Protección integral de los niños y niñas durante los procedimientos policiales y judiciales, procurando no victimizar de nuevo el menor de edad; proteger la identidad, la imagen y los datos íntimos y reservados de los niños y niñas; adaptar pronto las medidas oportunas que respondan a las necesidades de las víctimas; tratar de evitar el exceso de entrevistas con los menores de edad en estas circunstancias, realizando las que se deban hacer dentro de entornos adecuados y por profesionales bien formados en esta materia.
5. Seguimiento: se plantea la necesidad de evaluar la aplicación del convenio al objeto de poder mejorar su cumplimiento en el largo plazo.

Este Convenio tipifica la explotación y el abuso sexual dentro de los artículos 18 a 23. Será delito cuando un adulto mantenga relaciones sexuales con un menor de edad, concretamente, cuando se utilice la fuerza o la amenaza. Está demostrado que es una de las formas más frecuentes de violencia sexual y que resulta absolutamente traumática psicológicamente para sus víctimas. Asimismo, el Convenio tipifica también:

1. La prostitución infantil, mediante la trata, se exigen sanciones penales tanto para los reclutadores de menores de edad como para los usuarios de este servicio.

2. La pornografía infantil, desde un enfoque muy amplio: se pena la producción, la difusión, la oferta y la posesión, así como cualquier utilización para acceder o intercambiar este material.

3. Las proposiciones sexuales a menores de edad. Es la primera vez que se incluye en un tratado internacional la punibilidad de las citas sexuales con menores de edad, realizadas por adultos y cuyo contacto se produce a través de Internet; el concepto de Grooming significa: engañar a un menor para abusar de él y obtener algún tipo de gratificación sexual.

Por lo que se refiere a la persecución de estos delitos, se concibe de una manera muy amplia, toda vez que en el caso de estos delitos tan graves, el autor será perseguido incluso en el país del cual es nacional, e incluso, se perseguirá en los países en los que estas acciones no sean constitutivas de delito. Se pretende combatir el turismo sexual infantil[10].

---

10 Consejo de Europa (sf).

VII. DIRECTIVA 2011/92/UE DEL PARLAMENTO EUROPEO Y DEL CONSEJO, DE 13 DE DICIEMBRE DE 2011, RELATIVA A LA LUCHA CONTRA LOS ABUSOS SEXUALES Y LA EXPLOTACIÓN SEXUAL DE LOS MENORES Y LA PORNOGRAFÍA INFANTIL, Y POR LA QUE SE SUSTITUYE LA DECISIÓN MARCO 2004/68/JAI DEL CONSEJO

Se trata de una norma de la Unión Europea que tiene como objetivo homogeneizar y dar coherencia a las legislaciones de los Estados miembros para prevenir y combatir los delitos que acabamos de ver, así como proteger y asistir a las víctimas de estos horribles delitos.

Esta norma de Derecho derivado, a fin de conseguir una mayor seguridad jurídica, pretende generalizar una definición común de los delitos de abusos sexuales, explotación sexual y pornografía infantil, y recoge conductas tales como: el acoso, el turismo sexual, el matrimonio forzado, la mutilación genital femenina y la incitación o asistencia a la comisión de estos delitos. Además, como no podía ser de otra manera, exige a los Estados miembros que tipifiquen estos delitos con penas proporcionales a su gravedad, que puedan llegar hasta los 10 años de prisión o más en los casos más graves.

Además, se requiere que los delincuentes condenados por delitos sexuales contra menores de edad sean sometidos a una evaluación de riesgos de reincidencia. Los Estados miembros deben ofrecer programas o medidas de intervención para delincuentes condenados y personas en riesgo de cometer delitos sexuales. Por otra parte, se puede prohibir, a los delincuentes condenados, ejercer aquellas actividades profesionales que impliquen contacto directo y regular con menores.

Por otra parte, se refuerza la cooperación jurisdiccional y policial entre los Estados miembros y con terceros países, así como con Europol e Interpol, para facilitar la investigación y el enjuiciamiento de estos delitos, especialmente cuando tienen una dimensión transfronteriza. Por ello, se introduce la competencia extraterritorial, con el objetivo de que los delincuentes nacionales puedan ser procesados en su país por delitos cometidos en otros países. Por encima de todo es fundamental que las Fuerzas y Cuerpos de Seguridad dispongan de herramientas de investigación eficaces, similares a las utilizadas contra la delincuencia organizada.

Lo que se pretende al final es que se garantice una protección integral y dirigida a las necesidades de las víctimas más vulnerables, especialmente de los menores de edad, durante todo el proceso penal; también prevé medidas de asistencia, apoyo y recuperación para las víctimas y sus familias.

También se dará una protección específica a los niños que denuncien abusos dentro de la propia familia, garantizando la protección de la intimidad, identidad e imagen de las víctimas.

Por otra parte, esta Directiva no elude la necesidad de la carga pedagógica, por ello, promueve la prevención de estos delitos mediante la sensibilización, la educación, la formación, la investigación y el intercambio de buenas prácticas entre los Estados miembros y las organizaciones de la sociedad civil.

Esta Directiva se aplica en España, sobre todo, mediante su desarrollo por la Ley Orgánica 1/2015, de 30 de marzo, por la que se modifica la Ley Orgánica 10/1995, de 23 de noviembre, del Código Penal. Esta Ley introduce cambios en el Código Penal para adaptarse a las disposiciones de esta Directiva, tales como:

1°. La ampliación del concepto de pornografía infantil para incluir imágenes realistas o simuladas de menores o personas con aspecto de menores, así como sonidos que representen a menores participando en actividades sexuales.

2°. El incremento de las penas para los delitos de abusos sexuales y explotación sexual de menores de edad, especialmente cuando se cometan con violencia, intimidación, engaño o abuso de autoridad.

3º. Establecer la imprescriptibilidad de los delitos más graves contra la libertad e indemnidad sexuales de los menores, como la agresión sexual, la prostitución forzada o la pornografía infantil con participación directa del autor.

4º. Crear un Registro Central de delincuentes sexuales que permita el intercambio de información con otros Estados miembros y la adopción de medidas de prevención y control.

A propósito de este Registro, se debe señalar que el Registro Central de Delincuentes Sexuales en España es una herramienta clave en la lucha contra los delitos sexuales.

Este registro es un sistema de información "no público" y gratuito que contiene datos sobre la identidad, perfil genético, penas y medidas de seguridad impuestas a personas condenadas por delitos contra la libertad e indemnidad sexuales. Fue regulado por el Real Decreto 1110/2015, y su propósito es proporcionar un mecanismo de control y prevención para proteger a la sociedad de individuos que han cometido este tipo de delitos.

En el ámbito mundial, los Registros de delincuentes sexuales varían en su grado de institucionalización. Así por ejemplo, en los Estados Unidos, el registro es accesible al público y permite a los ciudadanos obtener información sobre la identidad y ubicación de delincuentes sexuales allí registrados.

Además, la Ley, conocida como SORNA (Sex Offender Registration and Notification Act), establece un sistema de Registro y notificación en línea a nivel nacional.

En Europa, la situación es más diversa. Algunos países tienen Registros similares al de España, donde la información no es pública, mientras que otros pueden tener sistemas de notificación más abiertos. La investigación y el debate continúan sobre su efectividad e impacto en la reinserción de los delincuentes y la seguridad pública.

VIII. CONCLUSIONES Y PROPUESTAS PROSPECTIVAS PARA UN ENTORNO SEGURO DE LOS NIÑOS, NIÑAS Y JÓVENES

Con estos parámetros implementados parece presuntuoso por nuestra parte hablar de propuestas prospectivas para mejorar la seguridad de nuestros niños y niñas y adolescentes.

Desde ya hace varias décadas se lucha contra toda forma de violencia desde las principales instituciones del mundo y de Europa con escasos resultados. A pesar de las bondades del desarrollo tecnológico, lamentablemente, estos avances también se han proyectado sobre las nuevas formas de violencia y lesión de los derechos de los menores de edad; cada vez resulta más difícil luchar por las dificultades técnicas que plantea esta globalización tecnológica sin claras fronteras y con las jurisdicciones muy difuminadas.

Así, nosotros sólo podremos aportar algunas consideraciones sobre lo que existe, con la finalidad de aportar algunas ideas que nos parecen interesantes para mejorar la situación en lo posible.

En la actualidad, resulta esencial priorizar jurídica y políticamente cinco aspectos fundamentales para el desarrollo físico y psicológico de las personas menores de edad:

1°. En primer lugar, se debe potenciar por todos los medios la igualdad de oportunidades de todos los niños y niñas. La discriminación por razón de género todavía persiste, por ello resulta preciso impulsar la igualdad entre niños y niñas y luchar contra cualquier estereotipo de sexismo o brecha existente.

Debe descender el nivel de sexualización en todos los ámbitos de la vida. Además, según se ha dicho, el Consejo de Europa emprenderá estudios sobre los niños y niñas LGTBI+ en cuanto al ejercicio de sus derechos humanos (Recomendación CM/Rec(2007)9, Recomendación CM/Rec(2008)4, Recomendación CM/Rec(2009)13).

Resulta imprescindible que los legisladores de todo el mundo conozcan los instrumentos para luchar contra la discriminación infantil y poder impulsar así los derechos sociales de los colectivos más vulnerables. Se debe realizar además, un seguimiento de la aplicación de la Carta Social, sobre todo por la importancia de los derechos ahí contenidos, que tienen una tutela de menor nivel que los derechos políticos.

Todavía queda mucho camino por recorrer; así debemos señalar que los informes de la UNICEF aseveran que la pobreza infantil ha aumentado. Según EUROSTAT, los niños y niñas se enfrentan al máximo riesgo de pobreza y exclusión social; esto repercute en todas las facetas de sus vidas, en los resultados escolares, en la salud, en el desarrollo de su personalidad, etc.

Según se ha dicho, el viejo continente corre el peligro de haber generado toda una" generación perdida" de niños y adolescentes desilusionados, excluidos y pertenecientes a familias estresadas; ello es un factor importante de riesgo para la generación de violencia y abandono[11].

Se debe además advertir sobre el peligro que puede producir el alto nivel de desempleo y, sobre todo, los recortes en las prestaciones sociales, toda vez que las familias afectadas suelen generar nuevos factores de riesgo para un mal desarrollo de los menores de edad y adolescentes.

---

11 Comisión Europea (2013).

Como se ha dicho, la calidad de una sociedad avanzada se debe medir por el trato que dispensa a sus grupos más vulnerables y en peligro de exclusión. Dentro de los menores de edad existen varias categorías en peligro de exclusión cuando no se le dispensa por parte del Estado un nivel prestacional adecuado, entre estas categorías tenemos, por ejemplo: los niños con capacidades diferentes, los niños privados de la tutela o protección de sus padres, los niños pertenecientes a minorías maltratadas, los menores de edad extranjeros no acompañados, los menores de edad que trabajan jornadas muy por encima de las que se consideran normales para los adultos, los niños y niñas que trabajan en la calle, o aquellos que son víctimas de las redes de explotación. Estas categorías no se deben olvidar ni por un momento y debe priorizarse las políticas activas para impulsar su inclusión. "No es la discapacidad lo que hace difícil la vida, sino los pensamientos y acciones de los demás"[12].

Se impone, además, el establecimiento de procedimientos de evaluación periódicos para poder valorar los efectos de la aplicación de las medidas adoptadas para evitar la exclusión de los colectivos de menores de edad más vulnerables.

2º. Como exigencia de los postulados del Gobierno Abierto y dada la fragilidad del colectivo infantil, resulta fundamental también facilitar la participación de todos los niños y niñas en todos los aspectos de la vida cotidiana.

Es necesaria la participación inclusiva de todos los niños y, a poder ser de sus padres en las principales decisiones que les afecten, tanto como personas individualmente consideradas, o como grupo socialmente cohesionado. La participación de los padres también puede ayudar a mejorar la calidad de los sistemas escolares públicos y que unos padres participativos pue-

---

12 Azuara de Curi (2014).

den brindar un mosaico de oportunidades para que sus hijos tengan éxito en su tránsito por la escuela"[13].

Además, se deberán crear sólidos cauces para hacer posible una libertad de expresión adecuada, para que se pueda considerar debidamente sus opiniones, teniendo siempre en cuenta su edad y grado de madurez.

En este sentido, el Consejo de Europa, se ha comprometido a proporcionar la orientación necesaria para poder hacer realidad la participación de los niños de una manera sistémica y en todos sus ámbitos de desarrollo. Esta participación deberá ser evaluada adecuadamente con el objeto de poder mejorar en su realización; además se deberán adoptar medidas para obtener datos sobre las experiencias de la participación de los niños y niñas basada en la titularidad de sus propios derechos.

En este sentido, se deberá seguir consultando a los niños y niñas para poder considerar sus opiniones y respuestas en la elaboración, ejecución y monitoreo de sus normas, políticas y otras actividades relacionadas con el mundo infantil. Se deberá prestar especial atención a la participación de niños y niñas que se encuentren en una especial situación vulnerable, y, se deberán impulsar la comunicación fluida con quienes les tutelan y trabajan con ellos; las nuevas tecnologías serán muy importantes para estos menesteres[14].

En la actualidad, la vida de los más jóvenes parece discurrir "entre pantallas". Llega un momento en que es difícil discernir entre la realidad y la otra forma de vida que se reproduce de forma vertiginosa detrás de las pantallas. Por supuesto, el acceso a Internet y a la denominada alfabetización digital se está considerando poco a poco como una dimensión necesaria dentro del desarrollo de los niños. En este ámbito también se

---

13 Machen, Wilson, y Notar (2005).

14 Comité de los Derechos del Niño (2009).

produce un cauce para la libertad de expresión, la participación, la educación, y otras formas de expresión y manifestación.

No obstante, como ya hemos dicho, la red está llena de peligros y todos los días se producen atentados contra la privacidad y los aspectos más reservados de la persona. Hoy existen nuevas formas de abuso sexual como las que se producen en línea o las imágenes sexualizadas con menores; también el ciberacoso y la autoexposición. Se debe hacer hincapié en que los padres y los profesores deben realizar un gran esfuerzo para poder controlar las acciones de los menores de edad dentro de estos entornos.

También en este punto se debe señalar el problema de la migración infantil. Cada vez más niños y niñas se desplazan por toda Europa, a veces acompañados y otras veces solos. En algunos países se limita su acceso a servicios primarios como la salud, la educación, la justicia o a los servicios sociales. En estos casos, los menores extranjeros no acompañados tienen una situación especialmente precaria y pobre de protección. A menudo los niños migrantes sufren abusos y vulneraciones habituales en sus derechos humanos. El principio del interés superior del niño debe estar presente en todas las dimensiones de este fenómeno y, especialmente, en los procedimientos de asilo e inmigración. Por ello es muy importante la protección de la familia y la necesidad de establecer sistemas sociales eficaces con una tutoría que despliegue sus efectos en todas las dimensiones de los menores de edad; también será fundamental los procedimientos garantistas y adaptados a las necesidades de los niños y niñas en la separación familiar y otros procedimientos de familia que indirectamente inciden sobre los menores de edad.

Además, deberán constituir una referencia las recomendaciones sobre proyectos de vida para los niños migrantes no acompañados, se deberá incentivar la integración de los hijos de migrantes y de los niños y niñas de origen migrante; además se deberá centrar la atención sobre el fenómeno de la migración y la trata de niños por las redes de delincuentes internacionales.

Por lo que respecta a las minorías, el Consejo de Europa deberá seguir protegiendo a aquellos niños y niñas que pertenezcan a minorías. Como sabemos, realiza una labor fundamental el Comité consultivo del Convenio marco para la protección de las minorías nacionales (ACFC), así como el Comité de expertos de la Carta europea de las lenguas regionales o minoritarias (CELRM). Se deben proteger e incentivar los derechos de los niños pertenecientes a cualquier minoría étnica tradicional o nacional en todas las facetas de su vida y, como no, en el uso de su idioma; como ya dijimos, no se trata de absorción, sino de integración.

3°. En tercer lugar, resulta imprescindible la creación de un entorno seguro para poder construir una vida libre de violencia en la que los niños puedan desarrollarse bien y con todas las potencialidades que ofrece el mundo actual.

La violencia es una de las peores preocupaciones de los niños y niñas. Se trata de una trágica vulneración directa de la dignidad y de los derechos fundamentales de los niños y, claro está, impide el desarrollo integral de su personalidad y la correcta socialización. "La vulnerabilidad aparece en condiciones de carencia afectiva, abandono, precariedad material, presión de padres y otros factores inherentes a la vida callejera, o aún hogareña, de muchos niños, niñas y adolescentes que han sido utilizados en la prostitución"[15].

Los entornos violentos son una de las causas de ataques contra los derechos nucleares con peores consecuencias para la salud física y mental de los menores de edad; al final se produce

---

15 Lozano, Ruz, y Soto (2018), p. 15.

un coste de grandes dimensiones para toda la sociedad[16], y, por ello, erradicar cualquier forma de violencia es absolutamente esencial para el futuro de una comunidad política. Se debe remarcar en este momento, que los avances son de carácter fragmentado y demasiado lentos; además, el entorno digital y tecnológico, como ya se ha dicho, ha favorecido nuevas formas de amenaza para estos colectivos. Por ello, resulta preciso construir entornos seguros en las escuelas y en cualquier estructura de acogida de menores de edad; además, resulta esencial que las instituciones judiciales y las fiscalías protejan el normal desarrollo de los niños y niñas durante las actividades de ocio, deportivas y en el hogar.

Así mismo, es necesaria una mayor inversión de recursos en la prevención de cualquier forma de violencia, y las políticas públicas nacionales e internacionales tienen que basarse en la cooperación y colaboración de todos los actores implicados; deben perder ese carácter fragmentado y revitalizarse a partir de acciones conjuntas, habituales, coordinadas, evaluadas y sometidas a continua mejora. La financiación también deberá ser conjunta.

Otro aspecto que debemos vigilar de manera directa y con mucha atención es el incremento del discurso de incitación al odio contra los grupos vulnerables y la violencia racista. Lo cierto es que se observa en los últimos años una paulatina radicalización de los jóvenes que parece responder a una creciente intolerancia y una falta de diálogo intercultural. También se debe invertir recursos para prevenir estas formas de violencia que pueden terminar también con la exclusión de los más vulnerables o con brotes de violencia en las calles.

El Consejo de Europa se ha comprometido a contribuir para la eliminación de la violencia contra los niños y niñas en

---

16 Lareau (2003).

cualquier entorno y, en particular en la escuela, los medios de comunicación, el ámbito jurisdiccional, la familia, los procesos migratorios, y cualquier otro ámbito sensible para ello.

Se deberán elaborar marcos jurídicos, acciones institucionales y políticas sólidas para el impulso hacia la promoción de una cultura de respeto de los derechos humanos de los menores de edad. Para ello, resulta imprescindible establecer mecanismos que se adapten a las necesidades de los niños, así como adoptar una agenda estratégica para investigar y prevenir cualquier forma de violencia contra nuestros niños y niñas. En este sentido, el Consejo de Europa ya advirtió que funcionará como un foro abierto para poder cristalizar cualquier política positiva en este ámbito. Se deberá fortalecer la comunicación entre los órganos nacionales y transnacionales para la recopilación de datos en todos los ámbitos.

Además, el Consejo de Europa va a continuar impulsando la eliminación real de cualquier clase de castigo corporal y de cualquier otra forma degradante o cruel de castigo contra los niños y niñas en cualquier entorno, incluida la familia.

Se trata de una estrategia para apoyar a los Estados miembros en sus reformas legales con el objetivo de llegar a tener una prohibición absoluta sobre estos castigos y un incremento de la conciencia colectiva sobre el carácter perjudicial de estas acciones.

4º. En cuarto lugar, se debe impulsar una cultura jurisdiccional inclusiva y, sobre todo, adaptada a los menores de edad, con procesos ágiles y eficaces sin renunciar a las garantías de protección que requiere este colectivo vulnerable. Resulta preciso reivindicar que los sistemas jurisdiccionales nacionales y europeos y sus procesos se adapten a las verdaderas necesidades de los niños y las niñas. Parece claro que los derechos de los niños ejercidos en los procesos legales no se respetan bien en la práctica; los derechos específicos de los menores de edad no se suelen acoplar bien a sus propias necesidades y por ello es preciso ajustar los procedimientos y protocolos infantiles a sus verdaderas necesidades.

Tanto la jurisprudencia del Tribunal Europeo de Derechos Humanos como las resoluciones del Comité Europeo de Derechos Sociales han ilustrado las conculcaciones, para los menores de edad, de los derechos contenidos dentro del Convenio Europeo de Derechos Humanos.

Los derechos sobre los que se ha incidido son nucleares y absolutamente esenciales para el desarrollo de la personalidad: el derecho al respeto a la vida privada y familiar, la libertad de pensamiento, de conciencia y de religión y la prohibición de la discriminación, por ejemplo.

Además, para los menores de edad resulta esencial que se den unas buenas relaciones con sus padres, hermanos y otros integrantes de la familia. A pesar de que las familias puedan enfrentarse a dificultades de todo tipo, la acción pública debe estar detrás ayudando a combatir cualquier riesgo de exclusión o ataque. Se debe fomentar la conciliación de la vida familiar y laboral, en especial para las madres solteras y estar muy pendientes de cualquier brote de violencia que pueda surgir dentro de este contexto familiar. Por otra parte, sería necesario preservar a los niños y niñas de los riesgos de una mala utilización de los avances tecnológicos.

5º. El eje vertebrador de las legislaciones de los Estados parte y de las políticas públicas dirigidas a los infantes, se debe dirigir a facilitar el pleno ejercicio de los derechos de los menores de edad dentro de esta sociedad digital, compleja y llena de trampas y engaños en la red.

No se puede perder la oportunidad de afianzar la idea de que todos los niños y niñas en los Estados miembros del Consejo de Europa deben gozar de todos los derechos contenidos dentro del Convenio Europeo de Derechos Humanos, la Convención de la ONU, así como de los derechos civiles, políticos, económicos, sociales y culturales; por lo que las estrategias a medio y largo plazo deben contar con todos los instrumentos al alcance, tanto legislativos como ejecutivos, políticos y administrativos; las acciones tienen que ser transversales y contar con la ciudadanía y el tercer sector, la participación y la colaboración, así como la rendición de cuentas y la integridad pública son elementos esenciales para llevar a término las acciones con los menores de edad. Además, no debemos olvidarnos del desarrollo tecnológico, la innovación, las nuevas tecnologías de la comunicación y de todas aquellas aplicaciones que puedan facilitar la formación en derechos humanos, una nueva pedagogía al alcance de todos.

Se debe continuar profundizando en las consultas, encuestas y cualquier otra forma de participación directa en los Estados miembros del Consejo de Europa. Es importante contar con la opinión directa de los protagonistas, de la comunidad política, los defensores de los menores de edad y otras organizaciones y plataformas nacionales e internacionales propias del ámbito infantil. El Comité de expertos sobre la estrategia del Consejo de Europa para los derechos del Niño (DECS-ENF) bien resulta ser un órgano fundamental para facilitar, a través de sus informes, la adopción de medidas políticas y administrativas por parte del Comité de Ministros del Consejo de Europa.

Por otra parte, la manera de trabajar mediante estrategias a medio plazo es una forma muy innovadora y práctica de poder desarrollar medidas transversales con capacidad de cambio; la evaluación a medio plazo posibilita introducir ajustes y mejoras en los diversos tramos temporales y sirve para valorar mejor las técnicas utilizadas en periodos de tiempo razonables de implantación de las medidas.

El Programa "Construir una Europa Para y Con los Niños" cuenta ya con casi 10 años de existencia y, lo cierto es que ha servido para conseguir importantes logros en cuanto a la protección de los menores de edad.

En cuanto al ámbito político y legislativo se ha avanzado muchísimo en el Consejo de Europa, toda vez que se cuenta con un marco de referencia integrado por dos normas vinculantes y un desarrollo posterior a través de 18 normas no vinculantes; estas han sido elaboradas por los Estados parte y se han ido adoptando por el Comité de Ministros. Tanto los convenios como las recomendaciones y directrices han impulsado la ejecución de los aspectos esenciales de la Convención de las Naciones Unidas sobre los derechos del Niño en el ámbito europeo. Es preciso seguir profundizando en la articulación sistémica de los sistemas de La ONU, el Consejo de Europa y la Unión Europea; por un pluralismo normativo y político sin dispersión.

Además, también se ha desarrollado la base de conocimientos mediante la institucionalización de, al menos, ocho mecanismos de control por parte del Consejo de Europa. Se debe destacar también que los 47 Estados miembros han sido ayudados por la organización para poder impulsar los derechos de los niños y de las niñas a través de más de 160 actividades, contenidas en 28 proyectos de cooperación.

Debemos aquí reseñar que en el marco de la estrategia anterior (2012-2015), se organizaron más de 200 actividades relacionadas directamente con los derechos de los niños y las niñas. Los métodos de trabajo siempre han sido de naturaleza transversal y con participación directa de la sociedad civil, el Comité de Expertos sobre la Estrategia del Consejo de Europa y la Red Nacional de Coordinadores sobre los derechos del Niño.

Para trabajar esta materia con solidez será además necesario generar alianzas estratégicas con otras organizaciones internacionales, tanto gubernamentales como no gubernamentales, para poder aplicar con solidez las medidas que se vayan elaborando por los diferentes actores sociales, políticos, económicos, etc. Es absolutamente imprescindible un compromiso político amplio, transnacional, con recursos materiales, económicos y humanos suficientes para proteger los derechos de nuestros menores de edad.

También es importante el impulso que deben recibir las capacidades y competencias de los defensores del Pueblo así como las ONG en cuanto a la garantía de los derechos sociales.

Otro aspecto fundamental, que ya se ha apuntado, que requerirá la atención en esta etapa es la sólida formación de profesionales en lo que atañe al ejercicio de los derechos de los niños, tanto en sus relaciones jurídicas materiales, como en el aspecto procesal.

BIBLIOGRAFÍA CITADA

Azuara de Curi, María del Carmen, *Educación inclusiva,* Valencia, Universidad Internacional de Valencia, 2014.

Casañas Sánchez, Rocío (2020), *Promoción de la salud mental en la infancia y la adolescencia,* Barcelona, Universitat Oberta de Catalunya, 2020. Disponible en: https://openaccess.uoc.edu/bitstream/10609/150091/1/PromocionDeLaSaludMentalEnLaInfanciaYAdolescencia.pdf (Consulta realizada: 22/07/2024).

Centro de Investigación de la UNICEF, *Children of the Recession: The impact of the economic crisis on child well-being in rich countries,* Florencia, Innocenti Report Card 12, 2014.

Cisneros, José Luís, "Niños y jóvenes sicarios: una batalla cruzada por la pobreza", *El Cotidiano,* N° 186, 2014, pp. 7-18.

Comisión Europea, *Estrategia de la UE sobre los Derechos del Niño.* Diario Oficial de la Unión Europea, 2020. Disponible en: https://commission.europa.eu/strategy-and-policy/policies/justice-and-fundamental-rights/rights-child/eu-strategy-rights-child-and-european-child-guarantee_es (Consulta realizada: 22/07/2024).

Comité Económico y Social Europeo, *Dictamen sobre La protección de los menores migrantes no acompañados en Europa.* Diario Oficial de la Unión Europea, C429, 2020. Disponible en: https://eur-lex.europa.eu/legal-content/ES/TXT/PDF/?uri=OJ:JOC_2020_429_R_0004 (Consulta realizada: 22/07/2024).

Consejo de la Unión Europea, *Garantía Infantil Europea: cómo protege a los niños la UE*. Disponible en: https://www.consilium.europa.eu/es/infographics/european-child-guarantee/ (Consulta realizada: 22/07/2024).

Consejo de Europa, *Programa del Consejo de Europa y la Unión Europea para impartir formación a los mediadores romaníes en toda Europa (ROMED)*. Disponible en: www.coe-romed.org (Consulta realizada: 22/07/2024).

Hernández Cordero, Ana Lucía; Gentile, Alessandro; y Santos Díaz, Estela, "Perspectivas teóricas para el análisis de la maternidad adolescente", *Revista Castellano-Manchega de Ciencias Sociales*, N° 26, 2019, pp. 135-154.

Lareau, Annette, *Infancias desiguales*, Bookey, 2003. Disponible en: https://www.bookey.app/es/book/infancias-desiguales (Consulta realizada: 22/07/2024).

Lozano González, Edwin Enrique; Ruz Yepes, María José; y Soto Arévalo, Johanna, *Prostitución infantil y trata de menores: corresponsabilidad de la familia y del Estado*, Universidad de la Costa CUC, 2018. Disponible en: https://repositorio.cuc.edu.co/bitstream/handle/11323/139/1103110986%20-%2033353038%20-%208793558.pdf?sequence=1 (Consulta realizada: 22/07/2024).

Machen, Sandra; Wilson, Janell; y Notar, Charles, "Parental involvement in the classroom", *Journal of Instructional Psychology*, Vol. 32, N° 1, 2005, pp. 13-16.

Mangiova Montero, Mónica, *Una percepción sobre la prostitución infantil. Análisis y crítica sobre la prostitución infantil*, Universitat de les Illes Balears, 2017. Disponible en: https://dspace.uib.es/xmlui/bitstream/handle/11201/3919/Mangiova_Montero_Monica.pdf?sequence=1 (Consulta realizada: 22/07/2024).

Martínez, Marion César y Liotto, Germán Carlos, "Menor y narcotráfico: Una visión criminológica", *Archivos de Criminología, Seguridad Privada y Criminalística*, N° 18, 2022, pp. 110-120.

Meza Rodríguez, Linda y Trimiño Quiala, Bernardo, "La Nueva Escuela Mexicana y la participación de la familia en la educación", *Revista Mexicana de Investigación Educativa*, Vol. 20, N° 65, 2015, pp. 1025-1044. Disponible en: https://www.redalyc.org/journal/4757/475765806002/html/ (Consulta realizada: 22/07/2024).

Parlamento Europeo, *Informe sobre la protección de los derechos del menor en los procedimientos de Derecho civil, administrativo y de familia*, 2022. Disponible en: https://www.europarl.europa.eu/doceo/document/A-9-2022-0033_ES.html (Consulta realizada: 22/07/2024).

Pérez Contreras, María de Montserrat, "Infancia y violencia en medios de comunicación: Aproximación a un aspecto de la educación informal", *Boletín Mexicano de Derecho Comparado,* Vol. 41, N° 121, 2008, pp. 1-26. Disponible en: https://www.scielo.org.mx/scielo.php?script=sci_arttext&pid=S0041-86332008000100010 (Consulta realizada: 22/07/2024).

Raatikainen, Kaisa; Heiskanen, Nonna; Verkasalo, Pia K.; y Heinonen, Seppo, "Good outcome of teenage pregnancies in high-quality maternity care", *European Journal of Public Health,* Vol. 16, N° 2, 2006, pp. 157–161. (Consulta realizada: 22/07/2024).

Legislación citada

Convención de los Derechos del Niño. Asamblea de las Naciones Unidas, de 29 de noviembre de 1989.

Directiva 2011/93/UE del Parlamento Europeo y del Consejo, de 13 de diciembre de 2011, relativa a la lucha contra los abusos sexuales y la explotación sexual de los menores y la pornografía infantil y por la que se sustituye la Decisión marco 2004/68/JAI del Consejo. Disponible en: https://www.boe.es/buscar/doc.php?id=DOUE-L-2011-82637 (Consulta realizada: 22/07/2024).

Ley Orgánica 8/2021, de 4 de junio, de protección integral a la infancia y la adolescencia frente a la violencia de España. Boletín Oficial del Estado, 5 de junio 2021.

Optional Protocol to the Convention on the Rights of the Child on the involvement of children in armed conflict. Disponible en: https://www.ohchr.org/en/instruments-mechanisms/instruments/optional-protocol-convention-rights-child-sale-children-child (Consulta realizada: 22/07/2024).

La violencia institucional hacia niños, niñas y adolescentes en América Latina

CLAUDIA PATRICIA SANABRIA MOUDELLE
Prof. Titular de Derechos de la Niñez y la Adolescencia
Universidad Iberoamericana
sanabriamoudelle@gmail.com

I. INTRODUCCIÓN

Este capítulo presenta una aproximación sobre la definición de la violencia institucional, una forma de violencia frecuente, sistemática y no pocas veces silente y poco visible. En este sentido, partimos del principio que coloca al Estado como principal garante de derechos, especialmente a partir de la adopción de la Convención Internacional de las Naciones Unidas sobre los Derechos del Niño (en adelante, CDN), que ha incorporado claramente su responsabilidad directa en la garantía de los derechos de niñas, niños y adolescentes (en adelante, NNA). Así, en un contexto como el descrito cabe revisar las acciones y omisiones realizadas a cargo de órganos públicos, o de entidades privadas, cuando son toleradas por el Estado[1].

Para este estudio, se intenta brindar inicialmente una definición de la violencia institucional, para luego, de manera práctica, partiendo del análisis de algunas casuísticas paraguayas, que llegan a la reclamación ante la Comisión Interamericana de Derechos Humanos, caracterizar situaciones que se

---

1 Ravetllat y Mondaca (2023).

constituyen en esta forma de violencia contra la niñez y la adolescencia por parte de órganos estatales[2].

La discusión no puede estar ajena al contexto, Latinoamérica presenta un panorama complejo y extremadamente desigual, es de hecho, una de las regiones con mayor desigualdad del mundo. Para esta Región, aplica sin lugar a dudas aquella afirmación del economista Joseph Stiglitz quien apuntaba que "el 1% de la población tiene lo que el 99% necesita"[3]. En este escenario, la agenda pública para los Estados se determina por la necesidad de dar respuesta a situaciones alarmantes como: desigualdad, pobreza, violencias (abuso sexual, maltrato, lesiones por causas externas, mortalidad infantil, etc.), migraciones, niñez institucionalizada, por citar las más importantes.

La agenda pública y política se ve entonces marcada por la urgencia y las situaciones de vulneración de derechos, sin que haya sido posible hasta ahora que el continente planifique desde el enfoque promocional y preventivo como anhelaba la CDN. Tomando en consideración el principio de las cuatro "Ps" emanando de los preceptos de la CDN: promoción, prevención, protección y participación, hasta ahora se ha visto más protagónica a la "Protección", considerando el alto índice de vulneraciones de derechos en distintos ámbitos. La protección entra a regir cuando un NNA se encuentra afectado en el cumplimiento de alguno de sus derechos, y es una respuesta que

---

2 La CIDH es un órgano principal y autónomo de la Organización de los Estados Americanos (OEA) encargado de la promoción y protección de los derechos humanos en el continente americano. Está integrada por siete miembros independientes que se desempeñan en forma personal y tiene su sede en Washington, D.C. Fue creada por la OEA en 1959 y, en forma conjunta con la Corte Interamericana de Derechos Humanos (Corte IDH), instalada en 1979, es una institución del Sistema Interamericano de protección de los derechos humanos (SIDH)

3 Stiglitz (2014), p. 244.

desde el Estado debe tener como fin iniciar el camino de la restitución de los derechos que han sido afectados.

A continuación, se presentan pues tres apartados que analizan y pretenden caracterizar la violencia institucional cuando es cometida desde las propias instancias estatales, desde la legislación, y, desde las políticas y programas. Seguidamente, se presentan casuísticas paraguayas que han llegado a la Comisión Interamericana de Derechos Humanos, y un caso práctico para identificar situaciones que constituyen violencia institucional.

II. LA VIOLENCIA INSTITUCIONAL POR PARTE DE LOS ÓRGANOS DEL ESTADO

La violencia institucional pues, debe ser entendida como aquella que vulnera derechos de las personas, en este caso que nos ocupa, de NNA, ya sea por acción u omisión a través de actos que llevan adelante funcionarios públicos en el ejercicio de sus funciones. Las acciones u omisiones se dan a través de instituciones públicas, de la legislación vigente o de los programas y políticas. Sin ir más lejos, el mismo silencio respecto a un tema que requiere una respuesta política, puede ser considerado como violencia institucional.

La CDN establece que los Estados Partes deben respetar todos los derechos reconocidos a NNA bajo el principio de la no discriminación[4], y que deben tomar las medidas necesarias para que se vea protegido contra toda forma de discriminación o castigo por su condición. Igualmente, cada una de estas medidas debe tener como orientación lograr el principio del interés superior del NNA[5], adoptándolas hasta el máximo de

---

4 CDN, articulo 2.

5 CDN, artículo 3.

los recursos de que disponga el Estado[6]. Asimismo, en estas orientaciones generales que proporciona la CDN a los Estados, cabe igualmente señalar que sus esfuerzos se enmarcan en el respeto al principio de la autonomía progresiva de NNA[7], considerando en toda actuación el máximo respecto al derecho a expresar su opinión[8].

Siguiendo estos principios generales, deben ser cumplidas las disposiciones que se establecen en el artículo 19 de la CDN:

> 1. Los Estados Partes adoptarán todas las medidas legislativas, sociales y educativas apropiadas para proteger al niño contra toda forma de perjuicio o abuso físico o mental, descuido o trato negligente, malos tratos o explotación, incluido el abuso sexual, mientras el niño se encuentre bajo custodia de los padres, de un representante legal o de cualquier otra persona que lo tenga a su cargo. 2. Esas medidas deberán comprender según corresponda, procedimientos eficaces para el establecimiento de programas sociales con objeto de proporcionar la asistencia necesaria al niño y a quienes cuidan de él, así como para otras formas de prevención y para la identificación, investigación, tratamiento, y observación ulterior de los casos antes descritos de malos tratos al niño, y según corresponda, la intervención judicial.

A propósito de la definición de la violencia, el Comité de los Derechos del Niño elaboró la Observación General N°13, sobre el derecho del niño a no ser objeto de ninguna forma de violencia, en la cual se contiene una mención explícita a la violencia institucional[9]:

> 32. Violaciones de los derechos del niño en las instituciones y en el sistema. Las autoridades estatales de todos los niveles encargadas de la protección del niño contra toda forma de

---

6 CDN, artículo 4.

7 CDN, artículo 5.

8 CDN, artículo 12.

9 Comité Derechos del Niño (2011).

> violencia pueden causar un daño, directa o indirectamente, al carecer de medios efectivos para cumplir las obligaciones establecidas en la Convención. Esas omisiones pueden consistir en no aprobar o revisar disposiciones legislativas o de otro tipo, no aplicar adecuadamente las leyes y otros reglamentos y no contar con suficientes recursos y capacidades materiales, técnicos y humanos para detectar, prevenir y combatir la violencia contra los niños. También se incurre en esas omisiones cuando las medidas y programas existentes no disponen de suficientes medios para valorar, supervisar y evaluar los progresos y las deficiencias de las actividades destinadas a poner fin a la violencia contra los niños. Además, los profesionales pueden vulnerar el derecho del niño a no ser objeto de violencia en el marco de determinadas actuaciones, por ejemplo, cuando ejercen sus responsabilidades sin tener en cuenta el interés superior, las opiniones o los objetivos de desarrollo del niño.

De lo expuesto, tanto en la previsión proporcionada en la CDN, como así también en la mentada Observación General N°13, se aprecia la amplitud del concepto y las aristas que debe considerar el Estado Parte a fin de eliminar toda forma de violencia institucional. Igualmente, en la doctrina, la definición es amplia y consecuente con lo antes citado, Tolentino la identifica como aquellas prácticas estructurales de violación de derechos realizadas por funcionarios públicos, quienes cometen abuso, negligencia, deterioro en la salud, bienestar físico o emocional a través de programas o procedimientos[10].

Con este análisis, se podría decir que la CDN nos proporciona los estándares para detectar las formas de violencia institucional que pueden darse hacia NNA. Podemos citar algunos de esos estándares sin pretender ser exhaustivos:

- Contar con iniciativas de promoción de derechos del NNA.
- Contar con políticas de prevención.

---

10 Tolentino (2024).

- Participación como un aspecto transversal.
- Presupuesto suficiente.
- Aprobar leyes acordes a la CDN.
- Revisar la legislación de manera frecuente y armonizarla al interés superior de NNA.
- No discriminación.
- Supervivencia y desarrollo.
- Interés superior de NNA.
- Autonomía progresiva.
- Perspectiva de género.
- Atención a la interculturalidad.
- Buen trato como un indicador trasversal para la protección a la integridad física y psíquica
- Mantenimiento del vínculo/derecho a vivir en familia

Una forma de violencia institucional se constituye con la omisión de los Estados en adoptar de manera inmediata en la práctica y con presupuesto suficiente, aquellas disposiciones que se encuentran en los acuerdos y tratados internacionales que suscriben. En la mayoría de los casos, la adopción de una Convención o acuerdo internacional es un mero formalismo y queda plasmado en un acto legislativo sin que ello represente un avance real en los derechos de las personas.

Otra forma de violencia institucional, a nuestro modo de ver, constituye retrasar o incluso no adoptar las recomendaciones emanadas de los Comités[11] que forman parte del sistema

---

11 Los Comités se constituyen en órganos de control del cumplimiento de los Convenios internacionales, como por ejemplo para el caso que nos ocupa, sería el Comité de los Derechos del Niño, que vigila

internacional de protección de derechos humanos, en cuanto a la implementación por parte de los países de las distintas disposiciones establecidas en los Convenios adoptados por los Estados. A menudo el "soft law" o derecho blando es ignorado por las instituciones y se desatiende la responsabilidad adquirida por el Estado al adoptar un acuerdo internacional. Esta responsabilidad adquirida se extiende incluso a la necesidad de seguir las recomendaciones y observaciones generales emanadas de los comités internacionales.

Ahondando en las formas de violencia institucional, ésta se daría también cuando el Estado tiene bajo su custodia a NNA incumpliendo los estándares establecidos en el marco jurídico vigente en cada país. En contextos de encierro estarían los NNA bajo cuidados alternativos[12], residencias educativas[13], penitenciarias de mujeres[14], espacios de acogida para migrantes, y centros o establecimientos de atención al consumo problemático de sustancias.

En estos casos, existe una doble responsabilidad considerando que las personas en estas situaciones de vulneración de derechos, ya han sufrido una desatención u omisión por parte del Estado, y, a raíz de ello, se encuentran a cargo del Estado debiendo velar por su integridad por un lado y por otro restituir los derechos que fueron vulnerados. Las formas de violencia ins-

---

la efectiva implementación de las normas contenidas en la Convención sobre los Derechos del Niño de 1989.

12 La protección brindada en el caso de separación de su familia de origen.

13 En algunos países como Paraguay, aún existen residencias que acogen a NNA durante el año académico con el fin de que accedan a la educación. El motivo se debe a las distancias y condiciones socio económicas que atesoran sus familias.

14 En algunos sistemas penitenciarios, los niños y niñas de primera infancia pueden permanecer con sus madres en el establecimiento hasta una determinada edad.

titucional incluyen los actos que se perpetran en instituciones de protección, bajo la tolerancia del Estado, con su "aquiescencia", como pueden ser: abusos sexuales, malos tratos, tratos inhumanos y degradantes, vejaciones o discriminación.

Todo ello sin perjuicio de que la violencia institucional pudiera configurarse a la vez en un hecho de tortura conforme a lo dispuesto en la Convención para la Eliminación de la Tortura, la cual establece que: "1. A los efectos de la presente Convención, se entenderá por el término *tortura* todo acto por el cual se infrinja intencionalmente a una persona dolores o sufrimientos graves, ya sean físicos o mentales, con el fin de obtener de ella o de un tercero información o una confesión, de castigarla por un acto que haya cometido, o se sospeche que ha cometido, o de intimidar o coaccionar a esa persona o a otras, o por cualquier razón basada en cualquier tipo de discriminación, cuando dichos dolores o sufrimientos sean infligidos por un funcionario público u otra persona en el ejercicio de funciones públicas, a instigación suya, o con su consentimiento o aquiescencia…"[15].

III. LA VIOLENCIA INSTITUCIONAL EN LA LEGISLACIÓN

Con la adopción de la CDN, los países latinoamericanos, se han comprometido a "armonizar" su marco normativo a través del ejercicio legislativo, y por ello debieron adoptar normas de derecho interno acordes a lo dispuesto en la CDN, lo que conlleva implícito el deber de dejar sin efecto aquellas normas jurídicas que no estén en línea con la garantía de derechos[16].

---

15 Convención para la Eliminación de la Tortura, 1990.

16 Para explicar y entender la relación entre los órdenes jurídicos nacionales y el interamericano no son útiles el monismo keynesiano

Conforme a esta comprensión respecto a la responsabilidad de los Estados parte de la CDN en el ejercicio legislativo, toda norma de derecho interno que no esté alineada al texto convencional podría constituir una forma de violencia institucional a través de la legislación.

La violencia institucional en este caso se configuraría cuando el Estado, a través del Poder Legislativo, no toma en cuenta los principios emanados de la CDN, y, de manera intencional se incorpora una previsión legal que vulnera derechos, como sería el caso de la Ley 5419/2015 Que modifica los artículos 17 y 20 de la Ley 1/92, de reforma parcial del Código Civil, por la cual se dispone que la edad para contraer matrimonio es de 16 años. Lo anterior, en evidente contradicción a lo estatuido por la CDN, que protege a toda persona por debajo de los 18 años de cualquier acto que pudiera vulnerar sus derechos. El matrimonio, en consecuencia, debe estar reservado a las personas mayores de edad en el entendido que las personas por debajo de los 18 años deben desarrollar su mayor potencial.

Igualmente acaece cuando se omite abordar en la legislación una temática que reconoce, operativiza o efectiviza derechos, como serían las normas que respaldan la educación integral en las más tempranas edades, que han sido vetadas o cercenadas a lo largo de Latinoamérica. Por el contrario, se podrían citar como ejemplos de buenas prácticas aquellas

---

-hay un solo orden jurídico que se ordena jerárquicamente y el derecho internacional está por encima del derecho nacional- ni el dualismo de Triepel, quien considera que se tratan de dos órdenes jurídicos que operan paralelamente. Hay que diseñar un modelo o paradigma nuevo que contemple dos ordenamientos diferenciados, pero profundamente interconectadas, interrelacionadas, y con numerosas interacciones recíprocas. Se da una situación de pluralismo jurídico que como sostiene Bogdandy, no implica una estricta separación, sino una "interacción entre los distintos ordenamientos jurídicos". Basset (2022).

actualizaciones normativas o aprobación de nuevas leyes que asumen las previsiones dispuestas en la CDN, este sería el caso del Proyecto de Ley de Buen Trato promovido en Argentina.

Así también, el caso de la Ley de Garantías y Protección Integral de Derechos de la Niñez y la Adolescencia en Chile, que estuvo pendiente de aprobación durante mucho tiempo – has marzo 2022 - pese a que el país había ratificado la Convención hacía ya más de tres décadas. El proceso que aceleró la aprobación de dicha ley, empezó con el hartazgo ciudadano respecto a los abusos cometidos por el Servicio Nacional de Menores – SENAME - y las protestas sociales del 2019, que dieron cabida a un giro en materia legislativa de infancia.

IV. LA VIOLENCIA INSTITUCIONAL EN LAS POLÍTICAS PÚBLICAS, EN LOS PROGRAMAS Y EN LA PRESTACIÓN DE SERVICIOS

Las políticas públicas se constituyen en las respuestas a las problemáticas que deben ser abordadas por el gobierno. Cuando las respuestas no incluyen al universo de la población, puede constituirse en una violencia institucional. Los niveles de las políticas pueden omitir características de la población destinaria o no incluir a grupos determinados. Este sería el caso de una política de salud dirigida a lograr el control prenatal sin considerar que el país o región cuenta con población indígena y solo plantee acciones para la población no indígena.

La ausencia de conocimiento de los roles, funciones y prestaciones que debe bridar cada servicio, representan hechos de violencia institucional. Un caso que ejemplifica lo expuesto, es el de un niño de un año que llega al servicio de urgencias de un hospital con signos de desnutrición. En el centro asistencial le niegan la atención indicando a la madre que la complejidad del caso requiere que se desplace hasta un centro con capacidad de resolverlo. En ese momento se pierde al niño y se pone en riesgo no solo su vida, sino su potencialidad, es decir, aun si sobreviviera, en ese contexto, cada minuto juega en contra de que desarrolle al máximo de sus potencialidades.

V. ANÁLISIS DE CASUÍSTICAS PARAGUAYAS

En este apartado se presentan dos casos que fueron presentados ante la Comisión Interamericana de Derechos Humanos para analizar de manera pormenorizada las respuestas de las instituciones del Estado ante la situación de vulneración de derechos y que, a nuestro modo de entender, conforme a las definiciones presentadas en este capítulo, constituyen algunos ejemplos de violencia institucional. Ciertamente, más allá que no se haya recurrido necesariamente bajo esa figura, todo el proceso que viven los NNA de falta de respuesta del Estado, quedaron documentados en las peticiones correspondientes. Igualmente, se finaliza con el estudio de un supuesto de hecho referente al ámbito de la salud.

5.1. Caso Cristina Aguayo y otros

Antecedentes del caso

En enero de 2001, la Coordinadora por los Derechos de la Infancia y Adolescencia, la Fundación Tekojojá y el Centro por la Justicia y el Derecho Internacional (CEJIL) presentaron una petición ante la Comisión Interamericana de Derechos Humanos, contra el Estado de Paraguay por el hecho de haber causado un perjuicio a varios niños y niñas que habrían sido privados de su libertad en varias instituciones públicas gubernamentales y organizaciones no gubernamentales del Paraguay en virtud de redadas ordenadas por la Jueza de Primera Instancia en lo

Tutelar y Correccional del Menor del Sexto Turno el 27, 28 y 29 de noviembre de 2000.

En esas redadas habrían sido detenidos, en forma masiva y sin individualización alguna, decenas de niños y niñas, los cuales habrían sido luego internados en distintos hogares transitorios del Paraguay. Se alega además que muchas de las instituciones donde habrían sido detenidas las presuntas víctimas no contaban con las condiciones adecuadas para recibirlos y mantenerlos en condiciones dignas. Por su parte, se habían presentado recursos de hábeas corpus, siendo negados por la Corte Suprema de Justicia del Paraguay, quedando las presuntas víctimas privadas de un recurso sencillo y adecuado para resolver su situación. La separación de los niños y niñas se dio de manera arbitraria, y la solicitud de restitución que presentaron los padres quedaron en manos de la Jueza de Primera Instancia en lo Tutelar y Correccional del Menor del Sexto Turno, quien en algunos casos ordenó la restitución luego de algunos días, pero en otros casos esta restitución no se produjo sino años después. Todo este proceso arbitrario causó graves daños en el desarrollo integral de los afectados, niños, niñas y sus familias.

La Comisión admitió la causa y en el año 2011, el Estado Paraguayo reconoció su responsabilidad en los términos de la demanda, y se procedió a la firma de un acuerdo amistoso con las entidades denunciantes.

Reconocimiento de responsabilidad internacional

El Estado paraguayo reconoce su responsabilidad internacional por las violaciones a los derechos humanos ocurridas en el presente caso, específicamente los derechos de los/as niños/as, la protección a la familia, el derecho a la libertad personal, a la integridad personal, a la protección de la honra y de la dignidad, a la circulación y residencia, a la igualdad ante la ley, a las garantías judiciales y el derecho a la protección judicial consagrados en los artículos 19, 17, 5, 11, 22, 24, 8 y 25 de la Convención Americana sobre Derechos Humanos, todos ellos relacionados a la obligación general de respetar los derechos establecidos en el artículo 1.1 del mismo texto convencional y el catálogo de derechos contemplados en el texto de la Convención sobre los Derechos del Niño de la cual Paraguay es parte (ratificada por Ley 57/90 del 20 de septiembre de 1990)[17].

Principales derechos vulnerados y su relación con la violencia institucional

En el análisis del caso, la Comisión identificó algunos derechos vulnerados, entre ellos: la violación de las disposiciones: artículos 5 (derecho a la integridad personal), 7 (derecho a la libertad personal), 8 (garantías judiciales), 11 (protección de la honra y de la dignidad), 17 (protección a la familia), 19 (derechos del niño), 22 (derecho de circulación y de residencia), 24 (igualdad ante la ley) y 25 (protección judicial), en relación con el Artículo 1.1 de la Convención Americana sobre Derechos Humanos.

Los derechos que han sido vulnerados, en este caso, por el ámbito judicial, se encontraban igualmente garantizados en la Ley 57/90, Convención Internacional de las Naciones Unidas sobre los Derechos del Niño, como así también, entraba en vigencia el Código de la Niñez y la Adolescencia. No es menos importante que, al tiempo de la intervención realizada por la magistrada, el paradigma de la protección integral[18], que entró

---

17 Acuerdo de solución amistosa, Caso 12.359, Cristina Aguayo Ortiz y Otros. Consultado en fecha 25/05/2024. Disponible en: https://www.pj.gov.py/images/contenido/ddh/acuerdo-cristina-aguayo.pdf (Consulta realizada: 15/07/2024).

18 Dicho paradigma propone la mirada al NNA como sujeto de derechos considerando su interés superior en todas las acciones y medi-

en vigor con la Ley 57/90, llevaba ya una década rigiendo en el ámbito de niñez y adolescencia.

Es así que, se debió considerar la condición de sujetos de derechos de niños y niñas que se encontraban en situación de vulnerabilidad, y realizar un abordaje integral, preservando especialmente el derecho del niño a vivir en familia, que estaba igualmente vigente conforme al artículo 18 de la CDN, expresando como principio y regla general del derecho, la excepcionalidad para separar al niño de sus familias. Esta interpretación es doctrinaria, dado que se pretende con esta lectura, mostrar el contexto jurídico que se tenía al tiempo de los hechos.

La Comisión expresó que las medidas que se tomaron por parte del Estado, debían estar ajustadas a las salvaguardas para garantizar los derechos del niño. En este sentido, se pronunció del siguiente tenor literal:

> "La Comisión nota que, conforme a lo señalado por la Corte Interamericana de Derechos Humanos en su Opinión Consultiva 17/02 sobre la condición jurídica y derechos humanos del niño, el Estado de Paraguay tiene la obligación de tomar medidas positivas que aseguren protección a los niños. Sin embargo, dichas medidas positivas deben estar basadas en procedimientos, judiciales o administrativos, ajustados estrictamente a la ley y en los que se salvaguarde los derechos de los niños. En el presente caso los peticionarios han presentado una serie de reclamos sobre la condición jurídica y los derechos humanos de los niños identificados, en particular sobre la presunta privación de su libertad y las correspondientes violaciones de los

---

das que toma el Estado. En este sentido, la protección integral implicaría para el caso del abordaje de una problemática social como el de la niñez en situación de calle, trabajar con las familias a través de equipos multidisciplinarios para encontrar medidas y programas con el fin de mejorar sus condiciones de vida y de brindar protección a cada niño creando espacios seguros.

deberes del Estado respecto a la vida familiar, y la protección y garantías judiciales disponibles"[19].

El Estado Paraguayo, en este caso, tenía la obligación de realizar el principio de protección especial de NNA que se encontraban en situación de calle con su familia, ello a través de programas sociales que les brindaran condiciones para contar con calidad de vida y potenciar su desarrollo integral. En este sentido, el Estado tenía el deber de hacer.

Igualmente, ante la situación de vulneración en la cual se encontraban los NNA, el Estado tenía la obligación de "no hacer", de no llevar adelante, acciones que, en su rol, vulnerasen nuevamente los derechos.

Tal y como ya habíamos presentado en la definición en los títulos iniciales, la violencia institucional constituye la acción u omisión por parte del Estado. En el caso en estudio, se dieron ambas condiciones, por lo que se constata violencia institucional por parte del Estado paraguayo.

Se observó violencia institucional por ausencia de provisión de políticas públicas focalizadas que abordasen de manera integral la situación de NNA que por motivos de pobreza debían encontrarse en situación de calle con sus familias, por un lado, y por otro, por cuanto la propia intervención realizada por el ámbito jurisdiccional carecía de un enfoque de derechos, ya vigente por ese tiempo en el país[20].

---

19 CIDH, Caso Cristina Aguayo Ortiz y Otros, párr. 91

20 Se denomina enfoque de derechos al introducido por la Convención Internacional de las Naciones Unidas sobre los Derechos del Niño, donde se reconoce a toda persona por debajo de los 18 años como titular de derechos.

5.2. Caso Mainumby

Antecedentes del caso

El 20 de mayo de 2014, la Comisión Interamericana de Derechos Humanos recibió el pedido de medida cautelar por parte de organizaciones como el Comité de América Latina y el Caribe para las mujeres (CLADEM) y *Equality Now*, solicitando que se requiriera al Estado paraguayo para que preservara la intrigad física y personal de la niña Mainumby de su madre. La niña Mainumby habría quedado embarazada a consecuencia de los abusos sexuales cometidos por la pareja de su madre. Las entidades solicitantes de la medida, pedían que el Estado paraguayo adoptase todas las medidas, incluidas las de informar a la niña sobre los riesgos de continuar con el embarazo, atención integral a la salud y posibilidad de realizarse el aborto.

La Comisión consideró que el riesgo era real, que había una situación grave y urgente, por lo que solicitó al Estado paraguayo que protegiera la integridad de la niña a través de un tratamiento médico acorde a los lineamientos de la Organización Mundial de la Salud donde se contemplaran todas las opciones disponibles, que los derechos de la niña estuvieran representados, incluso el derecho a la información y decisión conforme a su edad y madurez, y brindar apoyo técnico.

La madre de la niña había denunciado en enero de 2014 el hecho de supuesto abuso sexual, siendo desestimada en agosto del mismo año. En enero de 2015, la madre había llevado a la niña donde le diagnosticaron "parasitosis". Las molestias siguieron, ante lo cual, la madre llevo a la niña a consultas al Hospital Regional de Luque, luego a un centro privado desde donde la volvieron a referir a un hospital materno infantil por posible tumoración. Posteriormente en febrero, la volvieron a llevar al Hospital Regional donde nuevamente omitieron la detección del embarazo.

Entre marzo y abril de 2014, el vientre de la niña creció, la madre seguía solicitando atención sin respuesta de la salud pública. Recién a finales de abril, en el hospital materno infantil de Trinidad, el director refirió que la niña sufría un embarazo de alto riesgo. Allí fue atendida y abordada por la trabajadora social como así también por la psicóloga, y se determinó el abuso sexual por parte de la pareja de la madre. La madre solicito ante el Hospital Reina Sofía de la Cruz Roja, la interrupción voluntaria del embarazo de la niña, por el riesgo que implicaba. Al no tener respuesta, solicitó una medida cautelar ante el Juzgado de la Niñez y la Adolescencia de Luque.

Se conformó una junta médica compuesta por médicos, psiquiatras y psicólogos, quienes argumentaron que dicho embarazo era de mayor riesgo, que ante cualquier complicación se interrumpiera.

A partir de allí se dispuso la internación de la niña y se imputó a la madre, pero parece evidente que durante todo el devenir de acontecimientos no se garantizó la defensa real de los derechos de la niña. Por ende, pueden evidenciarse una serie de violencias institucionales, cometidas por parte del mismo Estado que, en su momento, no actuó. En primera instancia, se observa como salud pública no conformó una junta médica, y declaró que la niña se encontraba bien de salud. En segundo término, el mismo Estado separó a la niña de su familia, su madre, agravando su situación y violando su derecho a vivir en familia. Así, en el informe psicológico se observaba una ausencia de enfoque de derechos para abordar el caso[21], al afirmarse:

---

21 Las niñas y mujeres están potencialmente expuesta a abusos sexuales, explotación de carácter sexual, a ser privadas del derecho a la educación y a la salud o a ser sometidas a formas de servidumbre, trabajo en condiciones de esclavitud, incluidas las distintas formas de trata de persona, y a ser educadas socialmente en la desigualdad de condiciones frente a los hombres.

"vinculo positivo que la niña tiene con su embarazo y su agresor son aspectos que deben ser analizados desde las teorías psicológicas, además de entender desde los conceptos culturales y pautas de crianza que se desarrollan en nuestro país".

De este extracto del informe se observa de qué manera la violencia sexual está naturalizada en nuestro país, al punto que, una operadora del sistema de salud, casi justificando la agresión, minimiza la situación de la niña, por un lado, al no trabajar con un enfoque adecuado que la niña esté en situación de embarazo, y por otro, su relación con el agresor.

La CIDH determinó que el caso cumplía con los requisitos para emitir la medida cautelar solicitada, ya que presentaba gravedad, urgencia e irreparabilidad, conforme requiere el artículo 25 de su reglamento.

Principales derechos vulnerados y su relación con la violencia institucional

En el caso de estudio, más allá del análisis que realiza la Comisión Interamericana, se pretende en este apartado, señalar las distintas situaciones que, a nuestro modo de ver, configuraron violencia institucional por parte del Estado Paraguayo.

El punto de partida para dicho análisis, teniendo en cuenta el desarrollo teórico inicial que se realizó, pondría al Estado como responsable de violencia institucional por cuanto no se orientó a la niña en educación sexual integral, se omitió brindar programas promocionales del buen trato a las familias, de prevención del abuso sexual, como así también de fortalecimiento familiar. Todo este apartado, desde una mirada promocional y preventiva, como propugna la Convención Internacional de las Naciones Unidas sobre los Derechos del Niño. El Estado paraguayo, en este sentido omitió la obligación de hacer.

Por otro lado, una vez detectada la situación de posible abuso por parte de la madre, quien acude a realizar la denuncia de manera oportuna, es el Estado a través de la institución competente, la que desestima de entrada y omite dar seguimiento a la situación, sino por sí misma, al menos activando los protocolos para articular mecanismos con otras instancias responsables.

Igualmente, la violencia institucional se da con gran elocuencia desde el ámbito de la salud pública, donde la madre llega a distintos establecimientos de distintos niveles de complejidad y en ninguno de ellos encontró respuesta. Es grave en este caso, la omisión por parte de los establecimientos de salud por cuanto aun contando con protocolos específicos[22] de detección de abuso sexual, y, teniendo activas campañas de prevención del abuso, no aplicaron en ningún caso las normativas vigentes.

Se dio la separación de la niña de su familia, revictimizándola y negándole el derecho consagrado en la CDN. Igualmente, el Estado a través de la fiscalía imputó a la madre bajo una premisa que carece de enfoque de género, donde la madre también era víctima de violencia por parte del agresor, y siendo que ella misma había denunciado el hecho.

5.3. Caso práctico: negación de brindar atención médica a personas adolescentes en el ámbito de la salud

La legislación paraguaya reconoce el derecho de NNA a la salud en la Constitución Nacional, en la Ley 57/90 y en la Ley 1680/2001. En la Ley 57/90, se expresa que podrá acceder al más alto grado de salud y se menciona que es el Estado quien está a cargo de la garantía. Por tanto, es el mismo Estado quien debe hacer disponible todos los programas, servicios y presta-

---

22 Ministerio de Salud Pública y Bienestar Social (2021). Disponible en: https://dirgen.mspbs.gov.py/wp-content/uploads/2022/06/Manual-de-Violencia_WEB.pdf (Consulta realizada: 15/07/2024).

ciones sin discriminación alguna por motivos de edad, y, buscando en todo momento lograr el interés superior del NNA.

Por su parte, la Ley 1680/2001, en el artículo 13, dispone sobre el derecho a la salud y cómo hacerlo efectivo. En este sentido, ante cualquier incumplimiento, el mismo Código establece que el defensor del niño lo representa, y, es el juzgado de la niñez y la adolescencia el órgano jurisdiccional especializado competente para resolver estas cuestiones. Igualmente, el artículo 14 dispone que tiene derecho a la educación sexual integral, como así también a tener acceso a programas y servicios.

En concordancia con estos artículos, se deben mencionar también los demás derechos relacionados y que permiten garantizar el acceso integral al derecho fundamental a la salud como lo es el derecho a la intimidad, el derecho a peticionar, el derecho a ser informado, el derecho a participar, el derecho a la confidencialidad[23].

Cuando los establecimientos de salud omiten bridar atención en salud a las personas adolescentes con estas características, incurren en violencia institucional. Los estándares de acceso al derecho a la salud, conforme lo ha elaborado la Comisión Interamericana de Derechos Humanos, en base a la Observación General N°14 del Comité de Derechos Económicos, Sociales y Culturales (DESC) son: disponibilidad, accesibilidad, aceptabilidad y calidad. Estos estándares deben ser aplicados sin tener en cuenta motivos de edad, por tanto, deben aplicarse también a servicios para adolescentes.

---

[23] Sanabria (2024).

VI. CONCLUSIONES

La violencia institucional abarca todas las dimensiones establecidas en la CDN en cuanto a la promoción, prevención, protección y reparación, cuando el Estado Parte realiza u omite una acción para efectivizar los derechos reconocidos a NNA.

Estas acciones u omisiones se pueden dar tanto desde las propias instituciones como así también en las previsiones legislativas o en las políticas y programas públicos.

Se requiere de la integración de los sistemas jurídicos nacionales e internacionales para la aplicación integrada de las disposiciones que efectivizan los derechos de la niñez y la adolescencia.

Algunos estándares identificados conforme a las consideraciones que incorpora la CDN, han sido identificados en este capítulo: Iniciativas de Promoción de derechos del niño; Políticas de Prevención; Participación como un aspecto transversal; Presupuesto suficiente; No discriminación; Supervivencia y desarrollo; Interés superior; Autonomía progresiva; Perspectiva de género; Atención a la interculturalidad; Buen trato como un indicador trasversal para la protección a la integridad física y psíquica; Mantenimiento del vínculo/derecho a vivir en familia, a partir de ellos, es posible realizar un seguimiento para la definitiva consolidación de estos principios.

Las casuísticas analizadas en el caso paraguayo, que son además análogas a otras situaciones que desde distintos países de Latinoamérica llegaron hasta la Comisión Interamericana de Derechos Humanos e incluso hasta la Corte IDH, muestran de manera clara el proceso de omisión o de acciones que realiza el Estado Parte ante un caso, y de qué manera se violan los derechos de NNA, constituyéndose en violencia institucional.

Finalmente subrayar, que la violencia institucional en su enfoque amplio como se intentó analizar aquí, requiere ser abordada desde el debate público, fortaleciendo los mecanismos para la instalación efectiva de los estándares que permitan prevenir esta forma de violencia tan actual en Latinoamérica.

BIBLIOGRAFÍA CITADA

Basset, Úrsula; y Santiago, Alfonso, *Tratado de derecho constitucional y convencional de Derecho de Familia y de las* Personas, Buenos Aires, Thomson Reuters, 2022.

Comité de los Derechos del Niño, *Observación General N° 13, relativa al derecho de los niños, niñas y adolescentes a no ser objeto de ninguna forma de violencia, de 18 de abril de 2011.* Documento CRC/C/GC/13.

Comité de los Derechos del Niño, *Observación General N° 12, relativa al derecho del niño a ser escuchado, de 20 de julio de 2009.* Documento CRC/C/GC/12.

DNI Argentina; Unicef; e Instituto Gino Germani, *Registro y prevención de la violencia insitucional,* Buenos Aires, Unicef, 2020. Disponible en: https://www.unicef.org/argentina/informes/registro-y-prevencion-de-la-violencia-institucional (Consulta realizada: 15/07/2024).

Ministerio de salud pública y bienestar social, *Manual de atención integral a víctimas de violencia sexual, intrafamiliar y de género en el sistema de salud,* Asunción, Ministerio de Salud Pública y Bienestar Social, 2021. Disponible en: https://dirgen.mspbs.gov.py/wp-content/uploads/2022/06/Manual-de-Violencia_WEB.pdf (Consulta realizada: 15/07/2024).

Ravetllat Ballesté, Isaac y Mondaca Miranda, Alexis, *Manual de derechos sobre la infancia y la adolescencia,* Valencia, Tirant lo Blanch, 2023.

Stiglitz, Joseph, *El precio de la desigualdad,* Madrid, Taurus, 2014.

Sanabria Moudelle, Claudia Patricia, *Ejercicio de la autonomía progresiva de la persona adolescente en el ámbito sanitario en Paraguay,* Asunción, Editora Intercontinental, 2024.

Tolentino-Toro, Krisna, "Producciones de violencia institucional en el Servicio Nacional de Menores (Chile)", *Revista Latinoamericana de Ciencias Sociales, Niñez y Juventud,* Vol. 22, N° 1, 2024, pp. 1-33.

Vázquez, Andrés, *Violencia doméstica, intrafamiliar y delitos conexos,* Asunción, Editora intercontinental, 2018.

Documentos oficiales

Comisión Interamericana de Derechos Humanos, *Resolución 22/2015. Medidas Cautelares 178/15. Asunto niña Mainumby respecto de Paraguay*, 2014.

Comisión Interamericana de Derechos Humanos, *Caso Cristina Aguayo y otros*, 2001. Disponible en: https://cidh.org/annualrep/2008sp/Paraguay12359.sp.htm (Consulta realizada: 15/07/2024).

Ministerio de Relaciones Exteriores del Paraguay, *Acuerdo de solución amistosa. Caso Cristina Aguayo y otros*, 2011. Disponible en: https://www.pj.gov.py/images/contenido/ddh/acuerdo-cristina-aguayo.pdf (Consulta realizada: 15/07/2024).

Legislación citada

Convención de los Derechos del Niño. Asamblea de las Naciones Unidas, de 29 de noviembre de 1989.

Constitución Nacional

Ley 57/90 Convención Internacional de las Naciones Unidas sobre los derechos del niño.

Ley 60/90 Convención Internacional de las Naciones Unidas contra toda forma de tortura.

Ley 1680/2001 Código de la niñez y la adolescencia.

Ley 5419/2015 Que modifica los artículos 17 y 20 de la Ley 1/92, de reforma parcial del Código Civil.

Ley 5659/2016 De promoción del buen trato, crianza positiva y de protección a niños, niñas y adolescentes contra toda forma de castigo físico o violencia como método de corrección o disciplina.

Ley 6486/2020 De promoción y protección del derecho de niños, niñas y adolescentes a vivir en familia, que regula las medidas de cuidados alternativos y la adopción.

La protección de la infancia y la adolescencia ante la violencia digital y el porno en línea[1]

FRANCISCA RAMÓN FERNÁNDEZ
Catedrática de Derecho civil de la Universitat Politècnica de València
frarafer@urb.upv.es

I. INTRODUCCIÓN

La inmersión en las tecnologías de la información y comunicación (TICs) por parte de las personas menores de edad, a las que acceden a una edad cada vez más temprana provoca que determinados derechos pueden ser infringidos. No olvidemos que nos referimos a sujetos que no han alcanzado la mayoría de edad y que determinados contenidos en línea pueden afectar a su desarrollo personal. Lo vamos a ver de forma más detenida.

También las TICs y el acceso a internet de forma ilimitada que muchas personas menores de edad tienen bien por falta de control parental, o bien porque eluden dicho control a través de diversos medios, está relacionado, cómo no, con la inteligencia artificial y la utilización de algoritmos que pueden ser discriminatorios.

---

1 Trabajo realizado en el marco del Grupo de Investigación de Excelencia Generalitat Valenciana "Algorithmical Law" (Proyecto Prometeu 2021/009, 2021-2024), y Proyecto de I+D+i "Derechos y garantías públicas frente a las decisiones automatizadas y el sesgo y discriminación algorítmicas" 2023-2025 (PID2022-136439OB-I00) financiado por MCIN/AEI/10.13039/501100011033/ FEDER, UE.

En este estudio nos proponemos abordar dos grandes bloques relacionados con la protección de la infancia y la adolescencia. Uno de ellos, es la violencia digital y cómo afecta a las personas menores de edad, tanto de una forma directa como indirecta, es decir, siendo sujetos de esa violencia, o bien siendo espectadores de la misma; y otro de ellos, es el acceso a contenidos de porno en línea, que presenta múltiples aristas y hay que analizarlo desde diversos prismas: el acceso de personas menores de edad a contenidos para adultos, en los que ese contenido es realizado por adulos; y el acceso de personas menores de edad a contenidos en los que se muestran personas menores de edad y que constituirá claramente un delito[2].

Junto a ello, analizaremos las medidas que está previsto que adopte el ejecutivo español y la Agencia Española de Protección de Datos para evitar el acceso a pornografía, así como las iniciativas legislativas de las que tenemos conocimiento en estos momentos. También realizaremos una referencia de Derecho comparado a diversos ordenamientos jurídicos, especialmente europeos donde se han adoptado medidas con tal finalidad.

La metodología que vamos a utilizar es la habitual en el ámbito jurídico con el análisis de la doctrina y la jurisprudencia con la finalidad de obtener unas conclusiones de interés para la comunidad científica internacional.

II. VIOLENCIA DIGITAL Y PROTECCIÓN DE LA INFANCIA Y LA ADOLESCENCIA

La violencia digital es una forma de violencia que utiliza la tecnología para ejercerla sobre la víctima. La era de internet ha propiciado que no haya fronteras y que se pueda ejercer una

---

2 Cotino (2022); Casabó (2022); y Fernández (2018), pp. 67 y ss.

violencia a distancia a través de redes sociales, chats, y demás formatos que no requieren una presencialidad. La violencia digital puede amplificar la violencia machista y causar un impacto considerado grave, permanente y reiterado en la mujer.

La legislación hasta hace poco ha tomado conciencia de este tipo de violencia que no se produce de forma física, sino principalmente psicológica y a través de una infracción de los derechos de la víctima[3].

Entre las normas que han atendido a contemplar la violencia digital debemos citar las siguientes:

a) La Ley 11/2007, de 27 de julio, gallega para la prevención y el tratamiento integral de la violencia de género, modificada posteriormente por Ley 12/2016, Ley 14/2021 y Ley 15/2021, regula en el artículo 3 las distintas formas de violencia de género, y dentro de ellas incluye la violencia de género digital o violencia en línea contra la mujer. Se incluye todo acto o conducta de violencia de género cometido, instigado o agravado, en parte o en su totalidad, por el uso de las TICs, como internet, plataformas de redes sociales, sistemas de mensajería y correo electrónico o servicios de geolocalización, con la finalidad de discriminar, humillar, chantajear, acosar o ejercer dominio, control o intromisión sin consentimiento en la privacidad de la víctima; con independencia de que el agresor guarde o no relación conyugal, de pareja o análoga de afectividad en el presente o en el pasado, o de parentesco con la víctima.

También se considerarán actos de violencia digital contra la mujer los que se ejerzan por parte de hombres de su entorno familiar, social, profesional o académico. Se exceptúan las herramientas de control parental que cumplan con la legislación

---

3 García (2022), pp. 299 y ss.

vigente destinadas a la protección y seguridad de las personas menores de edad.

Se contempla en el artículo 6 de la Ley 11/2007, la elaboración de campañas para sensibilización y formación de la población juvenil para prevención e identificación de actitudes que constituyan actos de violencia de género, y se incidirá especialmente en el caso de la violencia digital.

El artículo 12 de la misma norma incide en la potenciación de la investigación sobre la violencia de género, en el que se indica que se prestará especial atención a la violencia de género digital, que debiera orientarse al perfil de las mujeres víctimas de esta violencia, así como de los autores que la ejercen y divulgan, su frecuencia, los medios a través de los cuales se comete, el impacto en las víctimas y la respuesta institucional. La difusión de los resultados se realizará de forma universal y gratuita, y tendrá en cuenta las TICs.

En cuanto a las medidas en el ámbito educativo, el artículo 16 de la Ley 11/2007, establece que la Administración educativa gallega, en colaboración con el departamento competente en materia de igualdad, impulsará la realización de actividades dirigidas a la comunidad escolar para la prevención de comportamientos y actitudes sexistas y de la violencia de género digital, destinadas a profundizar en las estrategias para el análisis y resolución de los conflictos, así como en el aprendizaje de la convivencia basada en el respeto a todas las personas, garantizando y fomentando actitudes, valores y capacidades que contribuyan a un pleno desarrollo en igualdad.

Según dispone la disposición adicional segunda de la misma norma, el gobierno gallego impulsará con las principales plataformas intermediarias de internet acuerdos de colaboración con el fin de establecer criterios y mecanismos ágiles y urgentes de denuncia y retirada de contenidos relacionados con la violencia de género digital.

b) La Ley 5/2008, de 24 de abril, del derecho de las mujeres a erradicar la violencia machista de la Comunidad Autónoma de Cataluña, modificada tanto por la Ley 17/2020, de 22 de diciembre, como por la Ley 10/2023, de 7 de agosto.

En su artículo 4 considera como una de las formas de violencia machista la violencia digital. Esta violencia consiste en los actos de violencia machista y misoginia que se cometen en línea, instigados, amplificados o agravados, ya sea en parte o totalmente, mediante TICs, plataformas de redes sociales, webs, foros, correo electrónico, mensajería instantánea y otros medios similares que afecten a la dignidad y los derechos de las mujeres. Consideramos que en la denominación de mujer se incluyen a todas ellas con independencia de la edad, ya que estos actos causan un daño psicológico e incluso físico, se refuerzan estereotipos, dañan la dignidad y la reputación, atentan contra la privacidad y la libertad de obrar y le causan pérdidas económicas y plantean obstáculos a su participación política y a su libertad de expresión.

Precisamente uno de los ámbitos en los que se puede manifestar la violencia machista digital (artículo 5) es tanto en el ámbito de la pareja (la que se ejerce contra la mujer y es causada por el hombre que es o ha sido su cónyuge, o por la persona que tiene o ha tenido una relación de afectividad similar), en el ámbito familiar (la que se ejerce contra las mujeres y en este caso precisa también los menores de edad dentro del seno de una familia y ejercida por miembros de la misma familia o del núcleo de convivencia, en el escenario de relaciones afectivas y de los vínculos del entorno familiar), y en el ámbito laboral (que se produciría durante la jornada de trabajo, y también fuera del mismo si tiene relación con la actividad profesional).

Dentro de la violencia en el ámbito digital, la Ley 5/2008 señala alguna de las formas que puede adoptar la misma. Por ejemplo, dado que se produce esta violencia machista en el seno de redes de comunicación digitales, dentro de las TICs, se incluirían el ciberacoso, la vigilancia, el seguimiento, la calumnia, los insultos o las expresiones discriminatorias o denigrantes, las amenazas, el acceso no autorizado a los equipos y cuentas de redes sociales, la vulneración de la privacidad, la manipulación de datos privados, la suplantación de identidad, la divulgación no consentida de información personal o de contenidos íntimos, el daño a los equipos o canales de expresión de las mujeres y de los colectivos de mujeres, los discursos de incitación a la discriminación hacia las mujeres, el chantaje de carácter sexual por canales digitales y la publicación de información personal con la intención de que otras personas agredan, localicen o acosen a una mujer.

Se establece también la necesidad de investigación de la violencia machista digital ya que debe estar orientada hacia qué tipología de mujer puede recibirla, así como qué tipo de violencia de entre las mencionada es la que se recibe, frecuencia, el tipo de plataformas y cuál es el impacto que se produce respecto a los derechos fundamentales y los derechos humanos. También es de gran utilidad para dicho perfilado tener en cuenta la respuesta policial y judicial, así como el número de denuncias que se presentan, y los motivos por los que no se realizan las mismas o son archivadas, así como el tipo de respuesta institucional de protección ante tal tipo de violencia machista digital.

Una de las medidas que se contemplan en la disposición adicional decimotercera de la Ley 5/2008, es el convenio con las plataformas intermediarias de internet para establecer un vínculo permanente entre el Departamento de Interior, el Instituto Catalán de las Mujeres y demás organismos pertinentes para determinar el establecimiento de criterios y mecanismos ágiles y urgentes de denuncia y retirada de contenidos relacionados con la violencia machista digital, la hostilidad y las discriminaciones hacia las mujeres, y el discurso de incitación al odio, así como mecanismos ágiles y urgentes de protección y de justicia restauradora para las víctimas de violencia digital.

c) La Ley Orgánica 8/2021, de 4 de junio, de protección integral a la infancia y la adolescencia frente a la violencia. Esta norma supone un hito ya que reconoce y positiviza a nivel estatal la regulación de la violencia digital[4]. Se centra en las personas menores de edad estableciendo medidas de protección integral.

Como indica su artículo 1 tiene como objeto garantizar los derechos fundamentales de los niños, niñas y adolescentes a su integridad física, psíquica, psicológica y moral frente a cualquier forma de violencia, asegurando el libre desarrollo de su personalidad y estableciendo medidas de protección integral, que incluyan la sensibilización, la prevención, la detección precoz, la protección y la reparación del daño en todos los ámbitos en los que se desarrolla su vida.

Se incluye dentro del concepto de violencia tanto las acciones, omisiones o tratos negligentes que privan a las personas menores de edad de sus derechos y bienestar, que amenaza o interfiere su ordenado desarrollo físico, psíquico o social, con independencia de al forma y medio en que se perpetre, y se incluye por primera vez en una normativa de ámbito estatal la violencia que se realiza a través de las TICs, mencionando especialmente el precepto la violencia digital.

Para ello, dado que el entorno digital es donde se puede ejercer la violencia digital, uno de los fines de la norma (artículo 3, m) es establecer protocolos, mecanismos y cualquier otra medida necesaria para la creación de entornos seguros,

---

4 Martínez (2021); Vidal-Herrero (2022); Ravetllat y Cabedo (2023); Aldaz (2023), pp. 371-388; García et al., (2022), pp. 53-72; Iglesias (2022), pp. 6-19; Llovet et al., (2022), pp. 339-361; Ramón (2022), pp. 535-563; Ramón (2023), pp. 51-66; y Sánchez (2022), pp. 149-176.

de buen trato e inclusivos para toda la infancia en todos los ámbitos desarrollados en esta ley en los que la persona menor de edad desarrolla su vida.

Se considera que un entorno es seguro cuando respeta los derechos de la infancia y promueve un ambiente de protección tanto físico, psicológico y social, incluyendo el entorno digital.

Este entorno seguro tiene que partir también de una formación que debe garantizar los poderes públicos. De esta forma, el artículo 33 de la Ley Orgánica 8/2021 establece la necesidad de que las administraciones públicas garantizarán la plena inserción del alumnado en la sociedad digital y el aprendizaje de un uso de los medios digitales que sea seguro y respetuoso con la dignidad humana, los valores constitucionales, los derechos fundamentales y, en especial con el respeto y la garantía de la intimidad personal y familiar y la protección de los datos de carácter personal, según lo indicado en el artículo 83 de la Ley Orgánica 3/2018. Se promoverá el uso adecuado de internet durante todas las etapas de formación de la persona menor de edad.

Dentro de este uso seguro y responsable de internet, el artículo 45 de la Ley Orgánica 8/2021 determina que se desarrollarán por parte de las administraciones públicas campañas de educación, sensibilización y difusión dirigidas a los niños, niñas y adolescentes, familias, educadores y otros profesionales que trabajen habitualmente con personas menores de edad sobre el uso seguro y responsable de internet y las TICs, así como sobre los riesgos derivados de un uso inadecuado que puedan generar fenómenos de violencia sexual contra los niños, niñas y adolescentes como puede ser el ciberbullyng, el grooming, la ciberviolencia de género o el sexting, así como el acceso y consumo de pornografía entre la población menor de edad, que analizaremos en el punto siguiente.

Se fomentarán medidas de acompañamiento a las familias, reforzando y apoyando el rol de los progenitores a través del desarrollo de competencias y habilidades que favorezcan el cumplimiento de sus obligaciones legales y, en particular, las establecidas en el artículo 84.1 de la Ley Orgánica 3/2018.

Se establece que las administraciones públicas pongan a disposición de los niños, niñas y adolescentes, familias, personal educador y otros profesionales que trabajen habitualmente con personas menores de edad un servicio específico de línea de ayuda sobre el uso seguro y responsable de internet, que ofrezca a los usuarios asistencia y asesoramiento ante situaciones potenciales de riesgo y emergencia de las personas menores de edad en internet. Se deberán adoptar por parte de aquéllas medidas para incentivar la responsabilidad social de las empresas en materia de uso seguro y responsable de internet por la infancia y la adolescencia, y fomentarán en colaboración con el sector privado que el inicio y desarrollo de aplicaciones y servicios digitales tenga en cuenta la protección a la infancia y la adolescencia.

Las campañas institucionales de prevención e información deben incluir entre sus objetivos la prevención sobre contenidos digitales sexuales y/o violentos que puedan influir y ser perjudiciales para la infancia y adolescencia.

La realización de diagnóstico y control de contenidos por parte de las administraciones públicas se contempla en el artículo 46 de la Ley Orgánica 8/2021. Se atenderá a criterios como la edad y el género, y se orientarán sobre el uso seguro de internet entre los niños, niñas y adolescentes y las problemáticas de riesgo asociadas, así como de las nuevas tendencias.

Se fomentará la colaboración con el sector privado para crear entornos digitales seguros, una mayor estandarización en el uso de la clasificación por edades y el etiquetado inteligente de contenidos digitales, para conocimiento de los niños, niñas y adolescentes y apoyo de los progenitores, o de quienes ejerzan funciones de tutela, guarda o acogimiento, en la evaluación y selección de tipos de contenidos, servicios y dispositivos.

d) La Ley 4/2021, de 27 de julio, de infancia y adolescencia de Andalucía. Dicha norma autonómica ya indica en su Exposición de Motivos la protección del derecho al honor, a la intimidad personal y a la propia imagen en relación con los distintos escenarios de comunicación que existen en la actualidad. Se refiere a las personas menores edad y a la necesidad de disponer de las capacidades suficientes y consentimiento que prestan estas personas cuando difunden su imagen sin ser conscientes del acto que realizan y de que están creando una identidad digital, así como el propio histórico digital que se archiva de forma indefinida.

Incide la norma en que las personas menores de edad son creativas e innovadoras, nativas digitales, en cuanto que han nacido en la sociedad del conocimiento y de la información. Es importante que se aprovechen sus mentes intuitivas, receptivas y flexibles, pero no hay que olvidar que no conocen cuáles son sus derechos y deberes en internet.

Hay que tener en cuenta que internet no es el lugar idílico que se piensan las personas menores de edad, sino que es un entorno con el que se tiene que convivir, pero que puede ser hostil y peligroso. Es importante que ese entorno se perciba como un espacio seguro donde se puedan realizar actividades de interacción y conexión para las personas menores de edad.

En la Ley 4/2021 se indica que la Administración de la Junta de Andalucía adquiere el compromiso de diseñar estrategias que ayuden tanto a los padres y madres, como a la comunidad educativa, a afrontar y gestionar las situaciones que de derivan de esos espacios virtuales, las relaciones entre personas que se forman en las redes sociales, las nuevas maneras de consumir el ocio, los espacios para juegos de azar y apuestas, actividades de ocio diversos, a través de videojuego, entre otros.

El artículo 10 de la Ley 4/2021 establece las medidas de prevención y protección integral contra cualquier forma de violencia. Se orientan a que las administraciones públicas tienen que promover entornos seguros para los niños, niñas y adolescentes y protegerlos contra cualquier forma de violencia. El concepto de violencia es también amplia y se entiende no solamente la activa, sino también la pasiva u omisión o trato negligente que priva a las personas menores de edad de sus derechos y bienestar, que amenaza o interfiere su ordenado desarrollo físico, psíquico o social, independientemente de su forma o medio en que se cometa, y se incluye de forma expresa la realizada a través de las TICs y menciona de forma específica la violencia digital.

Una de las medidas para evitar la violencia digital es el conocimiento del medio y el desarrollo de la competencia digital para evitar infracciones en las personas menores de edad. Hay que tener en cuenta que el menor de edad, en cuanto nativo digital, está familiarizado con las TICs, pero no excusa de que pueda no ser consciente de los riesgos que puede conllevar un uso no idóneo de internet.

La necesidad de una alfabetización digital y mediática de las niñas, niños y adolescentes hacia ese escenario de interactividad y conectividad que les puede resultar tan atractivo es una de las medidas que adoptará la administración pública de Andalucía, según determina el artículo 52 de la Ley 4/2021.

Los órganos competentes en materia de infancia y adolescencia, de educación, de tecnologías de la información y comunicación, y en medios de comunicación social fomentarán medidas de acompañamiento y desarrollarán estrategias de intervención que garanticen los conocimientos necesarios para una navegación segura por internet, y que eduquen a menores, padres, madres, personas tutoras y profesorado en un uso responsable de las tecnologías y de sus contenidos.

Las administraciones públicas andaluzas, en colaboración en el sector privado y la sociedad, fomentarán los contenidos positivos en línea y adaptados a las necesidades de los diferentes grupos de edad, impulsando entre la industria códigos de corregulación para el uso seguro y responsable de internet y en el desarrollo de productos y servicios destinados al público infantil y adolescente.

e) La Ley 11/2022, de 20 de septiembre, contra la violencia de género de La Rioja, indica como una forma y manifestación de la violencia de género, en su artículo 5, la que se ejerce hacia las mujeres y niñas distinguiendo entre violencia física, violencia psicológica, violencia social, violencia económica, violencia sexual, violencia ambiental, violencia simbólica, violencia institucional, violencia de género de segundo orden, y violencia digital o ciberviolencia entendiendo por esta toda conducta o acto violento contra las mujeres llevado a cabo a través de las TICs para ejercer daño o dominio como el ciberacoso, ciberamenazas, ciberdifamación, los insultos y el acoso por motivos de género, la extorsión sexual, la difusión de imágenes o vídeos de la víctima, o las amenazas de violación y de muerte.

f) Decreto Legislativo 1/2023, de 16 de marzo, por el que se aprueba el texto refundido de la Ley para la igualdad de mujeres y hombres y vidas libres de violencia machista contra las mujeres de la Comunidad Autónoma del País Vasco.

Deroga la Ley 4/2005, de 18 de febrero, para la igualdad de mujeres y hombres de la Comunidad Autónoma del País Vasco, modificada por Ley 1/2022, de 3 de marzo, de segunda modificación de la Ley para la igualdad de mujeres y hombres de la Comunidad Autónoma del País Vasco.

En el artículo 54 del Decreto Legislativo 1/2023 se contiene la indicación de los actos que constituyen violencia machista con las mujeres. Se incluyen la violencia en la pareja o expareja, la intrafamiliar, la violencia sexual, el feminicidio, la trata de mujeres y niñas, la explotación sexual, la mutilación genital femenina, los matrimonios forzosos y otras prácticas tradicionales perjudiciales, la coacción o privación arbitraria de libertad, la tortura, la violencia institucional, el acoso, la violencia política de género, la violencia digital y en redes sociales, la obstétrica, la vulneración de los derechos sexuales y reproductivos, así como cualquier otra forma de violencia que lesione o sea susceptible de lesionar la dignidad, la integridad o la libertad de las mujeres y niñas que se halle prevista en los tratados internacionales, en el Código Penal español o en la normativa estatal o autonómica. Todo ello, independientemente de que se produzcan en cualquier ámbito público o privado, lo que incluye, pero no se limita a, los ámbitos familiar, laboral, educativo, sanitario, deportivo y comunitario, los medios de comunicación, los espacios de ocio y festivos y el entorno virtual.

En el artículo 57 del Decreto Legislativo 1/2023 se preceptúa que las administraciones públicas vascas han de garantizar la formación adecuada de las personas que trabajan en el ámbito de la infancia y de la juventud para la detección y atención a las personas en dichas edades, en particular, la violencia sexual en el ámbito familiar o en los entornos cercanos, y las violencias que se producen en ámbitos como el deporte, el ocio, los centros educativos e institucionales y el digital.

III. PORNO DIGITAL Y MEDIDAS PARA EVITAR EL ACCESO A LOS MENORES DE EDAD

Y sí, el porno es violencia digital y por es ello que el acceso a páginas y aplicaciones que tengan esos contenidos debe ser limitado a las personas mayores de edad[5].

---

[5] Merlyn-Sacoto et al., (2020), pp. 59-76; Morales (2019); Muñoz et al., (2023), pp. 115-138; Olaguibel (2022), pp. 247-269; y Planes et al., (2019).

Son numerosos los problemas que se plantean en relación a la protección de la infancia y la adolescencia ante la visita y el uso de estos contenidos que son reservados para adultos[6].

3.1. *Tratamiento de los datos personales y prestación del consentimiento de la persona menor de edad*

Las personas menores de edad forman parte de los colectivos vulnerables y necesitados de especial protección.

La Constitución española establece en el artículo 18 que se garantiza el derecho al honor, a la intimidad personal y familiar y a la propia imagen, y que la ley limitará el uso de la informática para garantizar el honor y la intimidad personal y familiar de los ciudadanos y el pleno ejercicio de sus derechos, y que posteriormente se consolidó en la Ley Orgánica 1/1982, de 5 de mayo, de protección civil del derecho al honor, a la intimidad personal y familiar y a la propia imagen modificada posteriormente por la Ley Orgánica 3/1985, de 29 de mayo.

Es por ello que el acceso a páginas y aplicaciones debe ser controlado, no solamente en relación a los contenidos, sino también a la hora del tratamiento de los datos personales.

La legislación en materia de protección de datos, por un lado el Reglamento (UE) 2016/679 del Parlamento Europeo y del Consejo de 27 de abril de 2016 relativo a la protección de las personas físicas en lo que respecta al tratamiento de datos personales y a la libre circulación de estos datos y por el que se deroga la Directiva 95/46/CE (Reglamento general de protección de datos), se refiere, en su artículo 8, a las condiciones aplicables al consentimiento del niño en relación con los servicios de la sociedad de la información.

---

[6] Marcos (2023); Guilabert (2019); Gutiérrez (2020); y Kaur (2014).

En el caso de que se aplique lo indicado en el artículo 6, apartado 1, letra a) que se refiere a la licitud del tratamiento de los datos, en el que dicho tratamiento solamente será lícito si se cumple al menos una de las condiciones que señala el precepto, siendo una de ellas que el interesado prestare su consentimiento para el tratamiento de sus datos personales para uno o varios fines específicos, en relación con la oferta directa a niños de servicios de la sociedad de la información, el tratamiento de los datos personales de un niño se considerará lícito cuanto tenga mínimo 16 años.

En el caso de que tenga una edad inferior, solamente se considerará lícito el tratamiento si el consentimiento lo dio o autorizó el titular de la patria potestad o tutela sobre el niño, y solo en la medida en que se dio o autorizó.

Se podrá establecer por parte de los Estados miembros una edad inferior, siempre que sea no inferior a los 13 años.

El responsable del tratamiento hará esfuerzos razonables para verificar en tales casos que el consentimiento fue dado o autorizado por el titular de la patria potestad o tutela sobre el niño, teniendo en cuenta la tecnología disponible.

Lo indicado en el apartado 1 del artículo 8 no afectará a las disposiciones generales del Derecho contractual de los Estados miembros, como las normas relativas a la validez, formación o efectos de los contratos en relación con un niño.

Por su parte, en el ordenamiento jurídico español, la Ley Orgánica 3/2018, de 5 de diciembre, de protección de datos personales y garantía de los derechos digitales, rebaja la edad del menor. Tal y como indica el Preámbulo, se recoge el deber de confidencialidad, el tratamiento de los datos y las categorías especiales de datos, así como los de naturaleza penal, y al consentimiento que ha de proceder de una declaración o de una clara acción afirmativa del afectada, excluyendo el consentimiento tácito, ya que será preciso que conste de forma específica e inequívoca que se otorga en el caso de pluralidad de finalidades, para todas ellas, y se mantiene la edad de catorce años a partir de la misma en que el menor de edad puede prestar su consentimiento.

El artículo 7 así lo precisa, y se exceptúan los casos en que la ley exija la asistencia de los titulares de la patria potestad o tutela para la celebración del acto o negocio jurídico en cuyo contexto se recaba el consentimiento para el tratamiento, y en el caso de que el menor de edad lo sea con una edad inferior a los catorce años, fundado el consentimiento, solamente será lícito si consta el del titular de la patria potestad o tutela, con el alcance que determinen los titulares de la patria potestad o tutela.

De hecho, según el artículo 73 de la Ley Orgánica 3/2018, una de las infracciones consideradas como graves siguiendo lo indicado en el artículo 83.4 del Reglamento (UE) 2016/679, es el tratamiento de datos personales de una persona menor de edad sin recabar su consentimiento, cuanto tenga capacidad para ello, o el titular de su patria potestad o tutela, de acuerdo con lo indicado en el artículo 8 del Reglamento (UE) 2016/679, o no acreditar la realización de esfuerzos razonables para verificar la validez del consentimiento prestado por un menor de edad o por el titular de su patria potestad o tutela sobre el mismo, conforme a lo que requiere el artículo 8.2 del Reglamento (UE) 2016/679.

El tratamiento de los datos de las personas menores de catorce años, fundado en el consentimiento, solamente será lícito si consta el del titular de la patria potestad o tutela, con el alcance que determinen los titulares de la patria potestad o tutela. Estas infracciones prescribirán a los dos años.

La protección de los menores en internet se contempla tal y como preceptúa el Preámbulo en el Título X en referencia a los otros derechos digitales entre los que se encuentran los referentes al entorno internet, como los derechos y libertades del entorno internet, bien la neutralidad de la red y acceso universal, derechos a la seguridad y educación digital, derechos al olvido, a la portabilidad y al testamento digital. Menciona de forma específica la protección de los menores en internet, que se plasma en el artículo 84 de la Ley Orgánica 3/2018.

Este precepto nos indica que son los padres, madres, tutores, curadores o representantes legales los que procurarán que los menores de edad hagan un uso equilibrado y responsable de los dispositivos digitales y de los servicios de la sociedad de la información a fin de garantizar el adecuado desarrollo de su personalidad y preservar su dignidad y sus derechos fundamentales.

La utilización o difusión de imágenes o información personal de menores en las redes sociales y servicios de la sociedad de la información equivalentes que puedan implicar una intromisión ilegítima en sus derechos fundamentales determinará la intervención del Ministerio Fiscal, que instará las medidas cautelares y de protección que se indican en la Ley Orgánica 1/1996, de 15 de enero, de protección jurídica del menor, de modificación parcial del Código civil y de la Ley de enjuiciamiento civil.

3.2. Medidas y futura legislación para proteger a las personas menores de edad del acceso al porno en internet

El acceso a contenidos para adultos especialmente la pornografía por parte de los menores de edad tiene consecuencias negativas para su desarrollo y madurez. Se aborda por parte de la doctrina desde diversas perspectivas tanto de carácter bioética con respeto a la integridad física y emocional de la persona menor de edad, como a la libertad en tanto impera el principio de autonomía de la voluntad y la libertad de ejercicio de la sexualidad individual.[7]

---

[7] Selgado y França (2014), p. 55.

A través de internet se accede a un comercio y flujo de pornografía al que la persona menor de edad puede tener acceso. Muchos de los sitios webs no se pueden identificar, y se extienden a diversas plataformas como móviles, programas de descarga, redes sociales. Se puede rastrear a través de programas informáticos de control parental y de formación educacional mediante cursos y talleres dirigidos a la sensibilización y control de dicho contenido dirigidos a las personas menores de edad, familias y educadores para evitar que el menor entre en contacto con contenidos de pornografía[8].

En la normativa española actual podemos mencionar diversas medidas para la protección de los menores de edad de acceder a contenidos de pornografía.

Algunas normas anteriormente mencionadas no mencionan la pornografía infantil, como es el caso de la Ley 5/2008, o el Decreto Legislativo 1/2023

Ya la Ley Orgánica 3/2018 establecía en el artículo 97, en las políticas de impulso de los derechos digitales, que se aprobará un Plan de Actuación dirigido a promover las acciones de formación, difusión y concienciación necesarias para lograr que los menores de edad hagan un uso equilibrado y responsable de los dispositivos digitales y de las redes sociales y de los servicios de la sociedad de la información equivalentes de Internet con la finalidad de garantizar su adecuado desarrollo de la personalidad y de preservar su dignidad y derechos fundamentales.

La disposición adicional decimonovena de la Ley Orgánica 3/2018 relativa a los derechos de los menores ante Internet, establecía que en el plazo de un año desde la entrada en vi-

8 Selgado y França (2014), p. 56. También resulta de interés la consulta de Serrano (2021); Torrado y Gutiérrez (2021a); y Torrado y Gutiérrez (2021b).

gor de la citada norma, el Gobierno remitiría al Congreso de los Diputados un proyecto de ley dirigido específicamente a garantizar los derechos de los menores ante el impacto de Internet, con el fin de garantizar su seguridad y luchar contra la discriminación y la violencia que sobre los mismos es ejercida mediante las nuevas tecnologías.

La Ley Orgánica 8/2021 completa la incorporación a nuestro ordenamiento jurídico de los artículo 3, apartados 2 a 4, 6 y 9, párrafos a), b) y g) de la Directiva 2011/93/UE del Parlamento Europeo y del Consejo, de 13 de diciembre de 2011, relativa a la lucha contra los abusos sexuales y la explotación sexual de los menores y la pornografía infantil y por la que se sustituye la Decisión marco 2004/68/JAI del Consejo. El artículo 1 de la norma considera violencia la pornografía infantil, y el acceso no solicitado a pornografía. En su artículo 45, sobre el uso seguro y responsable de internet, tal y como hemos indicado anteriormente, indicaba que se desarrollarían campañas por parte de las administraciones públicas para la educación, sensibilización y difusión sobre ese uso seguro para evitar el consumo de pornografía entre la población menor de edad.

La Ley 4/2021, en su artículo 10 respecto a la prevención y protección integral contra cualquier forma de violencia menciona el acceso no solicitado a pornografía y la extorsión sexual estando encomendado a las administraciones públicas que promuevan que todos los ámbitos sean entornos seguros para los niños, niñas y adolescentes, y que les protejan contra cualquier forma de violencia.

La Ley 11/2022, al referirse a las formas y manifestaciones de la violencia de género, en su artículo 5, determina que la violencia sexual es cualquier acto de naturaleza sexual no consentido, incluida la exhibición, la observación y la imposición de relaciones sexuales, la explotación sexual, la trata, los abusos sexuales o la extorsión con pornografía.

Y tendrán la consideración de actos de violencia de género la explotación sexual de mujeres y niñas, incluido el ejercicio de la prostitución, la servidumbre sexual u otros tipos de servicios sexuales, actos pornográficos o la producción de material pornográfico en los términos y condiciones previstos en la normativa vigente.

Menciona dentro de la ciberviolencia contra las mujeres y niñas cualquier forma de violencia de género en la que se utilizan redes sociales y TICs como medio para ejercer daño o dominio e incluye la pornografía no consentida.

La Carta de Derechos Digitales del Gobierno de España[9] contempla la protección de las personas menores de edad en el entorno digital en su apartado X, se indica que con arreglo a las potestades que les son propias y de acuerdo con la legislación aplicable, las personas progenitoras, tutoras, curadoras, representantes legales o personas que presten apoyo para el ejercicio de la capacidad jurídica, velarán por que las personas menores de edad hagan un uso equilibrado y responsable de los entornos digitales a fin de garantizar el adecuado desarrollo de su personalidad y de preservar su dignidad y sus derechos fundamentales.

Se promoverá la implantación de procedimientos para la verificación de la edad, el derecho a recibir formación e información adecuada y adaptada a sus necesidades sobre los entornos digitales a los que accedan y el acceso a medios para solicitar y en su caso obtener la tutela de sus derechos frente a comportamientos o acciones lesivas o ilícitas.

Salvo en las excepciones previstas en las leyes, están prohibidos los tratamientos de la información de personas menores orientadas a establecer perfiles de personalidad en entornos digitales.

---

9 Gobierno de España (2021), p. 12; y Morales (2022).

Ninguna práctica de perfilado podrá dirigirse a manipular o perturbar la voluntad de personas menores, incluido el perfilado con fines publicitarios.

Según lo indicado en la normativa aplicable, en los entornos digitales las personas menores tendrán derecho a recibir información suficiente y necesaria sobre el uso responsable y adecuado de las tecnologías.

Se impulsará el estudio del impacto en el desarrollo de la personalidad de personas menores derivado del acceso a entornos digitales, así como a contenidos nocivos o peligrosos. Dicho estudio prestará particular atención a sus efectos en la educación afectivo-sexual, las conductas dependientes, la igualdad, la orientación sexual e identidad de género, así como a los comportamientos antidemocráticos, racistas, xenófobos, capacitistas, machistas, discriminatorios o propios del discurso del odio.

La Ley 13/2022, de 7 de julio, general de comunicación audiovisual, establece en el artículo 4 que la comunicación audiovisual será respetuosa con la dignidad humana y los valores constitucionales, dicha comunicación no incitará a la violencia y respetará el honor, la intimidad y la propia imagen de las personas y garantizará los derechos de rectificación y réplica según lo indicado en la Ley Orgánica 1/1982, Ley Orgánica 372018 y Ley Orgánica 2/1984, de 26 de marzo, reguladora del derecho de rectificación.

La comunicación audiovisual no contendrá una provocación pública a la comisión de ningún delito y, especialmente, no provocará públicamente la comisión de un delito de terrorismo, de pornografía infantil o de incitación al odio, hostilidad, discriminación o violencia contra un grupo, una parte del mismo o contra una persona determinada por motivos racistas, xenófobos, por su sexo o por razones de género o discapacidad según lo indicado en la Ley Orgánica 10/1995, de 23 de noviembre, del Código penal.

Según indica el artículo 88 de la Ley 13/2022, una de las obligaciones para la protección de los usuarios y de los menores frente a determinados contenidos audiovisuales es que, a través de plataforma, adoptarán medidas para la protección de los menores de los programas, vídeos generados por usuarios y de las comunicaciones comerciales audiovisuales que puedan perjudicar su desarrollo físico, mental o moral, y según determina el artículo 89 de la misma norma, una de las medidas para la protección de los usuarios y de los menores frente a determinados contenidos audiovisuales es incluir y poner en práctica en las cláusulas de condiciones del servicio de las plataformas de intercambio de vídeo sobre las obligaciones mencionadas anteriormente sobre determinados contenidos audiovisuales, y establecer y operar sistemas de verificación de edad para los usuarios con respecto a los contenidos que puedan perjudicar el desarrollo físico, mental o moral de los menores que, en todo caso, impidan el acceso de estos a los contenidos audiovisuales más nocivos, como la violencia gratuita o la pornografía, además de facilitar sistemas de control parental controlados por el usuario final con respecto a los contenidos que puedan perjudicar el desarrollo físico, mental o moral de los menores.

Habrá que tener en cuenta respecto a las plataformas[10]lo establecido en el Reglamento (UE) 2022/1925 del Parlamento Europeo y del Consejo de 14 de septiembre de 2022 sobre mercados disputables y equitativos en el sector digital y por el que se modifican las Directivas (UE) 2019/1937 y (UE) 2020/1828 (Reglamento de Mercados Digitales) y en el Reglamento (UE) 2022/2065 del Parlamento Europeo y del Consejo de 19 de octubre de 2022 relativo a un mercado único de servicios digitales y por el que se modifica la Directiva 2000/31/CE (Reglamento de Servicios Digitales).

---

[10] Ramón (2023), p. 149.

También debemos mencionar otra amenaza en el ámbito de la violencia digital y la pornografía como es la inteligencia artificial. Hay diversas aplicaciones (apps) que generan imágenes eróticas que son hiperrealistas y que inducen a la violencia digital y al consumo de pornografía. Mujeres hipersexualizadas, incluso menores, que se han generado por inteligencia artificial y que están destinados a su consumo como pornografía.

Una de las principales actuaciones para evitar que los menores de edad puedan acceder a consumir porno en internet ha sido establecer una futura legislación para proteger a los menores de la pornografía en internet. En esa futura norma se establece que los menores no puedan acceder a webs de pornografía sin la verificación de la edad. Hay que tener en cuenta que muchas personas menores de edad, en una franja de 12 a 15 años, acceden a contenidos de pornografía. La hoja de ruta que el gobierno quiere establecer es frenar el acceso a las webs de contenido pornográfico de las personas menores de edad, incluso de 10 años, ya que ese contenido afecta a su desarrollo, fomenta la violencia contra la mujer y genera una adicción.

Ya la Agencia Española de Protección de Datos[11] ya advirtió de la difusión y publicación en redes sociales de imágenes o vídeos de contenido muy explícito en relación con la violencia tanto de mujeres, como de personas menores de edad.

Estas imágenes se suelen utilizar para prácticas de acoso en las distintas modalidades, como el bullying, el ciberbullyng, el grooming o sexting provocando que el sujeto afectado se encuentre en una situación que infringe sus derechos, ocasionándole un daño.

El consumo de pornografía también está relacionada con esas imágenes de violencia, ya que el porno también va unido a imágenes de humillación y de comportamientos agresivos para

---

11 Agencia Española de Protección de Datos (2022).

la víctima[12], y el menor que accede a dichos contenidos se forma una idea equivocada de lo que pueden ser las relaciones sexuales entre dos personas. La denuncia de este tipo de contenidos debe realizarse y también en materia de protección de datos se genera una responsabilidad en el caso de que se realice una difusión ilegítima de los contenidos. Así, se establece una responsabilidad en materia de protección de datos aplicable a la difusión de los mismos especialmente si son sensibles, de una persona física, tanto en imágenes, audios o vídeos que permitan identificarla que se puedan publicar en servicios de internet sin haber prestado el consentimiento, ya que estaríamos ante una infracción, y en el caso de que los responsables sean menores de edad, se exigirá una responsabilidad solidaria a los padres o tutores; responsabilidad de tipo civil en virtud de lo indicado en los artículos 1902 y siguientes del Código civil[13] respecto de los daños y perjuicios, materiales y morales, respondiendo en el caso de que sean menores de edad los padres o tutores, y la responsabilidad de tipo penal en aplicación del Código penal en los casos constitutivos de delito, con penas de privación de libertad. En el caso de personas menores de edad podrán ser sancionados con la realización de servicios en beneficio de la comunidad o tareas de carácter socio educativas, pudiendo también aplicarse la libertad vigilada.

Existen diversos canales de denuncia además de las que puedan realizarse ante las Fuerzas y Cuerpos de Seguridad del Estado o la Fiscalía, y es mediante los enlaces que pone a disposición la Agencia Española de Protección de Datos para solicitar la retirada de contenidos sexuales o violentos que se hayan publicado en internet sin el permiso de la persona, en especial en los casos de acoso o de violencia sexual contra la mujer y en las situaciones de violencia digital.

---

12 Alemany (2023).

13 Ramón (2021), pp. 367-396.

Se podrán adoptar las medidas adecuadas para limitar la difusión y acceso a los datos personales, así como adoptar las medidas cautelares para que se continúe con el tratamiento ilegítimo de los datos, además de poderse abrir un procedimiento sancionador contra los responsables.

Respecto a la futura regulación para evitar el acceso a contenidos de pornografía por parte de los menores de edad, la Agencia Española de Protección de Datos ha diseñado un sistema para verificar la edad y en el que se cumple la normativa de protección de datos para garantizar la privacidad. Será similar a un certificado electrónico[14] y se expedirá por la Fábrica Nacional de Moneda y Timbre a partir de los documentos como el DNI o el carnet de conducir. Se podrá utilizar el sistema también en redes sociales. Este sistema funciona a través de que los proveedores de contenidos instalen el sistema de verificación y que el usuario se vea obligado para entrar a descargarse una aplicación que puede funcionar mediante un código QR, una clave o de cualquier otra forma para acceder. El certificado se guarda en la cartera digital del dispositivo, y se expedirá a partir del DNI, pasaporte o carnet de conducir, será anónimo y acreditará que su poseedor es mayor de 14 o 18 años, y no se comparten más datos que el nombre, apellidos y edad con el proveedor de contenidos.

Esta herramienta debe conjugar la protección a la infancia y adolescencia, el interés superior del menor, así como el derecho a la privacidad y la protección de datos de carácter personal. Se trata de que los menores de edad no accedan a contenidos de adultos, y que esos contenidos sean accesibles a las personas que puedan demostrar su edad, sin necesidad de mostrar su identidad.

---

14 Ministerio de la Presidencia, Justicia y relaciones con las cortes (2024).

El Código Penal, en su artículo 186, establece que el que, por cualquier medio directo, vendiere, difundiere o exhibiere material pornográfico entre menores de edad o personas con discapacidad necesitadas de especial protección, será castigado con la pena de prisión de seis meses a un año o multa de 12 a 24 meses.

El Reglamento (UE) 2022/2065 indica sobre la necesidad de protección de los menores en el ámbito digital que: "es un objetivo político importante de la Unión. Puede considerarse que una plataforma en línea es accesible para los menores cuando sus condiciones generales permiten a los menores utilizar el servicio, cuando su servicio está dirigido a menores o es utilizado predominantemente por ellos, o cuando el prestador es consciente de que algunos de los destinatarios de su servicio son menores, por ejemplo, porque ya trata para otros fines datos personales de los destinatarios de su servicio que revelan su edad. Los prestadores de plataformas en línea utilizadas por menores deben adoptar medidas adecuadas y proporcionadas para proteger a los menores, por ejemplo, diseñando sus interfaces en línea o partes de estas con el máximo nivel de privacidad, seguridad y protección de los menores por defecto, cuando proceda, o adoptando normas para la protección de los menores, o participando en códigos de conducta para la protección de los menores. Deben tener en cuenta las mejores prácticas y las orientaciones disponibles, como las que ofrece la Comunicación de la Comisión titulada «Una década digital para los niños y los jóvenes: la nueva estrategia europea para una internet mejor para los niños (BIK+)». Los prestadores de plataformas en línea no deben presentar anuncios basados en la elaboración de perfiles mediante la utilización de datos personales del destinatario del servicio cuando sean conscientes con una seguridad razonable de que el destinatario del servicio es un menor. De conformidad con el Reglamento (UE) 2016/679, en particular el principio de minimización de datos previsto en su artículo 5, apartado 1, letra c), esta prohibición no debe llevar al prestador de la plataforma en línea a mantener, obtener o tratar más datos personales de los que ya dispone para evaluar si el destinatario del servicio es un menor. Por lo tanto, esta obligación no debe incentivar a los prestadores de plataformas en línea a capturar la edad del destinatario del servicio antes de su uso. Esto debe aplicarse sin perjuicio del Derecho de la Unión en materia de protección de datos personales". Y que es preciso "la adopción de medidas específicas para proteger los derechos de los menores, incluidas herramientas de comprobación de la edad y de control parental, herramientas destinadas a ayudar a los menores a señalar abusos u obtener ayuda, según corresponda".

También la Ley 13/2022, exige a los proveedores de vídeos pornográficos el establecimiento de mecanismos de verificación de edad. Así, el artículo 89, e), referente a Medidas para la protección de los usuarios y de los menores frente a determinados contenidos audiovisuales indica que hay que establecer y operar sistemas de verificación de edad para los usuarios con respecto a los contenidos que puedan perjudicar el desarrollo físico, mental o moral de los menores que, en todo caso, impidan el acceso de estos a los contenidos audiovisuales más nocivos, como la violencia gratuita o la pornografía.

Sin embargo, este sistema de verificación no está exento de fisuras[15]. Una de ellas es la privacidad, a la que no se le ha dado solución adecuada, ya que un bloqueo de acceso a contenidos pornográficos y su censura no es admisible.

Otra cuestión es que se podría incluso evadir cualquier tipo de prohibición, con una VPN que simulara una conexión desde un lugar donde se pueda consumir pornografía online, y esta cuestión también afectaría al sistema de certificación que se pretende implementar para evitar que no sea efectivo.

---

15 Molins (2024).

El contenido pornográfico también puede ser generado por el usuario, ya que la edad mínima de acceso a redes sociales es 14 años, con lo que allí también se puede consumir porno online, con menos control todavía que las páginas específicas.

La cuestión de la complejidad técnica también tiene que ser objeto de debate, ya que el sistema que se implante debe ser efectivo, y evitar cualquier tipo de actuación que burle el propio sistema.

La Agencia Española de Protección de Datos ha presentado su estrategia global sobre menores, salud digital y privacidad[16]. Una de las actuaciones prioritarias que menciona el citado documento es Lucha contra las prácticas ilícitas y nocivas que afectan a los y las menores en internet. Como se indica, la Agencia, como autoridad de control, está dotada de potestades de investigación y de sanción para supervisar el cumplimiento de la normativa de protección de datos. En el ejercicio de estas potestades ha iniciado actuaciones de investigación a páginas web de contenidos para personas adultas, así como a terceros de confianza en el ámbito de la verificación de la edad, que se han trasladado cuando ha sido necesario y cumpliendo lo establecido en el RGPD, a través del sistema de Información del Mercado interior (IMI) a las autoridades europeas de control en el marco de colaboración institucional y asistencia mutua.

De esta forma, la Agencia realizará dos actuaciones: priorizará, por un lado, el ejercicio de sus potestades de investigación a las páginas web de contenidos para personas adultas, en especial de pornografía, con respecto a la verificación de la edad para el acceso a dichos contenidos y al cumplimiento de la normativa de protección de datos de los y las menores. Actuando en cooperación con las autoridades de la Unión Europea cuando las páginas web no estén establecidas en España;

---

[16] Agencia Española de Protección de Datos (2024).

y, por otro lado, realizará el análisis de los algoritmos y patrones adictivos que tienen como objetivo influir en el comportamiento y las decisiones de las personas usuarias, con relación a los datos y perfilados de los y las menores de edad, e impulsará la coordinación necesaria con el Comité Europeo de Protección de Datos.

El Decálogo de principios que ya había indicado la Agencia[17] sobre verificación de edad y protección de personas menores de edad ante contenidos inadecuados son los siguientes:

> "Principio 1. El sistema de protección de personas menores de edad ante contenidos inadecuados debe garantizar que no es posible la identificación, el seguimiento o la localización de menores a través de Internet.
>
> Principio 2. La verificación de edad debe estar orientada a que las personas con la edad adecuada acrediten su condición de "persona autorizada a acceder", y no permitir la acreditación de la condición de "menor de edad".
>
> Principio 3. La acreditación para el acceso a contenidos inadecuados debe ser anónima para los proveedores de servicios de Internet y terceras entidades.
>
> Principio 4. La obligación de acreditar la condición de "persona autorizada a acceder" estará limitada únicamente al contenido inadecuado.
>
> Principio 5. La verificación de edad se debe realizar de forma cierta y la edad categorizada a "persona autorizada a acceder".
>
> Principio 6. El sistema debe garantizar que las personas no pueden ser perfiladas en función de su navegación.
>
> Principio 7. El sistema debe garantizar la no vinculación de la actividad de una persona entre distintos servicios.

---

17 Agencia Española de Protección de Datos (2023).

> Principio 8. El sistema debe garantizar el ejercicio de la patria potestad por los progenitores.
>
> Principio 9. Todo sistema de protección de personas menores de edad ante contenidos inadecuados debe garantizar los derechos fundamentales de todas las personas en su acceso a Internet.
>
> Principio 10. Todo sistema de protección de personas menores de edad ante contenidos inadecuados debe tener definido un marco de gobernanza.

En el ámbito del derecho comparado, podemos mencionar algunas iniciativas de interés:

En el Reino Unido se pretendió implementar el sistema de verificación de edad para el consumo de pornografía online. Se realizaba a través de la compra de un documento de verificación de edad, de forma similar al control de acceso en el juego. No obstante, las numerosas dificultades técnicas y la privacidad hicieron que no prosperara el sistema.

Posteriormente, en el año 2023[18] se publicó el texto de la Online Safety Act 2023, Ley de Seguridad en Internet.

Su objetivo es hacer más seguro para las personas el uso de los servicios de internet que se regulan por la Ley en el ámbito del Reino Unido.

Esta norma impone obligaciones a los proveedores de servicios para que identifiquen, mitiguen y gestionen los riesgos de daños derivados de los contenidos y actividades ilegales, y los contenidos y actividades perjudiciales para los niños.

Las obligaciones impuestas tienen por objeto garantizar que sean diseñados y gestionados de manera que se proporcione un mayor nivel de protección a los niños que a los adultos,

---

18 Fernández (2023).

que se protejan los derechos de los usuarios a la libertad de expresión y a la intimidad, y que se ofrezca transparencia y responsabilidad en relación con dichos servicios.

Se introducen medidas contundentes contra el contenido ilegal, como el material de abuso sexual y minimizar la posibilidad de que los menores de edad encuentren contenidos dañinos e inapropiados para su edad, como es el caso del acoso en línea, así como contenidos que inciten al suicidio, las autolesiones y trastornos alimentarios. También se incluyen medidas para prevenir la violencia contra mujeres y niñas.

Se enfoca a la protección de los menores de edad y la navegación online, adoptando el enfoque de "tolerancia cero" y trasladando la responsabilidad a las plataformas de redes sociales de los contenidos de los que disponen. En el caso de que no adopten medidas de prevención y de eliminación de los contenidos ilegales y eviten que los menores de edad puedan visionar dichos contenidos se les multará con altas cifras y también, en los casos en que se contempla, con la privación de libertad.

Se impone como obligación a las plataformas sociales las siguientes: eliminar el contenido ilegal de forma rápida o que aparezca en primer lugar; evitar que los menores de edad accedan a contenidos que puedan producirle daños y que sean inapropiados para su edad; hacer cumplir los límites de edad y las medidas de control de edad; garantizar que los riesgos y peligros que se enfrentan los menores de edad en las plataformas sean más transparentes, y se publique una evaluación de riesgos, y proporcionar a los progenitores y a los menores formas claras y accesibles de informar problemas en línea en el caso de que se produzcan.

Uno de los aspectos que se presentan más polémicos y controvertidos es que podrá obligar a los servicios de mensajería a examinar el contenido de los mensajes cifrados en busca de material de abuso infantil.

En Francia[19] también se quiere realizar una regulación del espacio digital y limitar el acceso de los menores a internet. Ya se dispone de un proyecto de ley que propone la creación de una identidad "online" que pueda servir para evitar el acceso de menores de edad a la pornografía. Se contempla la posibilidad de un bloqueo administrativo sin necesidad de autorización judicial de las páginas web que ofrezcan contenidos de pornografía y no comprueben la edad para acceder a los mismos. Se pretende con estas medidas alinearse con el Reglamento (UE) 2022/1925 y el Reglamento (UE) 2022/2065, en las que se quiere terminar con la autorregulación en la que las empresas de tecnología establecen sus propias políticas de contenidos.

También el proyecto de ley galo contiene otras medidas como es el caso de prohibir el acceso a las redes sociales a personas condenadas por determinados delitos asociados al acoso o incitación al odio, así como crear un filtro antiestafas para prevenir el *phishing*.

Esta norma no ha estado exenta de polémica por considerar algunos sectores políticos que infringía la normativa comunitaria anteriormente mencionada.

En Italia, se ha propuesto impulsar medidas para evitar el acceso de menores al porno, y desde el año 2023 todas las tarjetas SIM a nombre de una persona menor de edad se les aplica un control parental que conlleva una restricción al acceso a páginas web porno, pero ello no soluciona el problema, ya que hay menores que utilizan una tarjeta de sus padres con lo que el problema persiste.

[19] Herrero (2024).

IV. CONCLUSIONES

El acceso de las personas menores de edad a contenidos para adultos es una realidad que el Derecho no puede obviar. La legislación actual no se considera adecuada para evitar dicho acceso y hay que establecer una normativa que frene el acceso a contenidos que pueden provocar daños al menor de edad.

Dicha normativa tiene que conjuntar aspectos como la privacidad, la protección de datos, y establecer filtros adecuados. Diversos países europeos han establecido también el sistema de verificación, y, aunque dicho sistema, no está exento de riesgos y conflictos, puede ser una buena forma para limitar el acceso a la pornografía por parte de los menores de edad.

El acceso a contenidos de pornografía por parte de los menores de edad puede tener consecuencias negativas como es el incremento de la violencia sobre la mujer, la cosificación de los cuerpos, el desarrollo de conductas delictivas, y también influir sobre la sexualidad del menor, todavía no alcanzada su madurez.

También interesa destacar la falta de concienciación y de educación sobre el acceso a contenidos para adultos por parte de diversos estamentos, ya que sería deseable no solamente campañas de difusión de la peligrosidad para el menor de este tipo de contenidos, como también una educación que girase en torno a la utilización adecuada a la edad de los contenidos en redes sociales.

La persona menor de edad, hasta ahora, puede acceder, y de hecho, así lo confirman los datos que hemos indicado en el trabajo, de forma fácil, utilizando dispositivos de los adultos, y burlando el acceso a dichas páginas sin dificultades.

La era digital, desde luego, ha supuesto mejoras en el aprendizaje de los menores, un aprendizaje más activo y de acuerdo con el entorno como nativos digitales, pero también representa múltiples amenazas para el menor de edad.

Otra cuestión también que hemos puesto de relieve son los datos que se facilitan mediante el acceso a dichos contenidos para adultos, y que el menor facilita sin tener el conocimiento mínimo de lo que supone esa información personal, con el consiguiente riesgo de afectar a sus derechos.

BIBLIOGRAFÍA CITADA

Agencia Española de Protección de Datos, *Difusión de vídeos con contenido violento en redes sociales: denunciar donde corresponde,* 2022. Disponible en: https://www.aepd.es/prensa-y-comunicacion/blog/difusion-de-videos-con-contenido-violento-en-redes-sociales-denunciar (Consulta realizada: 18/07/2024).

Agencia Española de Protección de Datos, *Decálogo de principios. Verificación de edad y protección de personas menores de edad ante contenidos inadecuados,* 2023.

Agencia Española de Protección de Datos, *La Agencia presenta su Estrategia global sobre menores, salud digital y privacidad,* 2024. Disponible en: https://www.aepd.es/prensa-y-comunicacion/notas-de-prensa/la-agencia-presenta-su-estrategia-global-sobre-menores-salud-digital-y-privacidad (Consulta realizada: 18/07/2024).

Alemany, Pau, "Uno de cada cuatro jóvenes consume porno con violencia física o verbal. Un primer contacto con vídeos sexuales se produce de media a los 13 años y no hay ninguna barrera que impida el acceso a cualquier tipo de contenido", *El País,* 2023. Disponible en: https://elpais.com/sociedad/2023-11-30/uno-de-cada-cuatro-jovenes-consume-porno-con-violencia-fisica-o-verbal.html (Consulta realizada: 18/07/2024).

Aldaz Arregui, Juan, "La implementación de la LOPIVI en el Sistema Deportivo de Euskadi. Un proceso de concienciación y co-responsabilización centrado en el bienestar integral de niñas, niños y adolescentes", en: De la Mata Barranco, Javier y Pérez Machío, Ana Isabel (Dir.), *Personas vulnerables y tutela penal,* Cizur Menor, Thomson Reuters Aranzadi, 2023, pp. 371-388.

Casabó Ortí, María Ángeles, "Víctimas menores de edad por revenge porn: protección jurídica ante los riesgos del «internet inseguro»", *Revista electrónica de Ciencias Criminológicas*, Nº 7, 2022. Disponible en: https://ojs.ehu.eus/index.php/eguzkilore/article/view/23799 (Consulta realizada: 18/07/2024).

Cotino Hueso, Lorenzo (Coord.), *La Carta de Derechos digitales*, Valencia, Tirant lo Blanch, 2022.

Fernández, Carlos B., "El Reino Unido aprueba su Ley de seguridad en Internet", *Diario La Ley*, 2023.

Fernández Teruelo, Javier Gustavo, "Expansión de la represión penal de la pornografía infantil: la indemnidad sexual de los adultos que parecen menores y de los personajes 3D", *Revista penal*, Nº 42, 2018, pp. 67-81.

Gobierno de España, *Carta Derechos digitales*, Madrid, 2021. Disponible en: https://www.lamoncloa.gob.es/presidente/actividades/Documents/2021/140721-Carta_Derechos_Digitales_RedEs.pdf (Consulta realizada: 18/07/2024).

García de Murcia, Mireya, "Hacía la protección de las víctimas de violencia de género desde una perspectiva de derechos de la infancia", *IgualdadEs*, Nº 6, 2022, pp. 299-320. Disponible en: https://www.cepc.gob.es/sites/default/files/2022-07/39799igdes610garcia-de-murcia.pdf (Consulta realizada: 18/07/2024).

García Pérez Calabuig, María; Ortega Navas, María del Carmen; y Mampaso Desbrow, Joanne, "Violencia digital y menores con discapacidad. Cuestiones relativas a la educación digital en la Ley 8/2021: medidas de protección y limitaciones", *La Ley Derecho de Familia: Revista jurídica sobre familia y menores*, Nº 36, 2022, pp. 53-72.

Guilabert Vidal, María Remedios, *Acoso escolar y ciberacosos: tutela civil y penal*, Alicante, Universitat d´Alacant, 2019. Disponible en: http://rua.ua.es/dspace/handle/10045/119681 (Consulta realizada: 09/07/2024).

Gutiérrez Azanza, Diego Alberto, "Delito de «sexting», configuración jurisprudencial", *Diario La Ley*, Nº 9760, 2020.

Herrero, Amado, "Francia quiere regular el espacio digital y limitar el acceso de los menores a internet. Un proyecto de ley que agrupa diferentes medidas propone la creación de una identidad "online" que pueda servir para evitar el acceso de menores a la pornografía", *El Diario.es*, 2024. Disponible en: https://www.eldiario.es/internacional/francia-quiere-regular-espacio-digital-limitar-acceso-menores-internet_1_10859036.html (Consulta realizada: 09/07/2024).

Iglesias Fernández, María Neri, "El trabajo social sanitario en la Ley Orgánica 8/2021, de 4 de junio, de protección integral a la infancia y la adolescencia frente a la violencia (LOPIVI)", *Agathos: Atención sociosanitaria y bienestar*, Nº 3, 2022, pp. 6-19.

Kaur, Prit, "Sexting or paedophilia", *Criminalidad*, Vol. 56, Nº 2, 2014, pp. 263-272. Disponible en: http://www.scielo.org.co/pdf/crim/v56n2/v56n2a06.pdf (Consulta realizada: 09/07/2024).

Llovet Rodríguez, Carmen; Pérez Escoda, Ana; y Barón Dulce, Gemma, "Sexualización, objetivización y estereotipos en la LOPIVI ¿Puede la ley proteger al menor en la era digital?", en: Vidal Herrero-Vior, María Sonsoles (Coord.), *Protección integral a la infancia y la adolescencia frente a la violencia: análisis jurídico, criminológico y de ámbito publicitario de las disposiciones finales de la Ley Orgánica 8/2021, de 4 de junio, de protección integral a la infancia y la adolescencia frente a la violencia,* Valencia, Tirant lo Blanch, 2022, pp. 339-361.

Marcos Martínez, Verónica, *Victimización en jóvenes en contexto físicos y virtuales. Promoción de la seguridad en el ámbito educativo,* Santiago de Compostela, Universidade de Santiago de Compostela, 2023. Disponible en: https://minerva.usc.es/xmlui/handle/10347/31302 (Consulta realizada: 18/07/2024).

Marín de Espinosa Ceballos, Elena y Esquinas Valverde, Patricia (Dir.), *Los delitos contra la libertad e indemnidad sexual: aplicación práctica, estudio de derecho comparado y propuestas de reforma,* Cizur Menor, Thomson Reuters Aranzadi, 2022.

Martínez García, Clara (Coord.), *El nuevo marco legal de protección integral de la infancia y la adolescencia frente a la violencia en España,* Cizur Menor, Thomson Reuters Aranzadi, 2021.

Merlyn-Sacoto, Marie-France; Jayo, Liliana; Ortiz, Doris; y Moreta Herrera, Rodrigo, "Consumo de pornografía y su impacto en actitudes y conductas en estudiantes universitarios ecuatorianos", *Psicodebate. Psicología, Cultura y Sociedad,* Vol. 20, Nº 2, 2020, pp. 59-76. Disponible en: https://dspace.palermo.edu/ojs/index.php/psicodebate/article/view/1871/3335 (Consulta realizada: 18/07/2024).

Ministerio de la Presidencia, Justicia y relaciones con las cortes, *El Gobierno impulsa la protección de menores frente al acceso a pornografía en internet,* 2024. Disponible en: https://www.mjusticia.gob.es/es/institucional/gabinete-comunicacion/noticias-ministerio/Gobierno-impulsa-proteccion-menores-pornografiaograf%C3%ADa-en-internet (Consulta realizada: 18/07/2024).

Molins Renter, Albert, "La lucha contra la pornografía online. Los bloqueos ideados por Reino Unido, Francia e Italia topan con la privacidad, la complejidad técnica y un desarrollo legislativo lento que hace que la implementación de soluciones se eternice", *La Vanguardia*, 2024. Disponible en: https://www.lavanguardia.com/vida/20240121/9502210/tres-paises-europeos-han-intentado-exito-vetar-acceso-menores-porno.html (Consulta realizada: 18/07/2024).

Morales Jaquete, Paola, "Configuraciones narrativas sobre sexualidad: el discurso sexual en el porno online y la mirada del espectador", *Encrucijadas: Revista Crítica de Ciencias Sociales*, Nº 17, 2019. Disponible en: https://recyt.fecyt.es/index.php/encrucijadas/article/view/79186 (Consulta realizada: 18/07/2024).

Muñoz Sánchez, Sandra; Polo Usaola, Cristina; y García Dauder, Dau, "Influencia de la pornografía en la construcción subjetiva del deseo sexual: Una mirada interseccional", *Journal of Feminist, Gender and Women Studies*, Nº 15, 2023, pp. 115-138. Disponible en: https://revistas.uam.es/revIUEM/issue/view/1220/846 (Consulta realizada: 18/07/2024).

Olaguibel Echeverría-Torres, Almudena, "Los centros de protección de menores como entornos seguros y protectores desde la óptica de la nueva Ley Orgánica 8/2021", *IgualdadEs*, Nº 6, 2022, pp. 247-269. Disponible en: https://www.cepc.gob.es/sites/default/files/2022-07/39797igdes608olaguibel.pdf (Consulta realizada: 18/07/2024).

Planes Pedra, Montserrat; Gras Pérez, María Eugenia; Hernández Serrano, Olga; Font Mayolas, Silvia y Cufí Acevedo, Pilar, "Violencia sexual: ¿Aprendizaje por la experiencia y construcción de una norma?", en: I Congreso Internacional de Sexualidad: Expresando la Diversidad (Coord.), *Libro de Abstracts del I Congreso Internacional de Sexualidad: Expresando la Diversidad*, Valencia, Salusex, 2019. Disponible en: https://salusex.uji.es/congreso2021/wp-content/uploads/Libro-Abstracts-Congreso-Sexualidad-2019-SALUSEX-1.pdf (Consulta realizada: 09/07/2024).

Ramón Fernández, Francisca, "La imputabilidad del hecho dañoso: la responsabilidad de los menores e incapacitados. La responsabilidad de las personas jurídicas", en: Clemente Meoro, Mario E. y Cobas Cobiella, María Elena (Dir.), *Derecho de Daños*, Valencia, Tirant lo Blanch, 2021, pp. 367-396.

Ramón Fernández, Francisca, "La violencia digital desde la perspectiva regulada en la ley orgánica 8/2021, de 4 de junio, de protección integral a la infancia y la adolescencia frente a la violencia", en: Otero Otero, Blanca; Calaza López, Sonia; y Pillado González, Esther (Dir.), *Retos de la justicia civil indisponible: infancia, adolescencia y vulnerabilidad*, Cizur Menor, Thomson Reuters Aranzadi, 2022, pp. 535-563.

Ramón Fernández, Francisca, "El metaverso, la violencia digital y los riesgos para los derechos digitales de los menores de edad", en: Bueno de Mata, Federico y González Pulido, Irene (Dir.), *FODERTICS 11.0: derecho, entornos virtuales y tecnologías emergentes*, Madrid, Comares, 2023, pp. 51-66.

Ramón Fernández, Francisca, "Inteligencia artificial y transparencia en relación con la regulación de los servicios y mercados digitales", en: Cobas Cobiella, María Elena y Guillén Catalán, Raquel (Dir.), *Equidad y transparencia en la prestación de servicios*, Madrid, Dykinson, 2023, pp. 147-169.

Ravetllat Ballesté, Isaac y Cabedo Mallol, Vicente (Coord.), *Estudios sobre la ley orgánica de protección integral a la infancia y la adolescencia frente a la violencia*, Valencia, Universitat Politècnica de València, Valencia, 2023. Disponible en: https://gdocu.upv.es/alfresco/service/api/node/content/workspace/SpacesStore/18391744-a591-4e9d-a68a-cd84a-f47d763/6374.pdf?guest=true (Consulta realizada: 09/07/2024).

Sánchez Barroso, Borja, "La protección a la infancia y la adolescencia desde un punto de vista competencial: evolución y límites tras la Ley Orgánica 8/2021, de 4 de junio", *Revista de Derecho Político*, Nº 114, 2022, pp. 149-176. Disponible en: https://revistas.uned.es/index.php/derechopolitico/article/view/34145/25457 (Consulta realizada: 09/07/2024).

Selgado Coto, Sergio y França Tarragó, Omar, "Flujo de material pornográfico infantil online. Estudio exploratorio en 10 países de América Latina con foco en Uruguay", *Ciencias Psicológicas*, Nº 1, 2014, pp. 55-67. Disponible en: https://www.redalyc.org/pdf/4595/459545412006.pdf (Consulta realizada: 09/07/2024).

Serrano Molina, Alberto, "Análisis de las reformas del Código Civil abordadas por la LOPIVI", en: Martínez García, Clara, *El nuevo marco legal de protección integral de la infancia y la adolescencia frente a la violencia en España*, Cizur Menor, Thomson Reuters Aranzadi, 2021.

Torrado Martín-Palomino, Esther y Gutiérrez Barroso, Josué, "Nativos del porno. Consumo en jóvenes y adolescentes de 16 a 29 años", en

Los Derechos de las Mujeres en la era de internet, Granada, Universidad de Granada, 2021a. Disponible en: https://2021.feminismodigital.org/ (Consulta realizada: 18/07/2024).

Torrado Martín-Palomino, Esther, Gutiérrez Barroso, Josué y Perdenera, Laura, "Mayores, jóvenes y viceversa. El porno en la vida cotidiana", en *Los Derechos de las Mujeres en la era de internet,* Granada, Universidad de Granada, 2021b. Disponible en: https://2021.feminismodigital.org/ (Consulta realizada: 18/07/2024)

Vidal Herrero-Vior, Sonsoles (Coord.), *Protección integral a la infancia y la adolescencia frente a la violencia: análisis jurídico, criminológico y de ámbito publicitario de las disposiciones finales de la Ley Orgánica 8/2021, de 4 de junio, de protección integral a la infancia y la adolescencia frente a la violencia,* Vidal Herrero-Vior, Valencia, Tirant lo Blanch, 2022.

Legislación citada

Constitución española. Boletín Oficial del Estado, Nº 311, de 29 de diciembre de 1978.

Ley Orgánica 1/1982, de 5 de mayo, de protección civil del derecho al honor, a la intimidad personal y familiar y a la propia imagen. Boletín Oficial del Estado, Nº 115, de 14 de mayo de 1982.

Ley Orgánica 2/1984, de 26 de marzo, reguladora del derecho de rectificación. Boletín Oficial del Estado, Nº 74, de 27 de marzo de 1984.

Ley Orgánica 3/1985, de 29 de mayo, sobre modificación de la Ley Orgánica 1/1982, de 5 de mayo, sobre protección del derecho al honor, a la intimidad personal y familiar y a la propia imagen. Boletín Oficial del Estado, Nº 129, de 30 de mayo de 1985.

Ley Orgánica 10/1995, de 23 de noviembre, del Código Penal. Boletín Oficial del Estado, Nº 281, de 24 de noviembre de 1995.

Ley Orgánica 1/1996, de 15 de enero, de protección jurídica del menor, de modificación parcial del Código civil y de la Ley de enjuiciamiento civil. Boletín Oficial del Estado, Nº 15, de 17 de enero de 1996.

Ley 4/2005, de 18 de febrero, para la igualdad de mujeres y hombres de la Comunidad Autónoma del País Vasco. Boletín Oficial del Estado, Nº 274, de 14 de noviembre de 2011.

Ley 11/2007, de 27 de julio, gallega para la prevención y el tratamiento integral de la violencia de género. Boletín Oficial del Estado Nº 226, de 20 de septiembre de 2007.

Ley 5/2008, de 24 de abril, del derecho de las mujeres a erradicar la violencia machista de la Comunidad Autónoma de Cataluña. Boletín Oficial del Estado, Nº 131, de 30 de mayo de 2008.

Directiva 2011/93/UE del Parlamento Europeo y del Consejo, de 13 de diciembre de 2011, relativa a la lucha contra los abusos sexuales y la explotación sexual de los menores y la pornografía infantil y por la que se sustituye la Decisión marco 2004/68/JAI del Consejo. Diario Oficial de la Unión Europea, Nº 335, de 17 de diciembre de 2011.

Reglamento (UE) 2016/679 del Parlamento Europeo y del Consejo de 27 de abril de 2016 relativo a la protección de las personas físicas en lo que respecta al tratamiento de datos personales y a la libre circulación de estos datos y por el que se deroga la Directiva 95/46/CE (Reglamento general de protección de datos). Diario Oficial de la Unión Europea L119/1, de 4 de mayo de 2016.

Ley 12/2016, de 22 de julio, por la que se modifica la Ley 11/2007, de 27 de julio, gallega para la prevención y el tratamiento integral de la violencia de género. Boletín Oficial del Estado, Nº 217, de 8 de septiembre de 2016.

Ley Orgánica 3/2018, de 5 de diciembre, de protección de datos personales y garantía de los derechos digitales. Boletín Oficial del Estado, Nº 294, de 6 de diciembre de 2018.

Ley 17/2020, de 22 de diciembre, de modificación de la Ley 5/2008, del derecho de las mujeres a erradicar la violencia machista de la Comunidad Autónoma de Cataluña. Boletín Oficial del Estado, Nº 11, de 13 de enero de 2021.

Ley Orgánica 8/2021, de 4 de junio, de protección integral a la infancia y la adolescencia frente a la violencia. Boletín Oficial del Estado, Nº 134, de 5 de junio de 2021.

Ley 14/2021, de 20 de julio, por la que se modifica la Ley 11/2007, de 27 de julio, gallega para la prevención y el tratamiento integral de la violencia de género. Boletín Oficial del Estado, Nº 226, de 21 de septiembre de 2021.

Ley 4/2021, de 27 de julio, de infancia y adolescencia de Andalucía. Boletín Oficial del Estado, Nº 189, de 9 de agosto de 2021.

Ley 15/2021, de 3 de diciembre, por la que se modifica la Ley 11/2007, de 27 de julio, gallega para la prevención y el tratamiento integral de la violencia de género. Boletín Oficial del Estado, Nº 54, de 4 de marzo de 2022.

Ley 1/2022, de 3 de marzo, de segunda modificación de la Ley para la igualdad de mujeres y hombres de la Comunidad Autónoma del País Vasco. Boletín Oficial del Estado. Nº 74, de 28 de marzo de 2022.

Ley 13/2022, de 7 de julio, general de comunicación audiovisual. Boletín Oficial del Estado, Nº 163, de 8 de julio de 2022.

Ley 11/2022, de 20 de septiembre, contra la violencia de género de La Rioja. Boletín Oficial del Estado, Nº. 238, de 4 de octubre de 2022.

Reglamento (UE) 2022/1925 del Parlamento Europeo y del Consejo de 14 de septiembre de 2022 sobre mercados disputables y equitativos en el sector digital y por el que se modifican las Directivas (UE) 2019/1937 y (UE) 2020/1828 (Reglamento de Mercados Digitales). Diario Oficial de la Unión Europea, Nº 265, de 12 de octubre de 2022.

Reglamento (UE) 2022/2065 del Parlamento Europeo y del Consejo de 19 de octubre de 2022 relativo a un mercado único de servicios digitales y por el que se modifica la Directiva 2000/31/CE (Reglamento de Servicios Digitales). Diario Oficial de la Unión Europea, Nº 277, de 27 de octubre de 2022.

Decreto Legislativo 1/2023, de 16 de marzo, por el que se aprueba el texto refundido de la Ley para la igualdad de mujeres y hombres y vidas libres de violencia machista contra las mujeres de la Comunidad Autónoma del País Vasco. Boletín Oficial del Estado, Nº 89, de 14 de abril de 2023.

Ley 10/2023, de 7 de agosto, de modificación de la Ley 5/2008, de 24 de abril, del derecho de las mujeres a erradicar la violencia machista de la Comunidad Autónoma de Cataluña. Boletín Oficial del Estado, Nº 208, de 31 de agosto de 2023.

Online Safety Act 2023. An Act to make provision for and in connection with the regulation by OFCOM of certain internet services; for and in connection with communications offences; and for connected purposes, 26 de octubre de 2023. Disponible en: https://www.legislation.gov.uk/ukpga/2023/50/enacted (Consulta realizada: 09/07/2024).

Violencia entre pares: Acoso, Ciberacoso y otras formas de violencia en entornos escolares, reflexiones sobre la realidad peruana

MARÍA ISABEL PIMENTEL TELLO
Prof. de Derecho Civil
Directora de la Escuela Académico Profesional de Derecho
Universidad Nacional de Cajamarca
mpimentel@unc.edu.pe

I. INTRODUCCIÓN

Las diversas manifestaciones de violencia son absolutamente reprobables, cualquier forma de acoso también lo es, pero cualquier forma de afectación a los sujetos de derecho vulnerables es un acto que merece el rechazo social absoluto. En la era digital, el ciberacoso ha cobrado víctimas, siendo diversas las maneras en que se manifiesta: ciberacoso sexual, ciber*mobbing*, ciberbullyng, sextorsión, ciber violencia de género, *fraping*, son algunas de las modalidades empleadas actualmente por medio de plataformas digitales; siendo las víctimas preferidas aquellas que se encuentran en situación de vulnerabilidad, como niños, niñas y adolescentes (en adelante, NNA).

Estas formas de agresión, que se producen a través de las tecnologías de la información y la comunicación (en adelante, TICs), afectan significativamente la salud mental de las víctimas, habiéndose advertido un incremento de casos durante la pandemia por COVID 19[1]. La creciente presencia del ciberacoso, ha obligado a los Estados a implementar normas que permitan establecer límites, abordar el problema, prevenir, sancionar e implantar mecanismos de protección para las víctimas, en especial para los NNA. En el caso peruano, entre otras, actualmente se cuenta con la Ley N° 29719 y la Ley N° 31902, así como el D. Leg. N° 1218[2].

Es preocupante que el escenario más frecuente en el que se presenta esta figura, es el entorno educativo. Siendo los medios más usados las redes sociales, mensajes de texto, correos electrónicos, páginas web y todo medio digital que permita la comunicación entre las personas; a través de los cuales se pueden colgar imágenes comprometedoras de las víctimas, enviar mensajes amenazantes o transmitir comentarios ofensivos. Todo lo que genera la necesidad de establecer mecanismos efectivos que permitan frenar esas formas de violencia, fomentando espacios amigables y confiables en los que las personas vulnerables como los NNA, puedan desarrollar actividades propias para su pleno desarrollo, en ambientes adecuados, libres de toda forma de convivencia violenta o nociva para su integridad psicológica y su salud mental.

En ese contexto, que en el presente capítulo se aborda la problemática del acoso y ciberacoso y se analiza la forma como en el Perú se han propuesto mecanismos tendientes a enfrentar este fenómeno: comprometiendo a los adultos responsables del cuidado de los NNA y regulando el abordaje de casos de acoso y ciberacoso, sobre todo en los entornos educativos. Evaluamos, asimismo, la legislación vigente en este país, destinada a la prevención y sanción de la violencia en las instituciones educativas, cuestionando algunos de sus mecanismos

---

1 Castillo y Marinho (2022).

2 Ley N° 29719 de 2013; Ley N° 31902 de 2023; y D. Leg. N° 1218 de 2017.

y proponiendo alternativas a aquellos que no han mostrado eficacia, a partir de una mirada a algunas realidades alternas.

II. PROTECCIÓN SUPRANACIONAL CONTRA LA VIOLENCIA O ACOSO ESCOLAR

La Convención sobre los Derechos del Niño es reconocida como el tratado internacional sobre derechos humanos más ratificado por los Estados, y el marco internacional que fundamenta toda acción de protección de los derechos de la infancia y adolescencia. Se erige, también, como el primer instrumento internacional con carácter vinculante, constituyendo el referente más importante en materia de los derechos humanos de NNA, acogiendo el catálogo de derechos especiales y reforzados, así como los principios sobre los que se cimienta la estructura tuitiva a favor de ellos, como los de no discriminación, de participación, de interés superior del NNA y de autonomía progresiva.

Vale recordar que, en materia de derechos humanos, el tránsito de la generalización hacia la especificación se ha debido a la necesidad del reconocimiento de derechos a determinados grupos sociales con particularidades, así como favorecer a la especificación de los derechos humanos para lograr su universalidad, fijando atención en los titulares del derecho. Es el caso de los NNA, para quienes las circunstancias sociales, culturales y de desarrollo humano exacerban su vulnerabilidad y la condición de indefensión que ponen en riesgo el ejercicio de sus derechos; de modo tal que la especificidad contribuye al resguardo de sus derechos humanos[3], relacionados a los derechos de desarrollo integral, el derecho a su proyecto de vida, que se interrelacionan entre sí, y que junto a los derechos a la

---

3 Barleta Villarán (2018), pp. 25-26.

integridad, a la libertad, al libre desarrollo de la personalidad, a una vida libre de violencia, que son derechos contemplados en los artículos 2, 3, 6, 19, 27 de la Convención sobre los Derechos del Niño[4], son el basamento de la protección que se establece para los NNA como sujetos de derecho frente a la violencia en general y a la violencia y/o acoso escolar en particular.

De otro lado, si bien la autonomía de NNA es limitada y progresiva, la actuación de sus representantes legales garantiza el ejercicio de los derechos que a ellos les corresponden, sin que esto signifique una limitación de su condición jurídica de sujetos de derecho privilegiados; ya que los derechos humanos para ellos se fortalecen. Así, por ejemplo, el derecho al pleno desarrollo integral de los NNA implica que todos ellos tienen derecho a un nivel de vida adecuado para su desarrollo físico, mental, espiritual, moral y social; siendo de ello, los padres los principales responsables y los encargados de su exigencia[5].

Es la Convención, acogida por el Estado peruano, la que ha inspirado el artículo 4 de la Constitución[6], el Código de los Niños y Adolescentes[7] y demás normas que protegen a los NNA en los ámbitos familiar, escolar y social, con la finalidad de procurar que este sector vulnerable de la población, reciba tutela estatal y se garantice el respeto de sus derechos fundamentales.

---

4 Convención sobre los Derechos del Niño (1989).

5 Barleta (2018) p. 26.

6 Constitución Política del Perú (1993).

7 Ley N° 27337 Código de los Niños y Adolescentes (2000).

III. EL CIBERACOSO COMO FORMA DE VIOLENCIA ENTRE PARES Y SU IMPACTO EN LAS RELACIONES INTERESCOLARES

Como se tenía dicho, la violencia en cualquiera de sus formas resulta ser muy nociva para la sociedad, siendo la causa de diversos rasgos que destruyen a las personas individual y colectivamente, ocasionando problemas sociales más graves como las relaciones conflictivas a todo nivel, la delincuencia y la propia violencia a escala; por ello, es importante su abordaje responsable y decidido, para que, identificando las causas, prever las alternativas para paliar los efectos nocivos que se producen como consecuencia de ella[8].

El acoso escolar, identificado con insultos, golpes, aislamiento, robo o destrucción de pertenencias, humillaciones, burlas, empujones, indiferencia, etc., ha sido practicado por NNA para agredirse entre ellos, provocando efectos físicos y psicológicos a causa de la violencia sufrida, y si bien, lo narrado necesariamente se produce de modo presencial, desde hace algunos años, se han trasladado a los entornos digitales, espacios en los que las agresiones se exacerban al no limitarse temporalmente, ya que la conducta lesiva se puede producir todos los días de la semana durante las 24 horas[9].

Es evidente la transformación que la ciber violencia ha causado en las relaciones inter pares, que complejizan las formas de violencia incluyendo el acoso en redes sociales, mensajes de texto ofensivos, correos electrónicos hostiles y demás formas de maltrato digital[10]. Los efectos producidos trascienden los muros de las instituciones educativas, trasladándose al ciberespacio, ambiente en el cual el control de tales efectos resulta

---

[8] Saldaña y Gorjón (2020).

[9] Pérez de Tudela (s.f.).

[10] Olivas (2023).

prácticamente imposible, ya que los mensajes que se difunden, pueden llegar sin control a muchos receptores, con la consiguiente afectación de la víctima[11].

En el Perú, como en otros países, el incremento del acoso escolar por medios digitales es alarmante por el uso de tecnologías virtuales que están cada vez más al alcance de NNA. Es por ello que la intervención de los adultos en la prevención y manejo de estas conductas resulta indispensable, ya que es preciso establecer un control sobre el uso de tales tecnologías, así como de las relaciones de convivencia que se generan, en este caso, en los centros educativos.

El también llamado ciberbullyng, se identifica como el uso de medios digitales para hostigar, intimidad o humillar a otros, lo que se logra por medio de las redes sociales y demás canales de comunicación *online*, mismo que se produce de manera frecuente y reiterada, con consecuencias devastadoras para la salud mental, el rendimiento académico y la autoestima de las víctimas. Más si se tiene en cuenta el contexto en el cual se produce la violencia, caracterizado por la clandestinidad y el anonimato. Circunstancias que originan que la intimidación, la invasión de la privacidad y la vulneración de espacios íntimos de la víctima pueden tener consecuencias muy graves en la salud mental de los agraviados, que puede manifestarse desde una depresión hasta, en casos extremos, la muerte[12].

Si bien, durante la pandemia se redujo significativamente el acoso escolar, esto debido a la falta de interacción presencial entre los estudiantes, esto fue directamente proporcional al aumento de los casos de ciberacoso; el maltrato digital tuvo como origen el empleo más frecuente y hasta permanente de herramientas digitales para realizar las actividades ordina-

---

[11] Fundación Mutua Madrileña y Fundación ANAR (2021).

[12] Castillo y Marinho (2022).

rias[13], como el recibir clases de manera virtual, encontrarse sincrónicamente conectados en espacios en los que la interactuación puede ser la comunicación por medio de los chats o de las intervenciones que permiten la rápida difusión de contenido en línea. Estos factores contribuyeron a agravar el problema, lo cual, en muchos casos, hizo perder el control que los adultos responsables, llámense docentes y autoridades de los centros educativos, y los padres desde el hogar, sobre el acceso a las TICs de NNA y la adecuada gestión de los centros educativos[14].

El ciberacoso emerge como un desafío para las autoridades de las instituciones educativas a nivel global, y es por ello que se genera también la necesidad de regular las conductas acosadoras; la gestión y prevención se fortalecen como consecuencia de la implementación de normatividad especial y específica, destinada a detener el avance de estas formas de violencia y propiciar la convivencia pacífica en los espacios educativos, mitigando los efectos negativos del maltrato digital en las comunidades educativas[15].

En el caso peruano, se ha abordado el problema con la finalidad de proteger a los estudiantes de las instituciones educativas de nivel básico regular, a través de normas específicas que tienen vigencia desde el año 2013. La primera de ellas, la ley N° 29719, primer acercamiento a la protección contra la violencia y acoso escolar, se denominó Ley que promueve la convivencia sin violencia en las instituciones educativas[16]. En el año 2016 se dictó el Decreto Legislativo N°1218, por medio del cual se regula el uso de las cámaras de videovigilancia, las cuales deben ser implementadas en las instituciones educativas

---

13 Lucas Molina et al., (2022).

14 Fundación Mutua Madrileña y Fundación ANAR (2021).

15 Castillo y Marinho (2022).

16 Ley N° 29719 (2013).

con el propósito de evitar la violencia inter escolar[17], reglamentado con el Decreto Supremo N° 007-2020-IN[18]. Posteriormente, estas normas fueron modificadas por la Ley N.° 31902 con la finalidad de fortalecer la prevención del acoso escolar e incorpora el objeto del acoso escolar[19].

Podemos decir, entonces, que, normativamente, se han realizado esfuerzos por prevenir y proteger del acoso a los escolares en el Perú; sin embargo, el reporte de casos de acoso escolar es alto.

En ese marco, el Ministerio de Educación ha implementado un portal web al que ha denominado SiseVe (Sistema de Información de Seguridad Escolar y Violencia Escolar), con el propósito de recopilar, almacenar y gestionar información vinculada a la seguridad escolar y la violencia que se presenten en las instituciones educativas del país, centralizando y organizando las incidencias relacionadas con bullying y todo tipo de acoso o violencia escolar, que involucre a estudiantes o a docentes que afecten los derechos de los NNA[20].

Por medio de esa plataforma digital se registran las incidencias de centros educativos públicos y privados, guardando un registro detallado de la frecuencia y gravedad de casos; facilitando el monitoreo y análisis de datos para contribuir a la prevención a través de la identificación de patrones de violencia escolar, así como la identificación de los grupos vulnerables y áreas de incidencia, lo que sirve de insumo para el diseño de

---

17 Decreto Legislativo N° 1218 (2015).

18 Decreto Supremo N° 007-2020-IN (2020).

19 Ley N° 31902 (2023).

20 El Portal SiseVe permite el reporte de casos de violencia y/o acoso escolar de manera directa a través de una plataforma virtual habilitada en el link https://www.gob.pe/62013-reportar-casos-de-violencia-escolar-en-la-plataforma-SiseVe-del-minedu (Consulta realizada: 17/07/2024).

estrategias para prevenir y afrontar adecuadamente las atenciones que derivan de tales reportes. Esta información también se emplea para que el Ministerio de Educación implemente los programas de prevención y capacitación orientados a docentes, estudiantes y personal que cumple labores administrativas en los colegios; la finalidad es impulsar la generación de espacios seguros, saludables y libres de violencia.

Es de resaltar, además, que las instituciones educativas, la Policía Nacional, el Ministerio Público, autoridades locales y demás entidades involucradas en la defensa de los derechos de la infancia y la adolescencia se coordinan articuladamente para abordar los problemas de violencia y acoso escolar. El Estado peruano muestra así signos positivos con la aplicación de medidas preventivas para combatir este problema que aqueja a la niñez y adolescencia, con las consecuencias nocivas que ya se han mencionado.

Para facilitar la gestión de las denuncias y el manejo de la plataforma, se han implementado también protocolos para la atención de la violencia escolar, que incluyen procedimientos para la atención, derivación, seguimiento y cierre de los casos reportados; procesos que corresponde implementar a las autoridades educativas de los colegios e involucran acciones de las Unidades de Gestión Educativa Local y las Direcciones Regionales de Educación, estableciéndose acciones concretas que en cada nivel se deben realizar, orientando el abordaje adecuado de casos, señalando lo que se debe y no se debe hacer en caso de reportarse un caso de violencia en el centro educativo; estos protocolos son de obligatoria aplicación y su cumplimiento es supervisado por funcionarios de las unidades correspondientes[21].

La consigna en tales intervenciones es el respeto de los derechos humanos, que, como sabemos, para NNA son reforza-

---

21 Ministerio de Educación del Perú (2018).

dos y merecen la supra protección estatal, por tratarse de una población vulnerable; en ese sentido, el trato a la víctima es especial, pero también lo es al agresor/a si es NNA. Evitar la confrontación, revictimizar a los/as estudiantes, desatender los incidentes de violencia, la demora en la derivación de los/as estudiantes víctimas a los servicios de salud, exponer a los/as estudiantes agresores/as a sanciones punitivas, son algunas de las acciones proscritas por las normas nacionales; mientras que guardar la confidencialidad de la denuncia, no juzgar el testimonio de las víctimas, comunicarles a los padres de familia o apoderados, comunicar inmediatamente a las autoridades correspondientes el hecho de violencia y presentar la denuncia una vez conocido el hecho de violencia física o sexual cometida por personal de la institución educativa; son más bien medidas que se deben tomar a la brevedad posible[22].

3.1. Manifestaciones del ciberacoso

Se tiene ya definido el ciberacoso y sus implicancias, algunas de las maneras de ciberacosar son el difundir imágenes comprometedoras, enviar comentarios ofensivos, remitir mensajes amenazantes y otros. Pero si, de formas de violencia se trata, el catálogo se ha ampliado en los últimos años, siendo una de las causas la pandemia por el Covid 19, que nos obligó, a todos, a recurrir a la virtualidad para desarrollar nuestras actividades habituales y, en el caso de los NNA, los entornos digitales reemplazaron sus espacios académicos y la interactuación entre sus pares; circunstancias que hicieron propicia la implementación de diversas formas de violencia por medio de las TICs.

---

22 Ministerio de Educación del Perú (2018).

3.1.1. Ciberacoso sexual

Consistente en conductas con contenido sexual, por lo general amenazantes y coercitivas que se dirigen a las víctimas.

3.1.2. Cibermobbing

Que se manifiesta a través de comunicaciones reiteradas, anónimas, en las que los insultos y amenazas son la característica, el uso de los teléfonos celulares y las redes sociales son el rasgo característico.

3.1.3. Ciberbullyng

Si bien suele asociarse al acoso escolar por medio de las TICs en general, también puede significar el difundir rumores o información falsa sobre la víctima con el propósito de que otros tomen represalias contra la víctima.

3.1.4. Sextorsión

Son amenazas inminentes de la difusión de imágenes o videos con contenido sexual e íntimo de las víctimas, las cuales se acompañan del condicionamiento o exigencia de una demanda económica o de otra índole a favor del acosador.

3.1.5. Ciberviolencia de género

Basado en estereotipos de género, el acoso en este caso consiste en amenazas o humillaciones, agresiones relacionadas con el género o con la identificación que la víctima tenga con un determinado género.

3.1.6. Grooming

Es una forma de ciberacoso que se manifiesta mediante el abuso de la confianza de la víctima, el agresor, que generalmente es un adulto, se gana la confianza del acosado con la finalidad de obtener material que pudiera comprometer a la víctima, que por lo general es un menor de edad.

3.1.7. Flaping

El agresor en este caso, suplanta la identidad de la víctima en redes sociales, con el propósito de acceder a los contactos de esta y aprovecharse de los vínculos amicales o familiares de la víctima con tales contactos para solicitar favores en nombre de la o el suplantado.

3.1.8. Sexting

Consiste en el empleo de medios tecnológicos para enviar fotografías o videos con contenido sexual que son proporcionadas de manera voluntaria, es probable que se produzca un intercambio de este material a fin de ganar la confianza de la persona agraviada.

3.1.9. Stalking

Cuya traducción es "acechando", consiste en el hostigamiento, vigilancia, seguimiento, persecución obsesiva por medio de mensajes o llamadas, utilizando GPS o cámaras de videovigilancia; aprovechando la información que se puede obtener de la internet, como la ubicación o datos de contacto, se accede a información de la víctima buscando su cercanía física mediante el seguimiento, vulnerando muchas veces su intimidad[23].

3.2. Riesgos del ciberbullyng

En torno a las consecuencias del ciberacoso, UNICEF en su informe de 2017 sobre el Estado Mundial de la Infancia, identificó algunas de ellas sobre el derecho de los NNA a la privacidad, a la identidad y a la expresión; la gráfica del acosador que se traslada del patio de la escuela al hogar de su víctima, y la facilidad con que el abuso escolar se puede tornar fácilmente en abuso sexual en estos entornos casi clandestinos, refuerzan la vulnerabilidad de NNA. En ese marco el informe señala tres categorías de riesgo:

3.2.1. Riesgos de contenido

La exposición de NNA a contenidos inadecuados que pueden ser imágenes sexuales, videos pornográficos, videos violentos, cierta publicidad, material de odio o discriminatorio, información que fomenta ciertas formas que afectan la salud o la vida como el suicidio, las autolesiones, la bulimia o anorexia. Recordemos que aun cuando los menores de edad tienen derecho al respeto de su autonomía, este se enmarca dentro de su desarrollo progresivo.

3.2.2. Riesgos de contacto

Cuando alguna persona, es especial adulta busca tener contacto inapropiado con el NNA, o lo incita a desarrollar alguna actividad riesgosa para su salud o su vida.

---

[23] Tecnológico de Monterrey (2021).

3.2.3. Riesgos de conducta

En este caso el NNA desarrolla alguna conducta que afecta su integridad o su vida, el acosador lo determina a que participe de una actividad en el que se produzca un contenido o contacto riesgoso como que inciten al racismo, distribuyan imágenes sexuales e incluso que se involucren en el consumo de estupefacientes[24].

IV. PRECISIONES SOBRE EL CIBERACOSO

Como ya se señaló, la crisis mundial causada por la pandemia de COVID 19 trajo consigo daños colaterales, el incremento de la violencia fue uno de ellos, en particular, el ciberbullyng se incrementó exponencialmente a causa de ella. Según Henrietta Fore, Directora Ejecutiva de UNICEF[25], el mayor uso de dispositivos y plataformas digitales por parte de NNA durante el confinamiento y la educación virtual es uno de los factores para el incremento del ciberacoso, la educación virtual obligaba a los escolares a pasar más tiempo conectados a los dispositivos; el que en los entornos digitales no sea necesario identificarse, blinda a los agresores para cometer los actos de ciberbullyng; debemos recordar que si bien los padres estaban en casa, ocupados en el teletrabajo y las actividades propias del hogar, incrementó la falta de control parental en el uso de la tecnología. Además, la falta de actividades presenciales llevó a algunos NNA a involucrarse en el ciberacoso. El acceso a redes sociales, mensajería y juegos en línea, que fueron recursos para "entretener" a los menores de edad durante el aislamiento social, propiciaron prácticas acosadoras entre NNA; se debe anotar también que la nocividad de las prácticas abusivas del

---

24 UNICEF (2017).

25 Fore (2021).

ciberbullyng tiene que ver con el alcance de las redes sociales y demás entornos digitales, todo lo que se publica en la internet tiene repercusión inmediata y es por eso que las alertas sobre este tipo de conductas deben estar siempre encendidas para asistir a las víctimas, quienes por lo general no encuentran salidas viables para lo que pueden ser problemas irresolubles que muchas veces los llevan a tomar decisiones fatales[26].

Como anticipamos las conductas que suelen presentarse en espacios virtuales son los mensajes de texto acosadores, por lo general anónimos; el colgar imágenes comprometedoras o información falsa que avergüence a las víctimas; los comentarios ofensivos a las publicaciones hechas por la víctima; llamadas telefónicas perturbadoras; los mensajes ofensivos o amenazantes a los correos electrónicos; las *fake news*; todas ellas con el agravante que llegan al ámbito más íntimo y privado de la persona agraviada.

Lamentablemente, los acosadores cibernéticos se valen de las más populares plataformas virtuales para someter a sus víctimas. En este sentido, Belsey, citado por Menay y De La Puente (2014)[27], considera que "Facebook es la plataforma más utilizada, YouTube registra el mayor número de casos de ciberacoso, Snapchat es otra de las plataformas con alto reporte de casos, a ellos se suman Instagram, Tiktok y X. Asimismo, los medios de comunicación digital los mensajes de texto a través

---

26 Voceros del Ministerio de Salud peruano señalaron que, de enero a setiembre de 2023 se tenían registrados 241 suicidios en el país, de los que 22 correspondían a niños y adolescentes entre 8 y 17 años; la causa principal, el bullying y ciberbullyng. El mal uso de las redes sociales es un fenómeno detonante para estas consecuencias fatales.

27 Menay y De la Fuente (2014).

de WhatsApp, correo electrónico y los juegos en línea reportan también incidentes de ciberacoso[28].

V. MARCO DE PROTECCIÓN LEGAL PERUANO CONTRA EL ACOSO ESCOLAR

Como se ha mencionado, el Estado Peruano ha implementado algunas normas que se alinean al *corpus iuris* internacional, derivadas de políticas públicas que procuran regular la prevención y sanción de la violencia y/o el acoso escolar contra NNA.

La Constitución Política, en su artículo 4, establece la protección hacia el NNA a cargo de la comunidad y el Estado[29], pauta constitucional que fundamenta las siguientes normas especiales:

5.1. Ley N° 27337 – Código de los Niños y Adolescentes[30]

En él se reconoce la responsabilidad del Estado y la comunidad en la protección integral de NNA frente a todo tipo de violencia física, psicológica, sexual, trata y demás; establece también la obligación de los directores de las instituciones edu-

---

28 En palabras de Fore (2021), "Treinta años después de la aprobación de la Convención sobre los Derechos del Niño y de la creación de la World Wide Web, ha llegado el momento de que los gobiernos, las familias, los círculos académicos y, sobre todo, el sector privado, coloquen a los niños y los jóvenes en el centro de las políticas digitales", dijo Fore. "Al protegerlos de lo peor que ofrece Internet y ampliar el acceso a lo mejor, cada uno de nosotros puede ayudar a inclinar la balanza para siempre".

29 Artículo 4 de la Constitución Política del Estado (1993).

30 Ley N° 27337 Código de los Niños y Adolescentes (2000).

cativas de informar a las autoridades competentes respecto de hechos de violencia contra estudiantes[31].

5.2. Ley N° 29719 – que promueve la convivencia sin violencia en las instituciones educativas[32]

Establece mecanismos para el diagnóstico, la prevención, para evitar, sancionar y erradicar en específico el acoso escolar, entre estudiantes y entre docentes o personal del centro educativo y los estudiantes.

5.3. Ley N° 29733 – de protección de datos personales[33]

Por medio de esta norma se garantiza el derecho a la protección de los datos personales, a través de su adecuado manejo de la información por parte de las entidades privadas y públicas, esta norma se reglamentó mediante el Decreto Supremo 003-2013-JUS.

5.4. Ley N° 29944 – de reforma magisterial[34]

En ella se establece que los directores de los centros educativos, cuando un docente incurra en actos de violencia contra los derechos fundamentales o cuando exista una denuncia administrativa o judicial por el delito de violación contra la libertad sexual u hostigamiento sexual en agravio de un estudiante; debe separarlo preventivamente y comunicar a las Unidades de Gestión Educativa Local.

---

31 Artículo 18 del Código de los Niños y Adolescentes (2000).

32 Ley N° 29719 (2011).

33 Ley N° 31902 (2023).

34 Artículo 44 de la Ley N° 29944 (2012).

5.5. Ley N° 30403 – que prohíbe el uso de castigo físico humillante contra los NNA[35]

Dada con la finalidad de contribuir con la protección de los derechos de NNA, prohíbe todo tipo de castigo físico humillante, dirigida a los adultos responsables de los NNA, sean padres, tutores, docentes, cuidadores y personal de las instituciones educativas; con esta norma se restringe el atributo de la potestad paterna de corrección moderada.

5.1. Ley N° 30466 – que establece parámetros y garantías procesales para la consideración primordial del interés superior del niño[36]

Mediante esta norma, el Estado peruano recoge lo normado por la Convención sobre los Derechos del Niño de las Naciones Unidas, estableciendo que en toda medida respecto del NNA se debe basar en la consideración de su interés superior, asegurando su adecuada protección, en especial si padres y responsables no tienen capacidad de hacerlo, según lo señala el artículo 3 de la Convención.

5.1. Resolución Ministerial N° 0519-2012-ED[37]

Se aprueban por esta norma, los lineamientos para la prevención y protección de las y los estudiantes contra la violencia ejercida por personal de las instituciones educativas, contenidas en la Directiva N° 019-2012-MINEDU/VMGI-OET, con la finalidad de establecer medidas para la prevención de violen-

---

35 Ley N° 30403 (2015).

36 Ley N° 30466 (2016).

37 Resolución Ministerial N° 0519-2012-ED (2012).

cia o acoso proveniente de toda persona al interior de las instituciones educativas.

5.1. Ley N° 29988[38]

Por medio de la cual se establecen medidas extraordinarias para que el personal docente y administrativo de las instituciones educativas públicas y privadas que se encuentren implicados en delitos de terrorismo, apología del terrorismo, violación de la libertad sexual y tráfico ilícito de drogas, sean separados del servicio educativo; debido a la gravedad de estos delitos y lo que implicaría de que personas implicadas en ellos tengan contacto con los estudiantes.

De este compendio de normas se pueden advertir tres aspectos para reflexionar: el primero, que el Estado ha respondido normativamente para diagnosticar, prevenir, evitar, sancionar y erradicar el acoso en entornos escolares; el segundo, que las numerosas normas implementadas por el Estado peruano, son un indicador de la existencia de casos que requieren regulación específica, denotando la degradación social que representa que el hostigamiento, la intimidación y cualquier acto de violencia esté presente en las instituciones educativas; y por último, que los esfuerzos estatales para combatir el bullying, en todas sus formas, han resultado insuficientes, ya que no solo no se han reducido estos hechos, sino que van en aumento: más de 20.604 denuncias al SiseVe entre 2023 a mayo 2024, así lo demuestran[39]. Sin duda esto merece una profunda reflexión[40].

---

38 Ley N° 29988 (2013).

39 Silva (2024).

40 Olivas Rubio (2023).

VI. RESPONSABILIDAD DE LOS ADULTOS EN LA PROBLEMÁTICA PLANTEADA

Evidentemente, el rol de los adultos en la atención del acoso y/o violencia escolar es determinante para combatirlo; es responsabilidad de ellos la protección de los derechos de los NNA, así como la implementación de medidas para evitar las causas que lo ocasionan y los efectos que se producen. Los adultos deben asumir el papel de garantes del bienestar de NNA, actuando estratégicamente contra el bullying y el ciberbullyng en todas sus formas; las acciones deben concentrar esfuerzos sobre todo en la prevención, para lo cual es necesario que, desde la escuela, la familia y la sociedad, se actúe integral y colaborativamente educando, supervisando, interviniendo y dando buenos ejemplos para fomentar conductas adecuadas, respetuosas y pacíficas entre pares.

En ese sentido, las normas desarrolladas exponen algunas pautas de intervención para los adultos responsables; en el caso de los padres, que ejercen ciertas facultades en mérito a la potestad paterna (patria potestad en el Perú), son además representantes de los NNA, encargados de su cuidado, guarda y custodia (tenencia en el Perú), de la que derivan el protegerlos, vigilarlos y asistirlos, como lo señala Benjamín Aguilar[41], lo que implica para los padres el velar personal y efectivamente por el desarrollo integral de sus hijos e hijas. Por ende, y en relación al tema que se desarrolla, estos son los primeros llamados a proteger a NNA de los peligros de la violencia y/o acoso escolar. En el ámbito educativo, docentes y personal administrativo de las instituciones educativas son responsables del cuidado de los NNA dentro de ellas; sin embargo, no son pocos los casos en los que se son ellos precisamente los agresores, por lo que, corresponde recordar algunas de las obligaciones

---

41 Aguilar Llanos (2013).

que se establecen en la legislación peruana vigente, aplicable a toda persona adulta que tiene vinculación con los NNA.

Resulta evidente que los adultos dentro y fuera de las instituciones educativas cumplen un rol preponderante en la prevención, sanción y erradicación de la violencia y/o acoso escolar, así como en el ciberacoso; puesto que, en su condición de garantes de los derechos de los NNA, como se ha referido antes, deben coadyuvar con la protección de éstos, asumiendo responsabilidades y ejerciendo las facultades contenidas en el propio rol de adultos.

La Ley N° 29719 que, como se expuso, promueve la convivencia sin violencia en las instituciones educativas y también señala mecanismos para el diagnóstico, prevención, sanción y erradicación de la violencia, el hostigamiento, la intimidación y cualquier acto considerado como acoso entre estudiantes o entre docentes o personal educativo y estudiantes; explicita, como uno de sus aportes, algunas obligaciones para los adultos dentro de las instituciones educativas.

Padres, educadores, tutores, cuidadores y toda persona que asuma la responsabilidad de velar por el respeto irrestricto de los derechos de NNA, tienen por obligación reconocer los signos de las diversas formas de acoso y/o violencia, para tomar las acciones necesarias que permitan paliar los efectos negativos que se presentan a consecuencia de actos de violencia y/o acoso escolar.

En el caso de los educadores, deben capacitarse para identificar los casos de violencia y/o acoso escolar, con el propósito de actuar adecuadamente y responder de manera efectiva frente a los casos de bullying o ciberbullyng que se presenten e informar a los estudiantes sobre el uso ético de la tecnología. En el caso específico de las formas de ciberacoso, a los padres como coprotagonistas del desarrollo integral de sus hijos e hijas, les corresponde supervisar el uso de los dispositivos electrónicos dentro de los hogares, apoyando a sus hijos e hijas en caso sean afectados por tales agresiones.

En cuanto a las autoridades escolares, se indica que ellas son las responsables de aplicar políticas efectivas contra las conductas abusivas, implementando los mecanismos para reportar los incidentes producidos en las entidades educativas, reservando y asegurando la información.

Sintetizando los deberes y obligaciones correspondientes a los adultos que ejercer responsabilidad a favor de NNA, podemos referir que:

1. Los directivos de los centros educativos son responsables de la convivencia escolar; mientras que docentes, tutores y auxiliares de educación deben estar atentos a lo que ocurre entre los estudiantes y detener cualquier agresión inmediatamente.
2. Empatizar con el estudiante agraviado para evitar la revictimización, centrándose en el comportamiento del ofensor.
3. El mensaje de la institución educativa respecto del bullying o ciberbullyng debe ser de firme rechazo, advirtiendo sobre las posibles sanciones para tales conductas.
4. El seguimiento y acompañamiento a la víctima es indispensable, como también el orientar al agresor/a para un cambio de conducta, comprobando que el/la afectado/a esté a salvo de las agresiones.
5. El registro en el Libro de Incidencias es una exigencia de las normas, en él deben constar todos los casos de violencia o acoso entre estudiantes o de docentes o personal administrativo contra ellos; debe estar a cargo del director, quien detallará el seguimiento del trámite, sanciones aplicadas y todas las acciones desplegadas a nivel interno.

6. Es obligación de las autoridades educativas, implementar un departamento de psicología en las entidades educativas, a fin de brindar el soporte adecuado para las víctimas, así como aplicarles la terapia que corresponda, lo que también se aplica a los agresores.
7. Padres, educadores, directivos y demás adultos responsables, deben promover la educación digital y la empatía entre los estudiantes, procurando fortalecer relaciones interpersonales saludables.
8. A nivel de las instituciones educativas se debe concientizar a la comunidad escolar sobre el uso responsable de la información en línea, siendo fundamental implementar los procedimientos de denuncia y seguimiento eficaces, accesibles a los miembros de la institución[42].

Como parte de los mecanismos de control, la legislación peruana sobre la materia, ha designado como ente fiscalizador al Instituto Nacional de Defensa de la Competencia y de la Protección de la Propiedad Intelectual (Indecopi), cuyo deber es el verificar la existencia de cualquier tipo de violencia o acoso entre estudiantes, deberá recoger denuncias, recibir declaraciones, investigar, disponer acciones de comprobación y aplicar sanciones[43].

Toda forma de bullying o ciberbullyng debe ser prevenida y atendida por los adultos responsables, es importante que los docentes, directivos y personal auxiliar estén atentos, intervengan inmediatamente, registren los incidentes y efectúen el seguimiento de casos contando con los entes fiscalizadores y, de ser el caso, dando cuenta al Ministerio Público para las acciones legales que correspondan, siempre protegiendo el bienestar de los estudiantes, ya que la educación implica también

---

[42] Molina et al., (2022).

[43] Ley N° 29719 (2011)

fomentar el respeto hacia los pares y conductas que observen reglas de convivencia efectivamente pacífica.

VII. MODELO DE PROTECCIÓN A NNA APLICADO EN ESPAÑA

En España, la Ley Orgánica 8/2015 de Protección del Menor frente a la violencia, ha fijado su objetivo en prevenir, detectar y abordar toda forma de violencia contra NNA, entre las que se encuentra el ciberbullyng, reconociendo el derecho de ellos a una protección integral y la obligación de los padres, instituciones educativas y autoridades de brindársela frente a toda forma de violencia[44]. Esta norma modificó el sistema de protección a la niñez y la adolescencia, basada en el artículo 39 de la Constitución Española, relativo a la protección de la familia y del menor.

En el país ibérico, la más importante norma de protección jurídica al menor es la Ley Orgánica 1/1996; marco regulador de que garantiza una protección uniforme hacia los menores de edad vigente en el Estado español, sirviendo como referencia a las comunidades autónomas que han aprobado normas relativas a asistencia social, servicios sociales y protección pública de menores.

De otro lado, la Ley Orgánica 3/2018, de protección de datos personales y garantía de los derechos digitales, siguiendo la línea constitucional española, sobre protección de las personas físicas en relación con el tratamiento de datos personales como derecho fundamental, que protege el artículo 18.4 de la Constitución española; contiene en su Título X el reconocimiento y garantía de un elenco de derechos digitales, como los dere-

---

44 Ley Orgánica 8/2015 (2015)

chos y libertades que se aplican en entornos digitales, entre los que ocupa un lugar privilegiado la protección de menores en internet. Se fortalece, asimismo, la protección de la privacidad y datos personales de los menores en el entorno digital, señalando que sus datos deben tratarse de manera segura y con el consentimiento de los padres o responsables[45].

Se establece en la legislación española que los centros educativos deben garantizar entornos seguros y libres de acoso, exigiendo la implementación de medidas concretas de prevención, detección e intervención, así como protocolos para el abordaje de incidencias relacionadas con este tipo de agresiones. Algunas de estas son: a) desarrollo de protocolos específicos que incluyan medidas para la detección temprana, intervención y seguimiento; b) sensibilización y educación dirigida a estudiantes, padres y docentes, promoviendo una cultura de respeto y empatía con el entorno digital; c) colaboración con las autoridades competentes, las instituciones educativas deben vincularse con la policía, servicios sociales y otras autoridades competentes para la gestión y prevención de casos.

Asimismo, se establece la responsabilidad de los proveedores de servicios digitales como las redes sociales y mensajería debiendo implementar medidas técnicas que permitan identificar y eliminar contenido acosador o inapropiado, debiendo también colaborar con las autoridades informando sobre posibles casos de acoso en línea, brindando las facilidades para las investigaciones cuando se lo requieran, también deben promocionar entornos seguros y protegidos, en especial para los NNA.

---

45 Ley Orgánica 3/2018 (2018).

VIII. PARTICULARIDADES DE LAS NORMAS ESPECÍFICAS: LEYES N° 29719[46] Y N° 31902

La Ley N° 29719 recibe el nombre de Ley para la promoción de la convivencia y el abordaje de la violencia en las instituciones educativas, tiene por objetivo el diagnostico, prevención, sancionar y erradicar la violencia, el hostigamiento, la intimidación y cualquier acto considerado como acoso entre estudiantes de las instituciones educativas peruanas, sean privadas o públicas. Esta norma surge como respuesta del Estado a los casos crecientes de abuso y violencia que se presentaban en las instituciones educativas peruanas, surge como una necesidad frente a casos emblemáticos que se registraron en los años 2010 a 2012, como el caso de un escolar de 13 años que se ahorcó del techo de su casa siendo víctima de bullying, hecho ocurrido en San Juan de Lurigancho – Lima el 26 de julio de 2012, ya no soportaba la marginación que sufría en su colegio por ser provinciano; o el caso de Joel Bravo de 7 años de edad, quien cursaba el 2° grado de primaria y murió tras recibir una severa golpiza por parte de sus compañeros, lo que ocurrió el 17 de abril de 2010; o también el de la niña de 12 años que se ahorcó con una chalina en su vivienda de San Martín de Porres – Lima debido a las burlas de las que era víctima en su colegio, esto sucedió el 30 de mayo de 2012[47].

Algunos de los aportes de esta Ley son: a) Se señala que cada institución educativa debe contar con un profesional psicólogo que se encargue de la prevención y el tratamiento de casos de acoso y violencia entre estudiantes; b) Se crea el Consejo Educativo Institucional (Conei) en cada centro educativo, encargado de realizar acciones para el diagnóstico, prevención, sanción y erradicación del acoso y violencia entre estudiantes;

---

46 Ley N° 29719 (2013).

47 Redacción El Comercio (2014).

c) Obliga a que los centros educativos entreguen un boletín informativo con normas y principios de la sana convivencia y la prohibición de todo tipo de violencia entre estudiantes; d) Dispone que el Ministerio de Educación elabore el reglamento de la Ley[48].

Debido al creciente número de casos de ciberacoso, el cual, como lo expusimos, se exacerbó durante el período de pandemia, instalándose en la práctica cotidiana de los estudiantes; en 2023 se promulga la Ley N° 31902 el 16 de octubre de 2023, que fortalece la prevención del acoso escolar, la cual actualiza, moderniza y modifica la Ley N° 29719, fortaleciendo las medidas contra el bullying y el ciberbullyng en todas sus formas. Es promulgada con el objetivo de prevenir, combatir y sancionar el acoso escolar en las instituciones educativas del país. Suma a las exigencias de su antecesora, la implementación de cámaras de vigilancia contra el acoso, igualmente busca proteger a los estudiantes fomentando un entorno seguro en las instituciones educativas mediante el uso de la tecnología y la presencia de profesionales psicólogos y asistentes sociales, con la finalidad de crear ambientes de protección saludables para garantizar el pleno desarrollo de los estudiantes. Vale referir que, ambos requerimientos son objetados por quienes brindan servicio educativo privado, puesto que estas disposiciones elevan los costos de las prestaciones que brindan[49].

Estas respuestas, así como las normas derivadas, que fueron resumidas antes, proponen mecanismos urgentes para prevenir y evitar la alta incidencia de casos de acoso y ciberacoso en espacios escolares, promoviendo ambientes de convivencia armoniosa entre los estudiantes. Se obliga a los centros educativos a responder de manera efectiva asegurando la protección de los derechos de todos los estudiantes y se exige la presencia

---

48 Ley N° 29719 (2011).

49 Ley N° 31902 (2023).

de psicólogos para la identificación, diagnóstico y tratamiento de casos; pero ¿son suficientes estos esfuerzos?

A juzgar por las 20.604 denuncias reportadas, las acciones legislativas adoptadas no nos están alejando de las distintas formas de violencia dentro de las instituciones educativas, vemos más bien que están trascendiendo los espacios escolares sirviéndose ahora de los virtuales, desde los que el daño puede ser aún peor. No creemos en panaceas; sin embargo, considerando los efectos nocivos que la violencia causa en NNA, que luego reflejan en su juventud o adultez lo sufrido de muchas maneras; las estrategias que puedan proponerse para evitar y prevenir uno solo de los actos de violencia entre pares en entornos educativos, valen la pena. En ese entendido, recogiendo experiencias que reportan cierto éxito, nos permitimos plantear lo siguiente:

IX. PROPUESTAS QUE PODRÍAN FUNCIONAR

9.1. Recogiendo ideas

Desde la trinchera jurídica ha sido posible brindar algunas herramientas para la atención de los casos de toda forma de acoso, estas salidas normativas, que buscan regular las conductas de los estudiantes, imponiendo el control de los adultos para la prevención y atención de estos hechos; pero es evidente que esto no depende de solo una disciplina, la articulación de esfuerzos interdisciplinarios compromete cada vez a más sectores; es un avance que se haya dispuesto la intervención de profesionales de la psicología y ahora de asistentes sociales, quienes junto a los educadores deben constituir un equipo multidisciplinar para el abordaje integral del problema; esto sin duda puede ofrecer algún avance, es también evidente que muchas de las medidas que se procuran implementar presentan dificultades como el escaso número de profesionales, en relación a la demanda del sector educativo, o la falta de especialización en la materia en concreto; pero el camino se hace al andar, y para ello se señalan algunas estrategias que pueden ser más que eso, recomendaciones para la prevención y gestión del bullying y ciberbullyng:

9.1.1. Comunicación

Es una herramienta fundamental por medio de la cual se logra la confianza entre las personas, es indispensable en la relación paterno/materno filial, por ello se deben brindar espacios de atención a los hijos e hijas para que con total confianza puedan hablar de cualquier tema, brinda el ambiente propicio para que compartan los problemas que pudieran están enfrentando. Es también importante que en los centros educativos se designe a una persona que pueda tener la suficiente apertura para lograr que los estudiantes manifiesten estos problemas; este rol por lo general es atribuido al psicólogo o la psicóloga, pero también puede lograrlo un tutor o tutora[50].

9.1.2. Información sobre el acoso escolar

Este debe ser un tema de conversación obligado en las familias, pero también en los colegios, de acuerdo a lo normado por las leyes especiales en el Perú, las instituciones educativas deben elaborar boletines informativos que deben entregar al inicio del año escolar, a fin de que los estudiantes y padres de familia conozcan cuáles son los protocolos que se observan en tales casos, para identificar toda forma de acoso y saber qué

---

50 Galvez (2019).

hacer al ser víctima o testigo de hechos de acoso escolar o cibernético[51].

9.1.3. Reforzar habilidades de contención

El manejo de situaciones difíciles debe ser parte importante de la orientación de los padres, que se ignoren provocaciones y recurrir a adultos confiables debería ser parte de las enseñanzas de los progenitores; igualmente, en los centros educativos, se deben implementar los protocolos para evitar el acoso, dentro y fuera de la institución educativa, ya que no es posible que un adulto se encuentre permanentemente con los NNA para protegerlos[52].

9.1.4. Reforzar la autoestima

Sumamente importante es el autoconcepto, la imagen que se tiene de uno mismo, la autoestima positiva es el pilar más robusto para fortalecer a los NNA, acciones positivas como el elogio de la capacidad, de logros y el apoyo emocional oportuno son formas de ayudarlos a desarrollar habilidades para contrarrestar los efectos perjudiciales del acoso escolar; es rol fundamental de los padres, educadores, tutores y cuidadores el reforzar la imagen que tienen de sí mismos para formar barre-

---

51 El Ministerio de Educación ha implementado el Programa Integral de Prevención de la Violencia en el Entorno Escolar, en 272 centros educativos de Lima Metropolitana y 1.507 de todo el país. Contempla acciones conjuntas, como tutorías, trabajo con los estudiantes, actividades de prevención y capacitación de directores y docentes en coordinación con las autoridades regionales, provinciales y distritales.

52 Gobierno de los Estados Unidos (s.f.).

ras contra la humillación, las burlas, amenazas y demás actos que caracterizan el acoso[53].

9.1.5. Establecer límites

El uso de la tecnología es necesaria, se ha identificado como derecho a la conectividad; sin embargo, así como es una herramienta útil, también es un espacio peligroso para los NNA, por lo que la mayoría de expertos coinciden en que se debe limitar su uso, en esa misma línea, los padres deben supervisar la conducta en línea de sus hijos e hijas, compartiendo siempre información sobre los peligros a los que se pueden enfrentar en estos espacios, siempre teniendo en consideración la autonomía progresiva de NNA[54].

9.1.6. Mantener contacto con la escuela

La escuela es el lugar en donde más tiempo permanecen los NNA, según la plataforma del Estado peruano, en los colegios públicos peruanos, los escolares de educación primaria permanecen 30 horas semanales y 1.100 horas durante el año lectivo; en las instituciones educativas privadas este tiempo se extiende a 40 horas semanales y 1.480 horas en el año lectivo [55]; por lo que es imperativo para los padres el mantener contacto con los docentes y autoridades del centro educativo para estar al tanto de lo que sucede en el entorno escolar de los hijos e hijas.

---

53 Gobierno de los Estados Unidos (s.f.).

54 Gobierno de los Estados Unidos (s.f.).

55 Datos obtenidos de la Plataforma del Estado peruano.

9.2. Recomendaciones de UNICEF "Aprovechar lo bueno, limitar el daño"

En su informe sobre el Estado Mundial de la Infancia 2017, El Fondo de Naciones Unidas para la Infancia – UNICEF -, señala algunas pautas útiles respecto al abordaje del acceso al internet de NNA; luego del estudio situacional que suelen efectuar en este tipo de informes, propone la implementación de las siguientes acciones, dentro de seis ejes:

9.2.1. Proporcionar a todos los niños un acceso asequible a recursos en línea de alta calidad".

Asumiendo la necesidad del internet para acceder a la información y los beneficios que otorga al conocimiento, UNICEF invoca a los Estados a tomar medidas para facilitar la conectividad, tales como: a) reducir el costo de accesibilidad; b) invertir en puntos de acceso público; c) promover la creación de contenido pertinente para NNA en sus idiomas; d) acceso en línea igualitario, superando barreras de idioma, género, culturales y sociales. Notemos que estas recomendaciones fueron dadas antes de la pandemia, durante la cual fueron mucho más notorias las barreras advertidas en el informe de 2017[56].

9.2.2. "Proteger a los niños de los daños en línea"

Frente a los problemas identificados, también en el informe en comento se propone la adopción de estas medidas: a) Apoyar la aplicación de la ley y las actividades de protección de la infancia, en el entendido que todos los Estados tienen implementadas normas de protección; b) Adoptar y aplicar el

[56] UNICEF (2017), pp. 29-30.

marco estratégico *We Protect Global Alliance*, modelo implementado en diversos países que cuenta con estrategias específicas para combatir la explotación sexual en línea; c) Adaptar las estrategias de protección para que reflejen las capacidades en evolución de los niños, en atención a su autonomía progresiva; d) Apoyar a las personas que puedan respaldar a los niños, dirigido a padres y cuidadores de NNA a fin de que desarrollen capacidades para mediar en el uso positivo de las TICs por los niños[57].

9.2.3. "Proteger la privacidad y la identidad de los niños en línea"

El uso de los entornos digitales requiere de la identificación de los usuarios, en el caso de los NNA, se deberían aplicar las adecuadas restricciones para protegerlos de ataques en línea, en ese aspecto se invoca a los Estados: a) Establecer protecciones para proteger la privacidad, la información personal y la reputación de los niños, el restringir el acceso a ciertas plataformas virtuales a menores de 18 años es una medida adecuada en esta línea; b) Establecer al máximo la configuración de privacidad de los niños de forma predeterminada, cuanto menos información deba brindarse o cuanto más pueda protegerse; c) No se deben explotar los datos personales de los niños con fines comerciales; d) Hay que respetar la codificación de los datos relacionados con los niños, aspecto que viene normado desde la Convención sobre los Derechos del Niño[58].

---

57 UNICEF (2017), p. 31.

58 UNICEF (2017), pp. 32-33.

9.2.4. "Impartir alfabetización digital para mantener a los niños informados, comprometidos y seguros en línea"

Considera UNICEF que es fundamental el enseñar a los NNA sobre los riesgos y ventajas del internet, en tal sentido se propone: a) Alfabetización digital en las escuelas que contribuya al conocimiento del internet; b) Proporcionar a los niños acceso a oportunidades de educación en línea de eficacia demostrada; c) Establecer oportunidades para aprender conocimientos sobre TIC en la educación no oficial; d) Apoyar la capacitación y alfabetización digital de los maestros; e) Apoyar el establecimiento de bibliotecas en línea; f) Comprender los riesgos que suponen la creación y el intercambio de contenidos; g) Aprender cómo proteger la privacidad y los datos personales en línea; h) Fortalecer la enseñanza de la tolerancia y la empatía en línea; i) Hay que ofrecer a los niños un buen modelo de uso digital[59].

9.2.5. "Aprovechar el poder del sector privado para promover normas y prácticas éticas que protejan y beneficien a los niños en línea".

Recomienda UNICEF que se debe involucrar al sector privado para: a) Evitar que las redes y los servicios difundan material de abuso infantil; b) Promover el acceso no discriminatorio a la internet; c) Desarrollar normas éticas para las empresas y las tecnologías; d) Ofrecer a las familias las herramientas necesarias para crear un entorno en línea apropiado para la edad del niño. Todo esto con el propósito de crear barreras efectivas para impedir el ciberacoso y los demás peligros que se han descrito, a los que se encuentran expuestos NNA[60].

---

[59] UNICEF (2017), pp. 33-34.

[60] UNICEF (2017), pp. 35.

9.2.6. Poner a los niños en el centro de la política digital.

Finalmente, UNICEF recomienda como estrategias: a) Contar con las opiniones de los niños y los jóvenes en la elaboración de las políticas digitales que afectan sus vidas; b) Registrar las disparidades y las barreras en el acceso y c) Integrar cuestiones específicas relacionadas con la infancia y con el género en las políticas y estrategias nacionales[61].

XIX. CONCLUSIONES

Desde el corpus iuris internacional sobre los Derechos del Niño, se han ido implementando normas para regular mecanismos de protección contra el acoso escolar y el ciberacoso, se ha creado la necesidad de reforzar las estrategias destinadas a prevenir, evitar, proteger, sancionar y erradicar el bullying y ciberbullyng; siendo que estos esfuerzos aún no se reflejan en resultados favorables o en la disminución de casos de este tipo.

El abordaje eficaz del problema desarrollado demanda del esfuerzo conjunto de familia, centros educativos, autoridades y sociedad, reforzando los propósitos de las normas y el ideal de una vida libre de violencia para NNA.

En el Perú la legislación vigente prevé la implementación de ciertos mecanismos para el control del acoso escolar y el ciberacoso; sin embargo, se requiere de un compromiso mayor en el que autoridades, padres de familia, los propios estudiantes y la sociedad se involucren en la toma de conciencia respecto de las consecuencias negativas que tienen el bullying y ciberbullyng.

---

61 UNICEF (2017), pp. 35.

Jurídicamente ha sido posible brindar algunas herramientas para la atención de los casos de toda forma de acoso, que buscan regular las conductas de los estudiantes, imponiendo el control de los adultos para la prevención y atención de estos hechos; pero esto no depende de solo una disciplina, los esfuerzos interdisciplinarios involucran a más sectores, que se haya dispuesto la intervención de profesionales de la psicología y de asistentes sociales, junto a los educadores como equipo multidisciplinar abordan integralmente del problema.

La sensibilización, capacitación y formación sobre el acoso escolar en todas sus formas, debe acompañarse de la intervención profesional de psicólogos, asistentes sociales, los propios educadores y los padres y cuidadores de las víctimas, para fortalecer el abordaje de casos y evitar la repercusión personal, familiar y social negativa.

Se debe promover la creación de ambientes sanos, libres de violencia; este propósito importa la aplicación de la legislación vigente, además del compromiso de los adultos responsables, las autoridades y la colectividad, las instituciones educativas en el Perú deben promover acciones tendientes a la concientización de la comunidad respecto de este flagelo, avanzando hacia entornos más seguros, propicios para el aprendizaje y el desarrollo integral de los estudiantes y el respeto de los derechos de NNA.

El número de casos reportados es alarmante aún, lo que refiere que aún hay mucho por hacer, la implementación plena de los mecanismos propuestos en las normas y las pautas generales propuestas por Naciones Unidas, deben complementar las normas vigentes a fin de establecer un sistema efectivo de protección para NNA.

Tomando en cuenta las recomendaciones de UNICEF, es compromiso de los estados implementar acciones concretas y necesarias tendientes a evitar que casos como los expuestos en este capítulo y que las cifras anotadas se incrementen en detrimento de la integridad social. Los NNA merecen desarrollarse integra y armónicamente, libres de toda forma de violencia que afecte el normal desarrollo de su personalidad y asegure el proyecto de vida, todo esto en entornos armoniosos y saludables.

BIBLIOGRAFÍA CITADA

Aguilar Llanos, Benjamin, *Derecho de familia,* Lima, Ediciones Legales, 2013.

Barleta Villarán, María Consuelo, *Derecho de la niñez, 1a Edición Vol. 29,* Lima, Fondo Editorial de la Pontificia Universidad Católica del Perú, 2018.

Castillo, Claudio y Marinho, María Luisa, *Los impactos de la pandemia sobre la salud y el bienestar de niños y niñas en América Latina y el Caribe: la urgencia de avanzar hacia sistemas de protección social sensibles a los derechos de la niñez,* Santiago de Chile, CEPAL Naciones Unidas, 2022.

Fore, Henrietta, entrevista de UNICEF, *Aumenta la preocupación por el bienestar de los niños y los jóvenes ante el incremento del tiempo que pasan frente a las pantallas* (08 de febrero de 2021).

Fundación Mutua Madrileña y Fundación ANAR, *La Opinión de los Estudiantes III Informe de prevención del acoso escolar en los centros educativos en tiempos de pandemia 2020 - 2021. Informe estadístico,* Madrid, 2021.

Galvez Manrique, Daniela, "Propuesta de fortalecimiento de vínculos paterno-filiales en las futuras generaciones en relación a las nuevas tecnologías de la información y comunicación", *Apuntes de bioética,* N° 2, 2019, pp. 88-109.

Gobierno de los Estados Unidos. *Stop*Bullying.*gov.* Disponible en: https://espanol.stopbullying.gov/prevenci%C3%B3n-mkd2/c%C3%B3mo-prevenir-el-acoso-escolar (Consulta realizada: 09/07/2024).

Lucas Molina, Beatriz; Pérez Albéniz, Alicia; Solbes-Canales Irene; Ortuño Sierra, Javier; y Fonseca Pedrero, Antonio, "Acoso escolar, ciberbullying y salud mental: el rol de la cohesión entre estudiantes como factor protector escolar", *Phycosocial Intervention,* Vol. 31, N° 1, 2022, pp. 33-41.

Menay-López, Lorena y De la Fuente-Mella, Hanns, "Plataformas comunicacionales del ciberbullying. Una aplicación empírica en dos colegios de la quinta región, Chile", *Estudios Pedagógicos,* Vol. 40, N° 2, 2014, pp. 117-133.

Ministerio de Educación del Perú, *Protocolos para la atención de la violencia escolar,* Lima, Ministerio de Educación, 2018.

Olivas Rubio, Tomasa, "Cómo actúa la legislación española contra el ciberbullying", *LegalToday, por y para profesionales del Derecho,* marzo 2023.

Pérez de Tudela, Mónica Fidelis, "El ciberbullying ha crecido con la pandemia", *SOM Salud Mental 360,* SOM Salud Mental 360.

Redacción El Comercio, "*Bullying; los casos más sonados en los últimos años.* periodístico", 28 agosto 2014.

Saldaña Ramírez, Hilda Sandra y Gorjón Gómez, Gabriel de Jesús, "Causas y consecuencias de la violencia familiar: caso Nuevo León", *Justicia,* Vol. 25, N° 38, 2020, pp. 189-214.

Silva, Renato, "Minedu: Aumenta el acoso escolar en colegios: Casi 800 denuncias solo en 2024. Así se reportan estos casos", *Infobae,* mayo 2024.

Tecnológico de Monterrey, "5 tipos de ciberacoso y cómo afectan la salud mental y emocional", enero 2021.

UNICEF - Naciones Unidad para la Infancia, *Estado mundial de la Infancia 2017 -Niños en un mundo digital. Informe Situacional,* New York, Fondo de las Naciones Unidad para la Infancia, 2017.

Legislación citada

Convención de los Derechos del Niño. Asamblea de las Naciones Unidas, de 29 de noviembre de 1989.

Constitución Política del Perú, Congreso Constituyente Democrático, 29 de diciembre de 1993.

Decreto Legislativo N.° 1218 que regula el uso de las cámaras de videovigilancia. Diario Oficial El Peruano, 23 de setiembre de 2015.

Decreto Supremo N.° 007-2020-IN, Decreto Supremo que qprueba el Reglamento del Decreto Legislativo 1218, que regula el uso de las Cámaras de Videovigilancia y la Ley 30120, de Apoyo a Seguridad Ciudadana con Cámaras de Videovigilancia públicas y privadas. Diario Oficial El Peruano. 23 de abril de 2020.

Ley 29719 que promueve la convivencia sin violencia en las instituciones educativas. Diario Oficial El Peruano, 24 de junio de 2011.

Ley 29944 de Reforma Magisterial. Diario Oficial El Peruano, 24 de noviembre de 2012.

Ley 31902 que modifica la Ley 29719, que promueve la convivencia sin violencia en las Instituciones Educativas, a fin de fortalecer la prevención del acoso escolar; y el Decreto Legislativo 1218, que regula el uso de las cámaras de videovigilancia, para incorporar a su objeto al acoso escolar. Diario Oficial El Peruano, 28 de Setiembre de 2023.

Ley N.° 27337, Código de los Niños y Adolescentes, 27 de julio de 2000.

Ley N.° 29988 que establece medidas extraordinarias para el personal docente y administrativo de instituciones educativas públicas y privadas, implicado en delitos de terrorismo, apología del terrorismo, delitos de violación de la libertad sexual. Diario Oficial El Peruano, 17 de enero de 2013.

Ley N.° 30403 que prohíbe el uso del castigo físico y humillante contra niños, niñas y adolescentes. Diario Oficial El Peruano, 30 de diciembre de 2015.

Ley N.° 30466 que establece parámetros y garantías procesales para la consideración primordial del Interés Superior de Niño. Diario Oficial El Peruano, 26 de mayo de 2016.

Ley N.° 31902 que modifica la Ley 29719, que promueve la convivencia sin violencia en las instituciones educativas, a fin de fortalecer la prevención del acoso escolar; y el Decreto Legislativo 1218, que regula el uso de las cámaras de seguridad. Diario Oficial El Peruano, 18 de octubre de 2023.

Resolución Ministerial N.° 0519-2012-ED. Diario Oficial El Peruano, 19 de diciembre de 2012.

Ley Orgánica 3/2018, de Protección de Datos Personales y garantía de los derechos digitales. Gobierno Español, 05 de diciembre de 2018.

Ley Orgánica 8/2015. Boletín Oficial del Estado, 22 de julio de 2015.

Violencia digital contra niños, niñas y adolescentes. necesidad de fortalecer el ámbito preventivo a partir de una adecuada regulación de la responsabilidad parental

SANDRA V. MANRIQUE URTEAGA
Docente Asociada de Derecho Civil
Directora del Departamento de Derecho
Universidad Nacional de Cajamarca – Perú
smanrique@unc.edu.pe

I. INTRODUCCIÓN

Contemporáneamente el internet y las tecnologías de comunicación vienen cobrando notable importancia en la vida de los seres humanos, constituyéndose en una condición determinante de la manera en la que se produce el relacionamiento social. Toda la dinámica actual no solo está impregnada por esta forma de interacción, sino por lo indispensable que resulta para realizar actividades educativas, sociales, familiares, recreativas, políticas y económicas, involucrando a todas las personas desde edades muy tempranas.

En efecto, los niños, niñas y adolescentes (en adelante, NNA) son considerados como nativos digitales, cuyo espacio natural de formación y comunicación está dado por el mundo digital, el cual trae consigo innumerables beneficios en sus procesos de enseñanza-aprendizaje y socialización, pero a la vez importa una serie de circunstancias riesgosas y efectos nocivos, que muchas de las ocasiones generan vulneración a sus propios derechos y a los de sus pares.

Lo cierto también es que los adultos de hoy, no son precisamente nativos digitales, ellos han vivido un proceso de progresiva digitalización, lo que no en pocas oportunidades, los ha colocado en desventaja en comparación a los internautas natos, enfrentándolos a retos muy grandes.

El entorno digital sin acompañamiento, educación y vigilancia adecuada, puede convertirse en un espacio sumamente complicado y riesgoso para NNA, quienes están expuestos a situaciones de vulneración a derechos como el honor, la intimidad, la imagen, su integridad física y sicológica; y de otro lado también podrían actuar como agentes activos de conductas calificadas como ciberacoso e infracciones a la ley penal, lo cual generaría su involucramiento en procesos administrativos y judiciales.

El contexto actual al que se ve expuesta la niñez y adolescencia en el entorno digital, obliga a reflexionar respecto al papel de los progenitores para prevenir las situaciones de violencia digital en la que podrían encontrarse involucrados sus hijos e hijas, ya sea como agresores o agredidos.

Así, el presente capítulo, parte de la comprensión del contenido de la violencia digital en la niñez y adolescencia, poniendo especial atención en las modalidades contempladas en la legislación nacional. En segundo lugar, se aborda la responsabilidad parental en el entorno digital, revisando la normatividad convencional e interna con la que se cuenta al respecto, haciendo énfasis sobre la ausencia en la legislación peruana respecto a responsabilidades específicas de los progenitores en contextos de digitalización. Y, en tercer lugar, se desarrolla una propuesta orientada a adecuar las responsabilidades paterno y materno filiales al contexto de digitalización, buscando con ella que los progenitores comprendan la dimensión de su papel de acompañamiento y supervisión a sus hijos e hijas; y también sean pasibles de consecuencias específicas ante el incumplimiento de tales responsabilidades; contribuyendo así, a prevenir situaciones que agravien a NNA.

II. VIOLENCIA DIGITAL EN AGRAVIO DE NIÑEZ Y ADOLESCENCIA. MODALIDADES CONTEMPLADAS EN LA LEGISLACIÓN PERUANA

El internet y las denominadas tecnologías de la información se constituyen en un escenario de socialización, sumado al espacio físico en que se desenvuelven las relaciones humanas. Esta ampliación hacia el espacio digital no sólo puede manifestarse de manera positiva, sino que también se evidencia de manera negativa y perjudicial, y es que se afirma que la tecnología no es neutral, pues es una dimensión de la realidad social, a la cual refleja y amplifica; ello quiere decir que las características propias de la dimensión física se van a extrapolar al espacio digital.

El Consejo de Derechos Humanos de Naciones Unidas, reconoció en el año 2012, que internet tiene una naturaleza mundial y abierta, identificando su capacidad impulsora de la aceleración de los progresos hacia el desarrollo en sus distintas formas; y, a su vez, estableció el principio internacional de que los derechos de las personas -en particular, el derecho a la libertad de expresión— también deben estar protegidos en internet[1].

En efecto, internet se constituye en un espacio importante de participación, es una necesidad para el desarrollo pleno de las capacidades, significa así para muchos NNA la manera de incrementar e igualar sus oportunidades de desarrollo perso-

---

1 Consejo de derechos humanos de naciones unidas, promoción, protección y disfrute de los derechos humanos en internet (2012).

nal, participación ciudadana, aprendizaje y futura empleabilidad[2].

El Comité⊠ de los Derechos del Niño publicó la Observación General N° 25, la cual tiene como objetivo general proporcionar orientación a los Estados partes sobre la debida aplicación de la Convención en el entorno digital para asegurar el pleno cumplimiento de los derechos de los NNA, teniendo en cuenta tanto las nuevas oportunidades como los riesgos que este entorno presenta[3].

De acuerdo a la Resolución 75/176 aprobada por la Asamblea General de las Naciones Unidas (2020) en la 46 sesión plenaria se afirma "que los derechos de las personas también deben estar protegidos en Internet, incluido el derecho a la privacidad, prestando especial atención a la protección de las niñas y los niños". Asimismo, en esta misma resolución se reconoce que los NNA pueden ser más propensos a la vulneración de su derecho a la privacidad al estar expuestos a entornos digitales, es por ello, la necesidad de seguir examinando y analizando, sobre la base del derecho internacional a los derechos humanos[4].

En el informe de la UNICEF sobre el Estado Mundial de la Infancia enfocado en el entorno de un mundo digital se revelan datos estadísticos que advierten que, "los niños y adolescentes menores de 18 años representan aproximadamente uno de cada tres usuarios de internet en todo el mundo" [5].

Por otro lado, a nivel de Latinoamérica, en una encuesta realizada por la Red Grooming Latam revela que 4 de cada 10 NNA en América Latina ha tenido conversaciones con per-

---

2 Naciones Unidas (2021); y Mineduc (2016).

3 Comité de los derechos del niño (2021), p. 2.

4 Asamblea general de la naciones Unidas (2020), p.6.

5 Unicef (2017), p.7.

sonas desconocidas a través de las redes sociales o los juegos en línea. No obstante, la situación es mucho más alarmante al conocerse que el 65% de los NNA encuestados, saben más de tecnología que sus padres o familiares[6].

La situación en los países de Chile, Colombia y Argentina, parece estar volviéndose más crítica, pues la misma encuesta ha revelado que la cantidad de horas diarias que pasan los NNA en el Internet exceden las 7 horas, superando por 3 horas diarias más a los otros países.

En cuanto al territorio peruano, las cifras nacionales en el primer trimestre del año 2023 reflejan que el porcentaje de acceso a Internet entre los jóvenes de 12 a 17 años fue del 90,1%, mientras que entre los niños de 6 a 11 años fue del 63,5%. En comparación con el IV trimestre de 2022, hubo un aumento en el uso de internet entre los jóvenes de 3,8 puntos porcentuales y los niños de 5,2 puntos porcentuales[7].

Esta exposición constante, presenta ciertas características que deben tenerse en cuenta, pues, en atención a la posibilidad de navegar y compartir información en forma anónima, el internet genera una sensación de impunidad a los agresores, quienes validos del ocultamiento de su identidad, ejercen violencia, ante el debilitamiento de los límites dada la proximidad que genera internet, lo cual permite que la violencia pueda cometerse a distancia; y la perdurabilidad del contenido se constituye en una constante amenaza para la identidad e integridad de NNA.

La niñez y adolescencia en este contexto digital, se torna en un colectivo sumamente vulnerable, pues, aun siendo nativos digitales, no cuentan con herramientas suficientes y acompañamiento adecuado para enfrentar los peligros que importa el

---

6 Red Grooming Latam (2024), p. 1.

7 Instituto Nacional de Estadística e Informática: inei (2023), p. 6.

entorno digital; generándose situaciones en las que son víctimas de violencia en línea, pero a la vez podrían convertirse en victimarios respecto a sus pares.

Respecto a la violencia, la Organización Mundial de la Salud, la define como "el uso deliberado de la fuerza física o el poder, ya sea en grado de amenaza o efectivo, contra uno mismo, otra persona o grupo o comunidad, que cause o tenga muchas probabilidades de causar lesiones, muerte, daños psicológicos, trastornos del desarrollo o privaciones"[8].

Históricamente los NNA han atravesado diversas situaciones de violencia tanto a nivel familiar como escolar. Así, según la Encuesta Nacional de Relaciones Sociales (Enares), en 2019, 66,2% de niñas y niños de 9 a 11 años declararon haber experimentado violencia psicológica o física en el entorno escolar y un 68,9% declaró haber experimentado violencia en el hogar. En similar condición, para los adolescentes de 12 a 17 años, la violencia experimentada en entornos escolares ascendía a 68,5% y 54,9% en sus hogares[9]. La violencia en espacios físicos tales como situaciones de abuso de poder por parte de adultos, acoso entre pares, posibilidad de exposición o explotación sexual, transciende a la virtualidad, y encuentra en ella un escenario para alcanzar a la niñez y adolescencia. Así, se califica a la violencia en el entorno digital como una extensión de la violencia que se produce en otros ámbitos sociales y escolares.

A continuación desarrollaremos las modalidades de violencia en línea que involucran a la niñez y adolescencia.

---

8 Organización Mundial de la Salud (2002), p. 15; y Organización Mundial de la Salud (2017), p. 14.

9 Enares (2019).

2.1. Delito de acoso, acoso sexual, chantaje sexual y difusión de imágenes, materiales audiovisuales o audios con contenido sexual: Decreto Legislativo 1410

Este Decreto se promulgó el 12/09/2018 y modificó el Código Penal, incorporando los artículos 151-A (Acoso), 154-B (Difusión de imágenes, materiales audiovisuales o audios con contenido sexual), 176-B (Acoso sexual) y 176-C (Chantaje sexual).

En la exposición de motivos del Decreto, se precisa lo siguiente: "Las nuevas tecnologías de la información o comunicación constituyen un nuevo cauce para la comisión de delitos al ser un escenario que se enmarca dentro de un plano de ilegalidad, sobre el que existe el anonimato y gran incertidumbre jurídica; sin embargo, causan un grave daño en las víctimas y se han vuelto un instrumento de violencia"[10].

Estos tipos penales incorporados califican como conducta típica, la realización mediante el empleo de las TIC, protegiendo a quienes experimentan este tipo de violencia, considerando agravantes bastantes pertinentes, por ejemplo cuando se difunden imágnes íntimas, el usar la tecnología genera un aumento de la pena, así, se verifica que el legislador toma en cuenta la importancia de la tecnología en la comisión de estos ilícitos penales.

2.2. El bullying y ciberbullying

Se trata de dos manifestaciones de acoso entre pares en espacios educativos que trae como consecuencia daños físicos, sicológicos, desmotivación, ausentismo y bajo rendimiento escolar; son problemas de convivencia en centros escolares, en los

---

[10] Decreto Legislativo 1410 (2018)

que los protagonistas son NNA, cuya alta incidencia, en países como el Perú resulta preocupante.

La Ley 29719 tiene como finalidad promover una adecuada convivencia escolar libre de violencia física y sicológica con el propósito de alcanzar una mejor calidad de vida en los colegios. Con este objetivo regula los mecanismos para prevenir, evitar, sancionar y erradicar la violencia, hostigamiento, intimidación y cualquier otra forma de acoso en el ámbito de los centros educativos[11].

La norma referida, establece competencias específicas al CONEI (Consejo Educativo Institucional), órgano adscrito a cada institución educativa, respecto a la realización de acciones necesarias para diagnosticar, prevenir, evitar, sancionar y erradicar la violencia, el hostigamiento y la intimidación entre escolares en cualquiera de sus manifestaciones; imponiendo las sanciones correspondientes, realizando labores preventivas a través de planes que aseguren una sana convivencia y disciplina en el ámbito escolar.

El Reglamento de la referida Ley, aprobado mediante Decreto Supremo 010-2012 define al bullying como "Un tipo de violencia que se caracteriza por conductas intencionales de hostigamiento, falta de respeto y maltrato verbal o físico que recibe un estudiante en forma reiterada por parte de uno o varios estudiantes, con el objeto de intimidarlo o excluirlo, atentando así contra su dignidad y derecho a gozar de un entorno libre de violencia"[12].

Se trata de una forma de violencia reiterada e intencional en la que prima el abuso de poder, que puede manifestarse a través de agravios físicos, verbales o sicológicos, con permanen-

---

[11] Ley que promueve la convivencia sin violencia en las instituciones educativas (2011)

[12] Reglamento de la ley 29719 (2012)

cia en el tiempo y en el que la víctima muestra dificultad para defenderse.

En este punto es importante resaltar las acciones emprendidas por el Ministerio de Educación peruano para atender a la violencia escolar, a partir de la implementación desde el año 2013 del portal web Síseve (Sistema Especializado en Reportes de Casos sobre Violencia Escolar), el cual permite que cualquier persona pueda reportar un caso de violencia escolar. Los reportes pueden ser realizados por personas que hayan sido víctimas, testigos o tengan conocimiento de un hecho de violencia escolar[13].

Para mayo del 2024, se han registrado 798 ocurrencias, pero los casos de violencia física, psicológica y sexual en general llegan a 73,261 entre el 2023 y 2024; de los cuales, el 57% ocurrieron en nivel secundario, 35% en primaria y 7% en instituciones de educación inicial[14].

Las cifras antes mostradas, no distinguen si se trata de acoso en entorno físico o virtual, lo que no permite tener datos exactos respecto al ciberbullyng, sin embargo, está claro que dentro de estas estadísticas también ha sido considerado.

En cuanto a su regulación, si bien el aludido Reglamento, no desarrolla expresamente la noción de ciberbullyng, ésta se desprende de la comprensión de los actos de acoso en un contexto digital, pues la agresión y humillación, alcanzan la dinámica virtual, con consecuencias más devastadoras dado el alcance de las redes tanto en tiempo como en espacio.

Córdoba precisa que "la expresión en inglés Ciberbullying se define cuando un niño, adolescente o preadolescente es atormentado, acosado, humillado y avergonzado por otra

---

13 Minedu (2017)

14 El Peruano (2024).

persona desde el ciberespacio, a través de medios telemáticos como las computadoras conectadas a esa gran red de conexión telemática, mediante medios interactivos, tecnologías digitales y teléfonos móviles"[15].

El Ministerio de Educación lo define como "un tipo de acoso a través de medios digitales. Es una agresión intencional, psicológica y emocional, contra una persona por parte de un grupo o individuo, a través del uso repetido de las tecnologías de la información, comunicación o formas electrónicas y digitales. Cuando se presenta entre NNA se denomina acoso escolar cibernético"[16].

Se trata de una modalidad de acoso en contexto virtual que se produce cuando un NNA es acosado psicológicamente por otro menor de edad a través de medios digitales como por ejemplo las redes sociales, mensajes mediante el celular, y puede consistir en publicaciones ofensivas, invasión a la privacidad, difusión de contenido con fotos, videos o memes con los cuales se cause vergüenza a la víctima.

Las herramientas que ofrece la tecnología de la información, en especial, el internet y el celular son utilizadas para maltratar a compañeros de clase con amenazas, asedios verbales y con exclusión del grupo. Pueden consistir en propagar información confidencial o falsa, fotografías con montajes, videos con contenido sexual o violento, rumores maliciosos, situaciones vergonzosas, mensajes amenazadores, caracterizados por propagarse a la velocidad del mundo virtual generando una situación bastante perjudicial para quienes son expuestos.

Incurrir en estas conductas, podría generar diversas sanciones según la edad del agresor, si es mayor de 14 años el Juez de Familia iniciará el procedimiento en el cual podría colocar

---

15 Córdoba (2014), p. 110

16 Minedu (2017)

medidas socioeducativas como la tutoría, orientación y seguimiento al menor y sus familiares, si la situación es más compleja podría dar lugar a la prestación de servicio comunitario, la libertad restringida o incluso el internamiento. Para los casos en los que el agresor sea menor de 14 años, las medidas pueden consistir en su cuidado dentro del hogar, la participación en servicios comunitarios, o su atención integral en un establecimiento de protección oficial.

Al respecto el Juez Penal México Leaño, enfatizó, que "el ciberbullying es mucho más grave que el bullying porque está presente para la víctima en todo momento y en cualquier lugar en que se encuentre, hasta en su casa"[17], agregando que los menores involucrados en ciberacoso podrían recibir medidas de internamiento hasta de seis años.

Se infiere de lo antes indicado que, la violencia contra NNA en el espacio escolar, en un ámbito físico, se agota con la culminación de la jornada escolar; no ocurriendo lo mismo en un contexto digital, en el que los abusadores y abusados se encuentran interconectados incluso fuera de las aulas y horario escolar; circunstancia que agrava más la exposición de quien es víctima de este tipo de conductas y de las responsabilidades que debiesen asumir, los centros educativos y los padres de familia.

2.3. Delito de proposiciones a niños, niñas y adolescentes con fines sexuales por medios tecnológicos (Denominado grooming)

La Ley 30096, en su artículo 5, precisa: "El que a través de internet u otro medio análogo contacta con un menor de catorce años para solicitar u obtener de él material pornográfico, o para proponerle llevar a cabo cualquier acto de connotación

---

[17] Méjico (2023), p. 3

sexual con él o con tercero, será reprimido con una pena privativa de libertad no menor de cuatro ni mayor de ocho años e inhabilitación conforme a los numerales 1, 2, 4 y 9 del artículo 36 del Código Penal. Cuando la víctima tiene entre catorce y menos de dieciocho años de edad y medie engaño, la pena será no menor de tres ni mayor de seis años e inhabilitación conforme a los numerales 1, 2, 4 y 9 del artículo 36 del Código Penal"[18].

Se desprende de este tipo penal, la consideración del uso de medios informáticos relacionados con acciones de connotación sexual en agravio de NNA. Con ello, se evidencia que el entorno virtual se constituye en un espacio en el que NNA se encuentran expuestos a conductas delictivas que dañan su integridad, y que constituyen también manifestaciones de violencia.

III. LA RESPONSABILIDAD PARENTAL Y EL ENTORNO DIGITAL

3.1. Patria Potestad y Responsabilidad Parental

Se ha creído conveniente marcar la diferencia entre los términos responsabilidad parental y patria potestad -como lo recoge aún la codificación civil y de niñez y adolescencia peruana-, dada la necesidad de su adecuación a un contexto actual, que exige alejarse de su origen histórico desarrollado en el Derecho Romano, que la anclaba a un poder absoluto del padre sobre la persona y bienes de los hijos, que luego fue moderándose; para entenderlo hoy, como una facultad concedida a los padres en beneficio exclusivo de sus hijos menores de edad, ello en estricta concordancia con la evolución hacia el para-

---

18 Ley de Delitos Informáticos (2013)

digma de protección integral de NNA, su consideración como sujetos de derecho, su autonomía progresiva y el principio de igualdad que debe regir la relación entre ambos progenitores.

Como afirma Sánchez[19], la patria potestad evolucionó de ser un derecho del padre sobre sus hijas e hijas y demás miembros de la familia a considerarse una obligación, con el objetivo principal de criar, alimentar, educar y orientar a los hijos e hijas; facultades que deben ser controladas por el Estado para que el NNA goce de los derechos y obligaciones que genera la patria potestad.

La Convención sobre los Derechos del Niño, consagra la responsabilidad primordial de ambos padres respecto a la crianza y desarrollo del NNA, en estricta correspondencia a la protección de su interés superior.

El artículo 6 de la Constitución peruana consagra el siguiente principio, precisando que "La política nacional de población tiene como objetivo difundir y promover la paternidad y maternidad responsables. Reconoce el derecho de las familias y de las personas a decidir. En tal sentido, el Estado asegura los programas de educación y la información adecuados y el acceso a los medios, que no afecten la vida o la salud. Es deber y derecho de los padres alimentar, educar y dar seguridad a sus hijos. Los hijos tienen el deber de respetar y asistir a sus padres. Todos los hijos tienen iguales derechos y deberes. Está prohibida toda mención sobre el estado civil de los padres y sobre la naturaleza de la filiación en los registros civiles y en cualquier otro documento de identidad"[20].

Al respecto, Rubio señala que son componentes de maternidad y paternidad responsables, el determinar el número de hijos e hijas y la oportunidad de su procreación y la de ser res-

---

19 Sánchez (2019), p. 180

20 Constitución Política del Perú (1993).

ponsables de su crianza y cuidado hasta que alcancen plena capacidad[21].

Ello implica que existe una obligación del Estado respecto a promover y garantizar que padre/madre ejerzan su responsabilidad paterno/materno filial de manera responsable, por lo que la procreación lleva consigo la obligación de garantizar condiciones adecuadas de vida y crianza para los menores, prestándoles atención y cuidado oportuno y de calidad.

Plácido expresa que es la obligación inherente a la orientación, cuidado, acompañamiento y crianza de los NNA durante su proceso de formación incluye la responsabilidad compartida y solidaria del padre y la madre de asegurar que ellos puedan lograr el máximo nivel de satisfacción de sus derechos[22].

Estas facultades, deben ser garantizadas por el Estado, creando las condiciones necesarias para que NNA gocen efectivamente de los derechos y deberes relacionados con la responsabilidad parental, y no se trate únicamente de una descripción normativa de derechos, si no que se efectivice en la práctica.

Esto en estricta consonancia con los compromisos internacionales asumidos por el Perú al ratificar la Convención sobre los Derechos del Niño, la misma que en su art. 3.2. precisa: "Los Estados partes se comprometen a asegurar al niño la protección y el cuidado que sean necesarios para su bienestar, teniendo en cuenta los derechos y deberes de sus padres... con ese fin tomarán las medidas legislativas y administrativas adecuadas"[23].

Precisa Barleta, refiriéndose al rol de los padres respecto a sus hijos, que: "Se constituye en una institución garantista de

---

21 Rubio (1999).

22 Plácido (2018), p. 516.

23 Convención sobre los derechos del niño (1989).

los derechos genéricos y específicos de los niños y adolescentes, es decir, de aquellos derechos que tienen su origen en su condición de personas y de los otros, que están directamente relacionados al desarrollo oportuno e irreversible de su máximo potencial humano"[24].

La dinámica actual muestra la evolución de la responsabilidad materna y paterna respecto a los hijos e hijas, la cual debe ser ejercida en condiciones de igualdad, pero sobre todo, centrada en garantizar la protección integral y el interés superior de los NNA; situación que compromete de manera directa al Estado, quien deberá tomar las medidas legislativas y administrativas adecuadas para poder alcanzar tal protección.

En cuanto a la regulación de las responsabilidades paterno filiales, el Código Civil peruano refiere en el artículo 423 que son deberes y derechos de los padres que ejercen la patria potestad: 1. Proveer al sostenimiento y educación de los hijos. 2. Dirigir el proceso educativo de los hijos y su capacitación para el trabajo conforme a su vocación de aptitudes. 4. Aprovechar de los servicios de sus hijos, atendiendo a su edad y condición y sin perjudicar su educación. 5. Tener a los hijos en su compañía y recogerlos del lugar donde estuviesen sin su permiso, recurriendo a la autoridad si es necesario. Representar a los hijos en los actos de su vida civil. 7. Administrar los bienes de sus hijos. Usufructuar los bienes de sus hijos. Tratándose de productos, se está a lo dispuesto en el artículo 1004[25].

Mientras el Código de los Niños y del Adolescentes en su artículo 74 señala: "Son deberes y derechos de los padres que ejercen la Patria Potestad: a) Velar por su desarrollo integral, b) Proveer sus sostenimiento y educación, c) Dirigir su proceso educativo y capacitación para el trabajo conforme a su voca-

---

24 Barleta (2018), p. 107.

25 Código Civil (1984).

ción y aptitudes, e) Tenerlos en su compañía y recurrir a la autoridad si fuera necesario para recuperarlos, f) Representarlos en los actos de la vida civil mientras no adquieran la capacidad de ejercicio y la responsabilidad civil, g) Recibir ayuda de ellos atendiendo a su edad y condición y sin perjudicar su atención, h) Administrar y usufructuar sus bienes, cuando los tuvieran, y h) Tratándose de productos, se estará a lo dispuesto en el Artículo 1004 del Código Civil.[26]

En ambos textos normativos, no se hace referencia a las responsabilidades en la crianza en un entorno digital, ello se explica por la fecha de dación de ambas normas, en las que el relacionamiento entre las personas se desarrollaba normalmente en un contexto físico y no virtual; sin embargo, es oportuno realizar una crítica a la falta de dinamicidad de las normas, pues, es claro, que el impacto de la digitalización ha transformado la manera de vinculación entre los sujetos, y con mayor razón en el caso de NNA, no obstante y sin atender a la situación actual que enfrentan los padres de la necesidad de ejercer sus responsabilidades parentales en un espacio digital, la legislación interna no se ha modificado para contemplar estos nuevos escenarios.

Por ello, en tanto no se contemple legislativamente en el catálogo de derechos y deberes normativizados en el Código Civil y Código de los Niños y Adolescentes, mediante la utilización de la interpretación en coherencia con las normas convencionales, constitucionales y la realidad, es válido incluir en las responsabilidades parentales referidas a velar por su desarrollo integral, todo aquello relacionado con sus actividades en la red, sugiriendo Durán que "los progenitores deben conocer dichas actividades e incluso, en caso necesario, deberían poder

---

26 Código De los Niños y Adolescentes (2000).

adoptar medidas para restringir el acceso a Internet de dichos menores"[27].

En la misma línea respecto a la responsabilidad de dirigir su proceso educativo, en un ámbito digital implicaría educarlos desde casa sobre el uso de las TIC, pero no limitándose a enseñar la utilización óptima de las mismas, sino sobre todo a un uso con responsabilidad, con advertencia de los riesgos a los que se hallan expuestos y los que podría generar su uso inadecuado respecto a sus pares; facultando incluso la posibilidad de control e intervención de los progenitores cuando sea necesario.

Lo que quiere decir que los padres juegan un papel determinante en el proceso educativo de sus hijos e hijas, ya al respecto el Tribunal Constitucional ha precisado que "el proceso educativo no se restringe a la mera acción de los centros educativos, sino que incluye de manera protagónica y asistemáticamente al entorno familiar"[28], así se coloca especial atención en el papel de la familia respecto al proceso educativo de NNA.

3.2. La crianza en un entorno digital

Para hablar de la crianza en entorno digital, es necesario hacer referencia a los lineamientos que se vienen estableciendo en normas internacionales y las observaciones respectivas, para de este modo tener un panorama convencional al respecto.

Así, será indispensable acudir a la Convención sobre los Derechos del Niño como guía para las adecuaciones normativas respecto a la participación de las personas menores de edad en internet. Suárez refriéndose a ello precisa que "si bien es

---

27 Comité de los Derechos del Niño (2021).

28 Exp. 4232-2004-AA/TC (2005).

razonable que, por la data del documento, la impredecibilidad de los riesgos tecnológicos y el acelerado ritmo de su progreso no exista una correspondencia exacta entre las problemáticas actuales de las personas menores de edad en el entorno digital y el diseño de los derechos en el precitado documento, se considera que sus bases son un terreno sólido para solventar las problemáticas fundamentales en la actualidad e inspirar un desarrollo de normas sustantivas"[29].

En la misma línea Sedano, plantea que la Convención "es un instrumento único en su clase, no solo porque en él se recoge de manera enunciativa un amplio catálogo de derechos consagrados en favor de la niñez, sino porque representa un parteaguas en la concepción jurídica del niño como sujeto de derechos"[30].

La actuación de los organismos internacionales será de utilidad para aquellas situaciones inexactas o no resueltas; y es así como se viene procediendo; por ejemplo, el Comité de los Derechos del Niño, en la Observación General N° 25, de marzo de 2021, precisa que el acceso al mundo digital es un derecho que tienen las NNA, resaltando el compromiso de los Estados en promover el acceso de estos a la web, tal como en coordinar, funcionar, legislar, regular y educar para proteger sus derechos en el mundo digital; hace referencia también a los elementos a tener en cuenta como bases de las necesarias intervenciones legislativas, en especial, la utilidad para la revisión de la normativa familiar que regula las relaciones paterno filiales en el entorno digital, en el que debe ponerse especial énfasis al papel de los padres en el proceso de crianza y protección, y el significado del respeto a la adquisición gradual de competencias, comprensión y autonomía de los NNA[31].

---

29 Suárez (2022), p. 1081

30 Sedano (2020), p. 75

31 Durán (2022), p. 1189

Conforme con la Recomendación 2006/19 del Comité de Ministros del Consejo de Europa, el ejercicio de la parentalidad positiva se refiere al comportamiento de los padres basado en el interés superior del NNA, fomentando su cuidado y desarrollo sin recurrir a la violencia. Incluye el reconocimiento, la orientación y el establecimiento de límites que permiten el pleno desarrollo del NNA[32].

Asimismo el Consejo de Europa poniendo en marcha las recomendaciones de la Convención sobre los Derechos del Niño de las Naciones Unidas se enfoca en proteger los derechos de los NNA en el mundo digital. Esto incluye la creación de aplicaciones y herramientas para capacitar a NNA, padres y educadores en el uso seguro y efectivo de la tecnología. Se presta especial atención a los NNA vulnerables, como aquellos con discapacidad, y se elaboran directrices para una crianza basada en derechos en la era digital, integrando los derechos de los NNA en el entorno digital[33].

El Consejo señala que el reto para las familias y los padres se ve reflejado en "las nuevas tecnologías de la información y las comunicaciones añaden una dimensión totalmente nueva a la crianza. Muchos padres carecen de apoyo al cumplir su misión de criar a sus hijos e hijas y garantizar sus derechos"[34].

Por otro lado, en la legislación española, el 04 de junio del presente año 2024, se ha aprobado el Anteproyecto de Ley de Protección de menores en entornos digitales, el cual establecerá como requisito que todos los dispositivos nuevos incluyan de fábrica una función de control parental y que los sistemas de verificación de edad no solo sean obligatorios, sino

---

[32] Consejo de Europa (2006), p. 3

[33] Consejo de Europa (2016), p. 19

[34] Consejo de Europa (2016), p. 13

realmente efectivos; garantizando de esta manera los derechos de los menores en un ámbito digital.

La legislación cubana en el Código de las Familias - Ley 156/2022 regula en el artículo 148 el uso responsable y equilibrado de los entornos digitales en los NNA. Subrayando que es esencial que los titulares de la responsabilidad parental se aseguren de que la interacción del menor en los entornos digitales esté en consonancia con su nivel de habilidades y crecimiento gradual en autonomía, con el objetivo primordial de salvaguardarlos de cualquier riesgo potencial. Precisa, además, que compete a los padres procurar que la hija o el hijo menor de edad haga un uso equilibrado y responsable de los dispositivos digitales para garantizar el adecuado desarrollo de su personalidad y preservar su dignidad y derechos, destacando la responsabilidad de los padres de formar en el desarrollo de un comportamiento adecuado en el entorno digital que permita a los niños y adolescentes disfrutar sus beneficios a plenitud, sin vulnerar a terceros ni así mismo. Contemplando, en caso que así ocurriera, la posibilidad de que los padres puedan promover las medidas razonables y oportunas ante los prestadores de servicios digitales y, entre otras, instarlos a suspender provisionalmente el acceso de su hija o hijo a sus cuentas activas, o incluso su cancelación, siempre y cuando exista un riesgo claro, inmediato y grave para su salud física o psíquica, habiéndolos escuchado previamente, para lo que, si resulta necesario, tienen derecho a exigir tutela judicial[35].

Conforme se observa, las normas referidas, visibilizan el escenario actual de una crianza en entorno digital, estableciendo ciertas pautas y herramientas para fortalecer el ejercicio de la responsabilidad parental, pero a la vez permitir que NNA tengan un acceso seguro y adecuado a contextos virtuales en aten-

[35] Artículo 148 apartados 1, 2 y 3 del Código de Las Familias de Cuba, Ley 156 (2022)

ción a su edad y madurez; lo que en suma importa un balance entre el control y vigilancia parental y su autonomía progresiva con respecto al uso de las TIC.

Los padres tienen actualmente una tarea adicional: formar a sus hijos e hijas en cuanto al uso de internet, ofreciendo un apoyo proactivo y responsable, ello implica conocer anticipadamente el funcionamiento de las redes y el riesgo de su uso indiscriminado. Deben así trasmitir un mensaje fundamental en el sentido de que el internet no es un espacio sin normas y responsabilidades; y que su uso inadecuado podría generar vulneración de derechos fundamentales tales como la intimidad, integridad, libertad e identidad.

Castellana[36], como se cita en Durán, precisa que para evitar las consecuencias negativas del uso indebido de internet constituye un factor fundamental, la prevención y el control por parte de los progenitores respecto al uso responsable de las redes, en coherencia con el respeto a su derecho a la intimidad, proponiendo como acciones pertinentes, el retrasar lo máximo posible la edad en que el adolescente acceda a un dispositivo móvil propio, fomentando su esfuerzo respecto al desarrollo de alguna tarea u ocupación en relación al costo que implica un dispositivo; generando asimismo consciencia respecto a la importancia del tiempo invertido en las redes, estableciendo horarios y límites específicos.

En el Perú, encontramos una referencia específica a las responsabilidades de los padres respecto a las conductas de acoso escolar en el artículo 8 de la Ley 29719, que establece "Obligaciones de los padres y apoderados. Los padres y apoderados de los estudiantes víctimas de violencia, hostigamiento, intimidación o de cualquier conducta que sea considerada como acoso por parte de otro estudiante deben denunciarla ante la

---

36 Castellana (2007), p. 196.

dirección de su institución educativa o ante el Consejo Educativo Institucional (Conei). Los padres y apoderados de los estudiantes que realizan los actos de violencia, hostigamiento o intimidación están obligados a brindar toda su colaboración para corregir dichos actos y deben comprometerse a cumplir con la consejería respectiva"[37].

Carozzo, comentando el artículo antes citado, refiere que "convocar a los padres de familia y a los apoderados (de los agresores, víctimas y espectadores) para notificarles el comportamientos de sus hijos en el bullying, debe tener el ánimo de organizar a los padres de familia para involucrarlos en la tarea educativa de los hijos en la convivencia democrática, lo que debe pasar por la educación de los padres de familia en esta actividad y que la pongan en práctica en su hogar"[38].

Al respecto, Carozzo comenta que la norma peruana debería ser más específica respecto al rol de las familias en propiciar una sana convivencia escolar, referenciando para ello a la legislación colombiana que desarrolla de manera más precisa el rol de la familia en este proceso, al puntualizar en el artículo 22 de la Ley 1620 "La participación de la familia como parte de la comunidad educativa, la cual deberá: Proveer a sus hijos espacios y ambientes en el hogar, que generen confianza, ternura, cuidado y protección y de sí y de su entorno físico, social y ambiental (Inciso 1). Participar en la formulación, planeación y desarrollo de estrategias que promuevan la convivencia escolar (inciso 2). Acompañar en forma permanente y activa a sus hijos en el proceso para la convivencia y la sexualidad (Inciso 3). Participar en la revisión y ajuste del manual de convivencia a través de sus instancias de participación (Inciso 4). Utilizar los mecanismos legales existentes y los establecidos en la Ruta de

---

37 Ley que promueve la convivencia sin violencia en las instituciones educativas (2011)

38 Carozzo (2014), p. 40.

Atención integral a que se refiere esta Ley, para restituir los derechos de sus hijos cuando estos sean agredidos (Inciso 8)[39]".

Coincidimos con lo precisado por Carozzo en el sentido que no es suficiente declarar retóricamente el involucramiento de la familia en las actividades escolares en materia de convivencia, sino que se indique, como hace la legislación colombiana, los aspectos en que su presencia es indispensable con el objetivo de contar con un clima familiar equilibrado y proveedor de salud social[40].

Es válido afirmar entonces que la familia podría constituirse en un elemento determinante respecto a los factores que desencadenan la violencia a nivel escolar, pues, es en los hogares donde predominan las diferentes formas de violencia que NNA van a proyectar en su espacio escolar, por ello, asegurar una convivencia democrática en el espacio educativo, compromete fundamentalmente un trabajo coordinado, continuo y coherente entre la escuela y las familias.

En el caso peruano, más allá del artículo comentado, la legislación específica respecto a la responsabilidad parental en el espacio digital, es aún incipiente, pues, las dos normas especiales que regulan la denominada patria potestad, han considerado el ejercicio de los deberes y derechos de los padres en un entorno físico, más no virtual; y es esta falta de regulación la que genera que los padres y madres se vean poco involucrados y no asuman la envergadura de sus responsabilidades en este ámbito.

---

39 Ley que crea el sistema nacional de convivencia escolar y formación para el ejercicio de los derechos humanos, la educación para la sexualidad y la prevención y mitigación de la violencia escolar (2013)

40 Carozzo (2014), p. 131.

IV. ADECUACIÓN DE RESPONSABILIDADES PATERNO Y MATERNO FILIALES AL CONTEXTO DE LA DIGITALIZACIÓN EN COHERENCIA CON EL RESPETO A LA AUTONOMÍA PROGRESIVA DE NIÑOS, NIÑAS Y ADOLESCENTES

Evaluada la situación de las responsabilidades parentales en el entorno digital, consideramos la necesidad de la regulación de deberes, facultades y responsabilidades específicas en la legislación peruana. Ello debido a que no existe más que un artículo que se ocupa del papel de los progenitores, y ello dentro del marco de la Ley 29719 emitida en el sector Educación, relacionada con la promoción de la convivencia saludable en instituciones educativas, no ocurriendo lo mismo, en el Código Civil y el Código de los Niños y Adolescentes; normas en las que no se aborda la problemática digital de la crianza, pero que sin embargo, en atención a las exigencias de la realidad y la vinculatoriedad de las normas convencionales, debería legislarse.

Así, resulta urgente y pertinente realizar modificaciones aditivas a las normas antes descritas en las que se consideren los deberes, facultades y responsabilidades de los padres y madres de familia relacionadas a la crianza y formación de NNA en el entorno digital. Contemplando la legislación de manera específica estos aspectos, comprometerá de modo directo la actuación de los progenitores en forma responsable.

Una propuesta de regulación de tal naturaleza debe partir de la consideración de NNA como sujetos de derecho, y por tanto tener en cuenta sus particulares intereses, deseos, proyecciones e inquietudes; esto es, considerar su personalidad y necesidades en cada etapa de su vida, teniendo en cuenta la evolución de sus facultades.

Al respecto Suárez afirma que "la presencia del menor en el entorno digital requiere una regulación acorde a su condición de titular de derechos, a su autonomía progresiva y a la especial protección que ameritan como resultado de su vulnerabilidad y de la imposibilidad de ser autónomos en todas las circunstancias en las que se desenvuelven. Independientemente de la protección que los menores ameritan del Estado, en relación al acceso, formación y protección deben preverse preceptos particulares al respecto en el diseño de las relaciones filiales y las instituciones de guarda" [41].

Ello significa que no puede limitarse injustificadamente el acceso de NNA a internet, pues estamos ante usuarios, cuya forma de relacionamiento se ha construido naturalmente en este entorno, por lo que esas habilidades innatas deben ser ejercidas como parte de su autonomía progresiva en coherencia con el apoyo y control de sus padres, cuyo papel primordial debe centrarse en acompañar su proceso de formación en el uso responsable de la tecnología, garantizando de esta manera su seguridad física y sicológica, en suma, la protección del derecho fundamental a su integridad y su desarrollo integral.

Adicionalmente, la regulación de la responsabilidad parental en entorno digital, debe contemplar limitaciones específicas respecto a las publicaciones que los padres realicen de sus hijos e hijas menores en sus propias redes sociales, lo que se conoce como *sharenting,* término acuñado por The Wall Street Journal que combina las palabras *share* (compartir) y *parenting* (paternidad), referida a la sobrexposición que sufren los hijos e hijas, comúnmente, menores de edad en las redes sociales de sus padres[42].

Respecto a estas prácticas, usuales y esparcidas en todo el mundo, existe una diversa percepción, pues de un lado encontramos posturas que señalan que los padres tendrían derecho como titulares de la patria potestad, a hacer uso de la imagen

---

41 Suárez (2022), p. 1085

42 Instituto Internacional de Estudios sobre la familia (2019), p. 1

de sus hijos e hijas en espacios digitales, sin contar con algún tipo de consentimiento, dada la minoría de edad, y en tanto las imágenes no sean indecorosas; y por otro lado, hay quienes señalan que el ser padre o madre, no te da ningún derecho a publicar imágenes de los hijos e hijas, sin contar con el respectivo consentimiento.

Esta es una situación a la que debe darse especial atención, pues, las consecuencias para el derecho a la identidad digital de niños, niñas y adolescentes podrían ser complejas, aunado a ello, la constante exposición de imágenes, puede significar un riesgo claro a su integridad e intimidad por inescrupulosos que circulan en las redes sociales, y ello debido a la publicidad y la viralización de las imágenes, como consecuencia de un escaso conocimiento de los padres respecto a las consideraciones de privacidad que tengan activadas[43]; significando un peligro continuo y potencial para los derechos de sus hijos e hijas; circunstancia que también debe ser materia de regulación por el ordenamiento interno, de lo contrario, ocurrirá que sean los propios padres, quienes debiesen ser los primeros protectores de los derechos de sus hijos e hijas, los que en ejercicio de supuestas facultades de responsabilidad parental en entorno digital, terminen dañándolos gravemente.

Debe tenerse presente como lo afirma Cebrián, que estas prácticas de los progenitores van creando la identidad digital de sus hijos e hijas, entendida ésta como toda la referencia personal construida a partir de información como imágenes, videos, textos, publicada por uno mismo o que sobre uno mismo se encuentra en el espacio digital de forma fragmentada o dispersa[44], lo que podría perjudicarlos en su entorno social, educativo y posteriormente hasta en un entorno laboral. Por esta razón también resulta determinante considerar en las res-

---

43 Instituto Internacional de Estudios sobre la familia (2019), p. 3

44 Cebrián (2023), p. 3

ponsabilidades parentales limitaciones específicas para los progenitores respecto a la publicación de la imagen y la voz en sus propias redes sociales; ello implica no publicar imágenes para acceso en forma masiva y cuyo contenido pueda luego avergonzar a sus hijos e hijas, y conceder a NNA, el derecho a ser consultados de manera previa por sus padres, respecto a lo que éstos pretenden publicar, de acuerdo a su madurez, considerando acciones legales posteriores si es que no se ha obtenido dicho consentimiento previo.

Al respecto, en la Observación General N° 12, el Comité de Derechos del Niño precisa que el artículo 12 de la Convención, no establece ningún límite de edad, referido al derecho del NNA a expresar su opinión, y desaconseja a los Estados parte que introduzcan por ley o en la práctica límites de edad que restrinjan el derecho del NNA a ser escuchado en todos los asuntos, sin que necesariamente este deba tener un conocimiento exhaustivo de todos los aspectos del asunto que lo afecta, teniendo en cuenta las opiniones de la persona menor de edad en atención de la edad y madurez[45]. Lo que significa que deberá evaluarse la capacidad del NNA, teniendo en cuenta su edad biológica, en cada caso en concreto y no de manera general y abstracta. En un entorno digital resulta determinante que NNA puedan ser consultados por sus padres respecto a publicaciones de su imagen, voz y demás circunstancias de su vidas; atendiendo a que ellos son los titulares de sus derechos y sobre todo a la perennización de sus datos en los espacios digitales.

V. CONCLUSIONES

El entorno digital es un espacio que ofrece innumerables oportunidades de relacionamiento, aprendizaje, ocio, sociali-

---

45 Comité de los derechos del niño (2009)

zación para NNA, incluso resulta de vital importancia para la protección de sus derechos, que el Estado garantice el acceso a internet, propiciando condiciones que generen igualdad de oportunidades. Pero a la vez, el contexto digital no está exento de circunstancias riesgosas ante la alta probabilidad de vulneración de derechos fundamentales, tales como el honor, la intimidad, la imagen, la integridad física y sicológica e incluso el derecho a la identidad de NNA, si es que no se cuenta con acompañamiento, educación y vigilancia adecuadas por parte de los progenitores y la escuela, posibilitando incluso que las personas menores de edad puedan transgredir también el derecho de sus pares.

Se evidencia asimismo, que en el espacio virtual se presentan varias situaciones que involucran violencia entre pares tales como el ciberbullyng, que no es más que la extensión del acoso en la escuela a espacios digitales, con la gravedad de que dichas conductas no concluyen al término del horario escolar sino que se perpetúan en tiempo y lugar, dada la proximidad que genera el contexto digital.

Se observa además que la normativa internacional de protección de derechos de la infancia y la adolescencia viene estableciendo determinadas observaciones y recomendaciones con el objetivo de adecuar y actualizar la protección de derechos en este contexto, emitiendo lineamientos a los Estados partes para que a través de sus legislaciones internas hagan las precisiones respectivas.

Al respecto, la legislación peruana no contempla regulación específica en el Código Civil y Código de los Niños y Adolescentes respecto a las responsabilidades parentales de crianza en entorno digital, haciéndose una única alusión genérica en la Ley 29719, Ley que promueve la convivencia sin violencia en las instituciones educativas, en la que se precisa la obligación de los padres de denunciar las conductas de acoso, y de brindar colaboración en las acciones de corrección de esos actos;

más no hay precisión respecto a los deberes específicos que habrían que cumplirse para participar activamente en la formación responsable en un entorno digital y prevenir conductas vulneradoras de derechos por parte sus hijos e hijas, como sí ocurre en otras legislaciones, como la colombiana.

Se considera que existe una urgente necesidad de la modificación aditiva en los textos del Código Civil y Código de los Niños y Adolescentes, referidas a los deberes y derechos de los padres en el entorno digital, partiendo necesariamente de la consideración de la autonomía progresiva, en atención al grado de madurez y el respeto a la opinión de NNA; así como de reconocer la facultad a los progenitores de suspender e incluso cancelar redes sociales de sus hijos e hijas si se advierte una inminente vulneración a sus derechos, y finalmente, estableciendo pautas específicas respecto a la limitación a la sobreexposición de la imagen y voz de NNA, en sus propias redes sociales. Todo ello con la única finalidad de involucrar legalmente a los padres en el proceso de formación digital de sus hijos e hijas, pero sobre todo en el uso responsable, respetuoso y adecuado de las tecnologías de la información, evitando transgresión a sus propios derechos y al de los de terceros.

BIBLIOGRAFÍA CITADA

Asamblea general de la naciones Unidas, *Resolución 75/176., de 28 de diciembre de 2020.* Disponible en: https://www.ohchr.org/es/privacy-in-the-digital-age/international-stan dards-relating-digital-privacy (Consulta realizada: 09/07/2024).

Barleta Villarán, Ma. Consuelo, *Derecho de niñez y la adolescencia,* Lima, Fondo Editorial PUPC, 2018.

Castellana Rosell, Montserrat; Sánchez Carbonell, Xavier; Graner Jordana, Carla; y Beranuy Fargues, Marta, "El Adolescente ante la tecnologías de la información y la comunicación: Internet, móvil y videojuegos", *Papeles del Psicólogo,* Vol. 28, N° 3, 2007, pp. 196-204.

Carozzo, Julio César, *Luces y sombras de la Ley 29719 y su Reglamento, Ley que promueve la convivencia sin violencia en las instituciones educativas*, Lima, Observatorio sobre la violencia y convivencia en la Escuela, 2014.

Cebrián Beltrán, Selena, "Sharenting: Nuevo reto para el derecho a la imagen y a la protección de datos del menor", *Lex Social, Revista de Derechos Sociales*, Vol. 13, N° 2, 2023 pp. 1–21. Disponible en: https://doi.org/10.46661/lexsocial.8227 (Consulta realizada: 09/07/2024).

Comité de los derechos del niño, *Observación General N° 25, relativa a los derechos de los niños en relación con el entorno digital, de 2 de marzo de 2021.* Documento CRC/C/GC/25.

Comité de los derechos del niño, *Observación General N° 14, sobre el derecho del niño a que su interés superior sea una consideración primordial, de 29 de mayo de 2013.* Documento CRC/C/GC/14.

Consejo de Europa, *Estrategia del Consejo de Europa para los derechos de los niños y las niñas (2016-2021).* Disponible en: https://rm.coe.int/estrategia-del-consejo-de-europa-para-los-derechos-de-los-ninos-y-las-/1680931c9a (Consulta realizada: 09/07/2024).

Consejo de Europa. *Recomendación Rec (2006)19 del Comité de Ministros a los Estados Miembros sobre políticas de apoyo a la parentalidad positiva.* Disponible en: https://www.mdsocialesa2030.gob.es/derechos-sociales/familias/Parentalidad_Positiva/docs/informeRecomendacion.pdf (Consulta realizada: 09/07/2024).

Córdoba Galarza, Alberto. *"Ciberespacio amenazado: Necesidad de leyes de protección a la privacidad".* Bogotá, 2023, Universidad de la Salle.

Diario El Peruano (2024), *https://www.elperuano.pe/noticia/242804-el-acoso-escolar, consultado el 24-05-2024*

Durán Alonso, Silvia, "Menores en internet: Problemas del ejercicio de la patria potestad sobre los "nativos digitales", *Actualidad Jurídica Iberoamericana*, N° 17 bis, 2022, pp. 1176-1203

Grooming LATAM, *Los riesgos de los niños, niñas y adolescentes en internet, 2024.* Disponible en: https://drive.google.com/file/d/1baeO6b3jCyqpxzCDo9i4z4S_Y1f7aFA u/view?pli=1 (Consulta realizada: 20/06/2024).

Instituto Nacional de Estadística e Informática, *Estado de la niñez y adolescencia,* Lima, 2023. Disponible en: https://cdn.www.gob.pe/uploads/document/file/4662570/Estado%20de%20la%20Ni%C3%B1ez%20y%20Adolescencia%3A%20Enero%20-%20Febrero%20-%20Marzo%202023.pdf?v=1686243918 (Consulta realizada: 20/06/2024).

Instituto Internacional de Estudios sobre la familia, "Sharenting la sobreexposición de los hijos en las redes sociales ¿Cuántas fotos de tus hijos hay en tus redes sociales?, *en The Familiy Watch* REPORTS No 26, 2022, pp. 1-6.

Méjico Leaño, Martín, "Entrevista sobre ciberacoso", *Revista del Poder Judicial del Perú El Magistrado Magazine,* 2023. Disponible en: https://www.pj.gob.pe/wps/wcm/connect/cortesuprema/s_cortes_suprema_home/as_inicio/as_enlaces_destacados/as_imagen_prensa/as_notas_noticias/2023/cs_n-cyberbullying-mas-grave-bullying-menores-infractores-seis-internamiento#:~:text=Los%20menores%20involucrados%20en%20ciberbullying,incluso%20ocho%20a%C3%B1os%20de%20c%C3%A1rcel (Consulta realizada: 20/06/2024).

Ministerio de Educación del Perú, *Currículo Nacional de la Educación Básica,* Lima, Ministerio de Educación del Perú, 2016.

Ministerio de Educación del Perú, *Orientaciones portal SíSEVE contra la Violencia Escolar,* Lima, Ministerio de Educación del Perú, 2017.

Plácido Vilcachagua, Alex, *Filiación y Patria Potestad en la doctrina y en la jurisprudencia,* Lima, Gaceta Jurídica Editores, 2003.

Suárez Fernández, Lisandra, "La Responsabilidad parental en los entornos digitales. Necesario equilibrio entre el acceso, control y seguridad", *Actualidad Jurídica Iberoamericana,* N° 17 bis, 2022, pp. 1076-1097.

Sedano Tapia, Joaquín, *El interés superior del niño y su recepción en contextos nacionales. Análisis a la Luz del Derecho comparado,* Valencia, Editorial Universitat Politécnica de Valencia, 2020.

Unicef, *Estado Mundial de la Infancia 2017. Niños en un mundo digital.* Disponible en: https://www.unicef.org/media/48611/file (Consulta realizada: 09/07/2024).

Legislación citada

Convención sobre los Derechos del Niño. Asamblea de las Naciones Unidas, de 29 de noviembre de 1989.

Constitución Política del Perú, Diario Oficial El Peruano, 09 de abril de 1993.

Código Civil, Decreto Legislativo 295, Diario Oficial El Peruano, 24 de julio de 1984.

Código de los Niños y Adolescentes, Ley 27337, Diario Oficial El Peruano, 02 de agosto del 2000.

Código de las Familias de Cuba, Ley 156/2022, 22 de julio de 2022.

Decreto Legislativo 1410, Diario Oficial El Peruano, 12 de setiembre de 2018

Decreto Supremo 010-2012, Reglamento de la ley 29719, Diario Oficial el peruano, 03 de junio de 2012.

Ley 29719, Ley que promueve la convivencia sin violencia en las instituciones educativas, Diario Oficial El Peruano, 25 de junio de 2011.

Ley de Delitos Informáticos, Diario Oficial El Peruano, 22 de octubre de 2013.

Ley 1620/2013, Ley que crea el sistema nacional de convivencia escolar y formación para el ejercicio de los derechos humanos, la educación para la sexualidad y la prevención y mitigación de la violencia escolar, 15 de marzo de 2013.

Anteproyecto de Ley Orgánica para la Protección de las personas menores de edad en los entornos digitales. España, 04 de junio de 2024